国家社科基金
后期资助项目

从企业价值创造能力
看经济质量提升
——来自中国上市公司的数据

Improvement of economic quality shown by ability of corporate value creation
—— Data from Chinese listed companies

袁晓玲 著

中国财经出版传媒集团
经济科学出版社
Economic Science Press

图书在版编目（CIP）数据

从企业价值创造能力看经济质量提升：来自中国上市公司的数据／袁晓玲著．—北京：经济科学出版社，2021.11
国家社科基金后期资助项目
ISBN 978 – 7 – 5218 – 2994 – 5

Ⅰ.①从… Ⅱ.①袁… Ⅲ.①企业经济—研究—中国②中国经济—研究 Ⅳ.①F279.2②F12

中国版本图书馆 CIP 数据核字（2021）第 215063 号

责任编辑：李　军　谭志军
责任校对：齐　杰
责任印制：范　艳

从企业价值创造能力看经济质量提升
——来自中国上市公司的数据
袁晓玲　著

经济科学出版社出版、发行　新华书店经销
社址：北京市海淀区阜成路甲 28 号　邮编：100142
总编部电话：010 – 88191217　发行部电话：010 – 88191522
网址：www.esp.com.cn
电子邮箱：esp@esp.com.cn
天猫网店：经济科学出版社旗舰店
网址：http://jjkxcbs.tmall.com
北京季蜂印刷有限公司印装
710×1000　16 开　16 印张　270000 字
2021 年 11 月第 1 版　2021 年 11 月第 1 次印刷
ISBN 978 – 7 – 5218 – 2994 – 5　定价：78.00 元
(图书出现印装问题，本社负责调换。电话：010 – 88191510)
(版权所有　侵权必究　打击盗版　举报热线：010 – 88191661
QQ：2242791300　营销中心电话：010 – 88191537
电子邮箱：dbts@esp.com.cn)

国家社科基金后期资助项目
出版说明

　　后期资助项目是国家社科基金设立的一类重要项目，旨在鼓励广大社科研究者潜心治学，支持基础研究多出优秀成果。它是经过严格评审，从接近完成的科研成果中遴选立项的。为扩大后期资助项目的影响，更好地推动学术发展，促进成果转化，全国哲学社会科学工作办公室按照"统一设计、统一标识、统一版式、形成系列"的总体要求，组织出版国家社科基金后期资助项目成果。

全国哲学社会科学工作办公室

序　言

党的十九大报告指出，中国特色社会主义进入新时代，我国社会的主要矛盾转变为"人民日益增长的美好生活需要和不平衡不充分的发展之间的矛盾"，要解决这些主要矛盾，客观上要求我国经济由高速增长阶段向高质量发展阶段转变，要坚持质量第一、效益优先，把提高供给体系质量作为主攻方向。作为生产的最基本单位，微观企业是经济高质量发展的关键，而企业价值创造能力是企业发展质量的集中反映，因此，全面提升企业价值创造能力，就成为提高经济发展质量之根本。面对新时代经济高质量发展目标，深入研究企业价值创造能力，梳理其发展现状及演变规律，探索企业价值创造的有效途径，提出经济高质量发展的政策建议，成为当前理论研究亟待深化的重要课题，对我国经济高质量发展具有重要理论和实践意义。

基于上述背景，本书在企业价值、高质量发展及绩效评价等理论分析基础上，分别从不同行业和不同企业类型等多个维度入手，采用EVA绩效评价方法，评价企业价值创造能力，分析各专题领域企业EVA价值的历史变化趋势及规律，通过实证研究分析其关键影响因素和影响机理。本书的研究从微观企业价值创造的视角构建了高质量发展的理论分析框架，是对高质量发展理论以及中国中观行业和微观企业发展质量的现状和发展趋势的系统梳理，对读者深刻理解经济高质量发展以及系统把握中国企业质量发展状况具有重要参考价值，同时也为新时代实现经济高质量发展提供必要的理论与实践支撑。

本书内容主要由理论篇、行业篇、专题篇、案例篇四个部分构成，其中理论篇主要包括3章，通过界定"经济发展质量"和"企业价值"的理论内涵，阐释二者的内在逻辑，阐明企业价值创造能力是经济质量提升的关键，总结和评析EVA价值评估原理，作为后续章节企业价值评价的理论依据。行业篇主要从装备制造业、战略性新兴产业、电力行业和服务业四个典型行业进行考察，其中装备制造业是"生产机器的机器制造业"，是高科技的载体及转化生产力的桥梁和通道；战略性新兴产业是国家重点培育和发展的行业，是经济结构优化和转型升级的重要突破口，对国民经济具有先导性作用；电力行业是国民经济发展的基础性产业，是国民经济发展战略中的重点和先行产业；服务业的发展是衡量经济和社会现代化的重要标志，对国民经济发展的贡献不断增强，在优化产业结构、促进就业、提升人民生活质量等诸多方面起着重要作用。上述四个行业对研究中国企业价值和质量发展的总体情况具有重要代表性。专题篇主要分为不同所有制企业、国有上市企业和新三板企业三个专题，企业因产权性质的不同，而具有不同的行为特征和绩效表现，第8章对国有、民营和外资三类企业的价值创造进行评估和分类比较，为制定不同所有制企业价值创造的差异化提升路径提供建议；国有企业改革是全面深化经济体制改革的重要环节，第9章在国有企业价值创造能力评价和分析的基础上，考察了政府参与和上市国有企业经营业绩之间的内在联系，进而得出国有企业中政府参与深度的边界，为国有企业改革提供理论依据和政策建议；以中小企业为主的新三板上市公司是推动经济高质量发展的重要主体，第10章通过对不同行业、不同规模、不同地区的新三板企业价值的比较分析，为提升中小企业价值创造及核心竞争力提供建议。案例篇以CQ科技工程有限责任公司为例，考察了EVA考核在该公司的实际应用、具体过程、实施效果和存在的问题，为相关企业提供经验和借鉴。

　　本书以企业价值创造与质量提升为主线，四个行业、三个专题和一个案例的研究相对独立，各有侧重，每个部分根据研究主题以及行业或企业类型的差异，在EVA评价的会计调整、价值创造能力的实证研究中各有不同和侧重，体现出行业特征和企业类型的复杂性、多样化和差异性，使本书形成更加立体化的研究成果。

　　本书由陕西省经济高质量发展软科学研究基地编写。全书的总体策划、框架设计、写作指导和最终定稿由西安交通大学的袁晓玲教授、杨万平教授、范玉仙副教授、邸勍博士及西安建筑科技大学的李政大副教授共同负责。各章的写作分别为：范玉仙负责第1章、第2章、第3章及第4章内容的撰写工作；余碧燕负责第5章和第11章的撰写工作；贺斌、李浩、邸勍、李朝鹏、赵冰钰、李彩娟、张振亚、李冬、李思蕊、杨文韬、郭嘉悦、俞瑞麒、苏嘉仪、余静、耿晗钰、任璠、唐尧、柴依琳、阳刘容、刘甜、王恒旭、黄涛、郭润昊、张锦昊、郭璐瑶、吉悦瑞、刘文飞、王宁等负责第 6 章、第 7 章、第 8 章、第 9 章、第 10 章等章节的撰写工作，同时负责全书的数据收集、模型计算、统稿排版、文字校对等工作。书中若有疏漏错误之处，恳请读者指正。

  本书的出版得到 2019 年国家社科基金后期项目的资助。

袁晓玲

2020 年 6 月

目　　录

第1部分　理论篇

第1章　中国经济高质量发展 ···················· 3
 1.1 经济由高速增长向高质量发展的历史转变 ············ 3
 1.2 经济高质量发展的内涵 ······················ 5
 1.3 经济高质量发展的主要内容 ···················· 7
 1.4 中国经济实现高质量发展的瓶颈因素 ··············· 8
 1.5 提升企业价值创造是中国经济高质量发展的突破口 ······· 10

第2章　企业价值创造 ························ 12
 2.1 企业价值的内涵 ·························· 12
 2.2 企业价值管理的理论基础 ···················· 14
 2.3 企业价值评估 ··························· 21

第3章　EVA 是衡量企业价值的有效方法 ············· 34
 3.1 EVA 原理 ······························ 34
 3.2 EVA 评估模型 ··························· 46
 3.3 EVA 价值评估的应用 ······················· 52

第2部分　行业篇

第4章　装备制造业企业价值创造研究 ··············· 57
 4.1 装备制造业企业概况 ······················· 57
 4.2 装备制造业企业价值创造能力评估及分类比较 ········· 62

  4.3 装备制造业企业价值创造的影响因素实证分析 …………… 66
  4.4 结论及启示 …………………………………………………… 72

第5章 战略性新兴产业价值创造研究 ……………………………………… 76
  5.1 战略性新兴产业企业概况 …………………………………… 76
  5.2 战略性新兴产业企业价值创造能力评估及分类比较 ……… 81
  5.3 战略性新兴产业企业价值创造影响因素实证分析 ………… 83
  5.4 结论及启示 …………………………………………………… 86

第6章 电力行业企业价值创造研究 ………………………………………… 89
  6.1 电力行业企业概况 …………………………………………… 89
  6.2 电力行业企业价值创造能力评估及分类比较 ……………… 93
  6.3 电力行业企业价值创造影响因素分析 ……………………… 97
  6.4 结论及启示 …………………………………………………… 101

第7章 服务业企业价值创造研究 …………………………………………… 104
  7.1 服务业企业概况 ……………………………………………… 105
  7.2 服务业企业价值创造能力评估及分类比较 ………………… 109
  7.3 服务业企业经营绩效影响因素实证分析 …………………… 114
  7.4 结论及启示 …………………………………………………… 122

第3部分 专题篇

第8章 不同所有制企业价值创造研究 ……………………………………… 127
  8.1 不同所有制企业概况 ………………………………………… 127
  8.2 不同所有制企业价值创造能力评估及分类比较 …………… 132
  8.3 不同所有制企业价值创造的影响因素实证分析 …………… 142
  8.4 结论及启示 …………………………………………………… 146

第9章 国有上市企业价值创造研究 ………………………………………… 149
  9.1 国有上市企业概况 …………………………………………… 149
  9.2 国有上市企业价值创造能力评估及分类比较 ……………… 156
  9.3 政府参与深度对国有企业价值创造的影响机制研究 ……… 162
  9.4 结论及启示 …………………………………………………… 171

第 10 章 新三板企业价值创造研究 …… 176
  10.1 新三板企业概况 …… 176
  10.2 新三板企业价值创造能力评估及分类比较 …… 181
  10.3 新三板企业价值创造能力影响因素实证分析 …… 185
  10.4 结论及启示 …… 192

第 4 部分 案例篇

第 11 章 CQ 科技工程有限公司推行 EVA 考核研究 …… 197
  11.1 CQ 科技工程有限公司介绍 …… 197
  11.2 EVA 考核在 CQ 公司的推行 …… 200
  11.3 CQ 公司 EVA 价值创造研究 …… 210
  11.4 提升 CQ 公司价值创造能力的建议 …… 217
  11.5 CQ 公司实行 EVA 考核的规划与展望 …… 223

参考文献 …… 230

第 1 部分　理论篇

第1章 中国经济高质量发展

中国经过40多年改革开放与快速发展，社会主要矛盾发生变化，经济发展阶段也由数量型增长转向高质量发展阶段。这种阶段性变化，对新时代经济工作提出了新的更高的要求，其重点和着力点从"经济总量"和"经济增速"转换到"质量"和"效益"上。企业作为微观经济的载体，是经济实现高质量发展的重要途径、实现形式和最终落脚点。本章在梳理中国经济发展阶段演进的基础上，剖析经济高质量发展的内涵和基本特征，探讨中国经济高质量发展的宏观、中观和微观路径，提出提高企业价值创造能力是助推经济实现高质量发展的必由之路，是实现现代化经济体系建设的主动选择。

1.1 经济由高速增长向高质量发展的历史转变

自新中国成立至改革开放之后，诸多引人注目的成就在中国经济建设过程中诞生，2019年中国国内生产总值达到990865亿元，对比1978年的3645亿元，剔除价格因素，人均GDP在40多年间增长了20倍，与此相对应，实际GDP也实现了高达29倍的增长，超过9.5%的年均经济增长率，无疑是世界经济增长史上的不朽丰碑。① 从发展历史来看，新中国成立初期到现在，中国经济大致经历了四个阶段：（1）经济恢复与发展阶段（1949~1978年）。中国实施了利于恢复经济和迅速发展经济的工业化战略目标，成效显著。1978年国内生产总值总量为3624.1824亿元，较1953年的824亿元增加了3.4倍。1950~1978年，世界人均国内生产总值增长率和国内生产总值增长率分别为2.7%和4.6%，而中国人均国内生产总值增长率和国内生产总值增长率分别为2.9%和5.0%，高于世界

---

① 资料来源：国家统计局，http://www.stats.gov.cn/。

平均水平，事实证明，这段时期工业化战略的实施是完全正确的。（2）经济高速增长阶段（1978~2012年）。1978年之后，中国进入经济高速发展阶段，1978年中国国内生产总值仅为3645亿元，在经济年均增长速度9.8%的水平下，至2012年已上升为518942亿元，但同时也在某种程度上降低了经济发展质量。换句话说，经济增长速度的提高是以经济发展质量为代价的，过分追求经济高速增长，势必影响经济发展质量。（3）经济增长换速阶段（2012~2017年）。这一阶段中国面临着经济增长换速的关键问题，经济增速从9.55%快速下降到6.74%，正式摆脱经济增速9%以上的快速增长阶段，中国经济开始进入三期叠加的"新常态"。（4）高质量发展阶段（2017年至今）。中国开始转向经济高质量发展是于党的十九大报告中提出的，推动经济从注重速度效益向注重质量效益转变，表明中国经济发展将进入新的历史时期。①

回顾这一发展历程，中国经济由封闭落后和缺乏生机的状态逐步转向开放、包容和充满生机活力的状态。中国经济所经历的高速增长和巨大转变，除了政治制度和经济制度的保障外，还具有其内在的客观因素和逻辑基础：一是经济发展起点低。在条件具备的情况下，经济体在初始发展阶段出现快速增长是比较容易的，这符合事物发展的一般规律。改革开放以前，中国经济基础薄弱，生产力发展水平低，经济发展远远落后于其他经济体，这是客观存在的现实因素。在这种很低的发展水平基础上，一旦具备了合理的条件和合适的环境，经济必然会出现高速增长的势头。二是中国自然资源丰富。中国幅员辽阔，自然资源和物产丰富，为中国生产力保持几十年高速增长提供了坚实的物质资料基础。通过资源的大力开发和利用，扩大生产规模，提高生产能力，增加对外出口，实现经济总量的快速增长。三是中国拥有巨大的人口红利。人口众多对一个经济体来讲，既是庞大的消费市场，同时也是劳动力资源、人力资本的重要源泉。廉价的劳动力，一方面，使中国在众多产品生产和出口中国占有优势，获得巨大的国际消费市场；另一方面，充足的人力资本也是中国形成世界上最完整工业体系的基础。

基于上述客观优势，中国经济实现了30多年的飞速发展，但是随着国际国内形势的变化，从2012年开始中国经济增长速度下行破"8"，2015年中国经济增速进入"6"时代。数字背后反映出的是中国总体经济出现的新变化，包括人口红利逐渐降低、资源与环境压力增大、经济结构

---

① 资料来源：国家统计局，http://www.stats.gov.cn/。

性深层次矛盾突出、国际经济环境复杂多变等。面对新的形势，2015年，习近平总书记指出，中国经济不能只看增长率，不能再将单一的GDP增长速度作为衡量经济发展的唯一目标，而是应该重构新的经济增长模式、加快经济结构调整，形成新的增长动力。2017年，由习近平总书记代表第十八届中央委员会在中国共产党第十九次全国代表大会上做的报告中，指明了中国将步入经济高质量发展的时代，正式提出中国经济摆脱高速增长阶段，转而步入高质量发展阶段。

1.2 经济高质量发展的内涵

从哲学意义上来讲，客观事物包含"量"与"质"两个不同的内在属性，由此引起了两种不同的运动形式，即"量变"与"质变"，某种意义上，量的积累将引起质的变化，部分质变包含在量变过程中。在发展经济学意义上，"经济发展"是一个综合性的概念，既包括数量上的增长，也包括质量上的发展，前者主要指经济机体和财富在量上的增加和扩张，而后者则是指经济在质的方面的变化，包括经济结构优化升级、投入产出效益、技术创新及效率等。总之，经济高质量发展可以概括为："经济体在量的增长基础上所实现的质的提高"。在1983年出版的《经济增长的速度和质量》中，苏联经济学家马卡耶夫指出，生产资源和非生产资源的利用效率同时决定了经济增长问题，故不能仅仅从经济增长数量来分析。他阐述了这一"社会经济结构的经济增长"的问题，指出质量体现为物质生产资源变化过程的总和，这一过程同时实现了产品质量的提高和产品数量的增加。托马斯（Tomas，1999）认为，经济发展质量的组成部分包括环境的可持续性、机会的分配、政府的腐败程度等，这对经济增长速度是一个重要补充，它们共同构成了经济增长过程中的两个方面。蒙特福特等（Montfort et al.，2013）将高质量发展定义为"强劲、稳定、可持续的增长，提高生产力并带来社会期望的结果"。

1.2.1 基于效率、公平、可持续发展视角

经济高质量发展是社会经济发展的根本规律，是新时代的要求，是效率、公平、可持续发展的集中体现。其中，效率是指以较少的投入获得最大的收益，影响效率的两个因素分别是技术创新和制度创新。技术创新以最大限度发挥各要素投入作用并实现收益最大化为目的，制度创新则通过

有效调动各要素发挥最大作用,以实现较少消耗获得较大利益的目的。公平是指机会平等、规则公正、收入分配平衡。经济发展质量要体现公平原则,不但要保证有限资源的公平分配,而且要确保代际公平。究其原因,首先,资源具有稀缺性,而人类的每一个成员都享有利用有限资源的权利,这就决定了在资源分配中要有公正的规则;其次,发展具有延续性,它是一个漫长的历史过程,是一代代人共同努力的结果,这决定了代际公平的存在,即当代人不能因为自己的发展需求而影响甚至破坏后代的发展和福祉,要为后人留下足够的生存环境和发展空间。可持续发展是一个具有经济含义的生态概念,其经济结构,应是自然资源和生命系统能够持续维持的结构。党的十八大以来,习近平总书记从中华民族可持续发展的高度,多次阐述生态文明建设的战略定位,提出"绿水青山就是金山银山"等发展理念。总之,经济高质量发展就是实现创新、开放、绿色、协调、共享五位一体的发展。

1.2.2 基于宏观、中观、微观经济视角

从宏观视角出发,高质量意味着供给侧适应需求侧变化的能力,匹配供给结构与需求结构同时平衡供给与需求,动态平衡供给与需求是经济运行和宏观调控的目标。供需平衡既需要量的相等,更需要结构的相互匹配。这是因为需求决定供给、引导供给,而供给既满足需求、又创造需求。供给结构与需求结构在相互影响中实现动态平衡;供给侧与需求侧是相互联系而不是彼此对立的。供给侧结构性问题具体体现在供给结构不能适应需求结构的变化,很大程度上,长期失衡的需求结构正是引起这一问题的关键原因。从中观视角来看,高质量发展主要是指产业的高质量发展,产业发展质量主要体现在产业结构的合理性和层次性、生产力空间布局、生产过程中的资源(包括环境资源)消耗以及发展过程中的利益共享等方面。从微观视角来看,高质量发展主要是指产品和服务的质量,包括服务的数量、质量和种类等,这是揭示经济社会发展质量和水平的关键指标,是经济高质量发展的主要根由,是显示人民生活质量和水平的重要参数,是提高人民获得感、幸福感的必由之路。

综上所述,宏观层面的经济发展质量包括经济增长的稳定性、发展的均衡性、经济的运行效率。中观层面的经济发展质量包括产业规模不断壮大、结构不断优化、创新成为动力、效率不断提升。微观层面的经济发展质量主要是产品和服务,通过提高企业的产品质量和服务质量来提高企业质量,进而培育世界一流企业。可以说,从属和包容是经济发展质量三个

层面的基本关系，其中，最基本的质量单位是企业，而提升促进产业体系完善和结构优化的根本工作就是有效提高企业经营质量，产业体系完善和结构优化又进一步推动宏观经济发展及经济总量的变化。

1.2.3 基于五大发展理念视角

高质量发展分为三个层面：第一个层面体现五大发展理念；第二个层面强调以人为核心的五大发展理念；第三个层面强调高质量政府和以人为核心的五大发展理念，这三层含义相互联系，逐渐深入。就第一个层面而言，五大发展理念是高质量发展的基石，其中动力引擎是创新，根本内涵是协调，形态模式是绿色，必要选择是开放，最终目标是共享，而实现经济社会效益、降低资源环境成本、提高资源配置效率、减少生产要素投入的可持续发展是提升经济发展质量的关键所在。就第二个层面而言，"以人为核心"是中国社会经济发展的根本出发点，要积极发展"以人为核心"的广义人力资本服务体系、社会保障体系、医疗卫生体系、教育体系等，满足人民对美好生活的不断追求。就第三个层面而言，需要深化"放、管、服"改革，有机结合市场和政府的作用，使"有为政府"与"有效市场"各司其职、协同发展、共同发力，摆正政府与市场的关系，从而实现资源的有效配置，推动向经济高质量发展阶段的转型。

1.3 经济高质量发展的主要内容

经济发展所关注和解决的问题已由过去的"有没有""有多少"转向"好不好""优不优"，由追求"体量增长""速度增长"转变为对"质量优势""效益优势"的追求，这是结合上述内涵所反映出的经济向高质量发展阶段转变的过程中的问题。在高速增长阶段，经济发展的突出矛盾是物质短缺，是解决总量问题和拉动需求问题，而高质量发展阶段经济发展的突出矛盾和问题，是如何转变经济发展方式，实现能源可持续利用，从供给侧特别是实体经济入手调整供给结构，促进产业结构优化和升级，在此基础上实现经济增长动力的转换，突破传统要素的约束。

1.3.1 转变经济发展方式

有效推动经济实现高质量发展的要点在于转变经济发展方式。在过去，中国经济发展方式长期处于注重数量与速度的发展路径，造成能源环境问题突出、投入产出低下、创新能力不足、发展不平衡等问题。因此在新的时代背景下，探索新型经济发展方式的新路径，是中国经济提质增效的重要保障。注重质量效益，关键是要从微观企业入手，提高企业社会责任意识，增强可持续发展理念，在技术创新、产品创新和管理创新上下功夫，努力提高企业价值创造能力，从根本上推动经济高质量发展。

1.3.2 调整和优化经济结构

产业结构优化的内容有分工发展和产业升级，以及各产业部门之间比例关系协调等，既包括一二三次产业之间的比例协调和优化，也包括产业部门内部之间的关系协调、分工合理和结构升级。产业结构优化升级是培育新的经济增长动能的重要途径。具体到经济工作中，就是要通过宏观经济政策、产业政策的引导与市场调节机制相结合，促进企业投资和生产结构合理化。

1.3.3 转换经济增长动力

推动中国改革开放前 30 多年经济增长的根本动力，基于需求的角度出发，主要来源于拉动经济增长的"三驾马车"，即出口、消费和投资。但是，随着国际国内经济形势的变化，投资增速放缓、消费乏力、出口受阻，推动中国经济增长的"三驾马车"都在放缓。从供给侧来看，经济增长来源于要素资源配置的产业产出，包括资源、资本、土地、劳动力、制度创新、技术创新等。2015 年中国提出供给侧结构性改革，为实现要素最优配置，调整经济结构，以实现经济增长的质量和数量的提升，为实现经济长期稳定发展的最终目标，不断激发微观企业主体的创新奋进能力。

1.4 中国经济实现高质量发展的瓶颈因素

1.4.1 区域经济发展不平衡

地区间发展不平衡主要体现在各个区域发展基础、资源禀赋及经济梯度发展战略差异等方面。总体而言，中西部地区相对东部地区，在经济总量、人均收入水平、公共福利等方面都存在较大差距。这种两极分化体现当下中国区域经济发展不平衡问题的严峻性。例如，中国西部、中部和东部发展水平逐步上升的梯度差距，即工业化进程发展极不平衡在不同地区的具体体现。虽然 2012 年中国总体已经步入工业化后期，例如，大部分东部省份均处于此列，甚至步入后工业化阶段的城市有天津、北京、上海等地，但处于工业化中期的省份仍屡见不鲜，如大部分中西部省区。因此，如何协调好区域经济发展是新时代中国面临的巨大挑战。

1.4.2 产业层次偏低，产业结构不合理

首先，中国服务业增长速度慢、就业比重低、人均增加值低、增加值比重低，最终表现为服务业占比偏低，同时服务业内部结构升级缓慢的现象。发展水平相对迟缓以及生产性服务业发展严重滞后，是与发达国家相比中国服务业最主要的两个特征，直接导致了带有较高人力资本、知识与技术含量的生产性服务业严重不足、服务业内部结构低端化等问题。其次，由于中国产业相对较低的结构高端化水平，中国需要持续提高自主创新能力。一方面，20 世纪 90 年代后半期，中国处于严重产能过剩状态，即产能利用率仅在 75% 左右，具体表现为大量"僵尸企业"，即低效率高亏损国有企业的持续涌现；另一方面，中国基础软件、核心零部件和关键装备等严重依赖外资企业和进口，产业价值链高端环节占有率较低，高端产业发展远远不够，如 2017 年中国芯片进口额首次跃居中国进口额榜首，一举超越石油进口额，高达 2600 亿美元，成为最大的进口品类，这严重影响了中国的经济安全和贸易平衡。最后，大部分产业长期处于全球价值链底端，缺乏定价权和自主权。尽管中国被称为"世界工厂"，但是主要以加工贸易和代工方式嵌入全球价值链，缺乏自主创新技术和自主品牌，被锁定在全球价值链的底端，虽然出口量位居世界第一，但产品附加值不高。

1.4.3 绿色经济发展不充分

中国经济发展过程中存在经济增长速度与资源环境承载力不平衡问题，高能耗和高污染现象虽有较大改善，但仍然问题突出。据统计数据显示，2017 年中国的二氧化碳排放量居全球第一位，达到了 9232.6 百万吨，是排名第二位的美国的 1.8 倍。长期以来片面追求经济高速增长，其结果是经济结构失衡，资源错配严重，生态环境严重恶化。客观上，资源环境承受了经济快速增长所带来的巨大压力，例如突出的环境污染问题、日趋紧张的资源短缺问题等。新型工业化，即环境友好型的道路虽然是中国坚持贯彻实施的战略政策，但如此迅猛的大国经济增长速度已在客观上使资源环境过度承受，日渐突出的环境污染、日趋紧张的资源约束已不容忽

视。因此，大力发展绿色经济是解决环境资源等问题的必然选择。无论是产业规模还是技术水平，中国在绿色经济发展方面都还有很大的发展空间。

1.4.4 城乡经济发展不平衡，民生领域发展不充分

一方面，城乡收入差距依然较大。2010~2015年，中国基尼系数均值为0.473，而137个经济体收入差距的基尼系数平均值是0.393，数据来源于联合国开发计划署出版的《2016年人类发展报告》，中国处在平均值之上，同时处在前15%收入差距最大的国家之中。韩海燕（2018）研究证明，中国收入分配结构差距进一步加大，低收入群体扩大，中等收入群体相对规模下降，呈现出"葫芦"型。当前，中国收入分配差距较大的主要原因包括，农村农业劳动生产率过低、城乡经济不协调和二元城乡经济社会体制缺乏灵活、长期僵化等。另一方面，城乡发展差距呈扩大态势。在二元经济模式下，中国城乡在医疗保障、教育资源、社会服务、基础设施、居民收入等诸多方面存在较大差距。例如，中国城镇居民人均可支配收入与农村居民人均纯收入之间有较大距离，改革开放初期，前者是后者的2.57倍，2002~2011年，前者年均值是后者的3.11倍以上，2013~2017年虽有小幅下降，但仍然高达2.71倍。

1.5 提升企业价值创造是中国经济高质量发展的突破口

要改善和消除这些瓶颈因素，关键要看实体经济的发展质量。企业作为实体经济的载体，是宏观经济高质量发展的基本落脚点，构成了中国经济发展的微观基础。企业的高质量发展是经济高质量发展的基础和保障，中国经济发展质量的历史突破依赖于企业发展质量的转变。企业传统的发展战略是通过投资的扩大和数量的扩张实现利润增加，这具有一定的合理性，但仅适用于中国改革开放初期的短缺时代，如今，中国经济总体已经进入过剩时代，经济增长质量较低的严重问题必然会出现。从微观企业主体入手，以提供高质量的服务和产品为着力点，是破解中国经济增长难题的关键所在，宏观上中国经济向高质量发展阶段的转变，需要通过从微观上夯实基础来实现。

企业发展质量主要表现为服务和产品质量的提升。持续拉动国内生产总值增长、不断创造需求是提升微观企业服务和产品质量的必然结果，这

不仅有助于改善消费结构和投资结构,同时也有助于改善社会收入分配状况,进而提高社会总体福利水平,有助于促进资源的投入产出效率和产出价值/单位资源投入的提升,最终实现宏观经济增长质量更高水平的发展。以提升企业服务与产品质量为着力点,形成能够彰显民族精神的大品牌,突出自己的比较优势,带动中观产业及企业发展,进而提升企业价值创造能力、提高企业竞争力。倘若企业产品服务质量不高,宏观经济增长质量的问题也必然得不到根本解决。

企业发展质量是一个综合性的概念,是企业在一定时期所创造的经济价值和社会价值总和,通过开展经营和追求发展来实现。企业未来价值创造潜力与价值实现水平都反映在企业发展质量中,企业成长的本质特征和企业发展的表征性要素都包含于其中。伴随着快速发展的经济水平,企业发展质量的内容日渐丰富,包括企业产品和服务治理、内部控制质量、经营管理质量、投资质量、社会责任和社会服务质量等,而这些质量的提升最终通过企业价值创造得到实现。企业价值创造能力的提升是微观经济高质量发展的核心内容和集中体现。

企业价值是指企业生产经营活动所创造的价值,是指企业持续经营的价值,是一个综合性的动态过程。在内部,有形资产和无形资产的价值都包含于企业价值之中,从全局来看,企业价值即企业拥有的全部资产价值,某种程度上,企业的获利能力越强,即暗示着企业所拥有的资产数额越多。在上市公司,企业的价值则集中表现为企业为股东所创造的价值。在外部,企业价值则表现为企业为社会创造的财富,企业为社会创造物质财富,就是通过生产产品和提供服务为社会创造高质量的使用价值,并通过市场交换获得尽可能多的价值补偿。可见,企业自身价值的创造与经济高质量发展具有高度一致性和内在统一性,企业价值创造能力越强,经济总体发展质量就越高。企业价值创造是中国经济发展的一面镜子,是中国经济发展质量的直接体现。

本书从微观企业价值创造能力的研究入手,以 EVA 价值评估原理为基础,系统考察了中国关键行业和领域中微观企业价值创造的历史和现状,剖析其影响因素和影响机制,对科学认识和系统把握中国微观经济发展质量的状况和规律具有重要意义,是对新时代高质量发展研究的有益尝试。

第 2 章　企业价值创造

本章对企业的概念及特点进行了界定和刻画，从管理学和经济学视角归纳企业价值管理的理论基础，并总结了企业价值评估理论的发展历程，详细介绍了不同时期不同类型的企业价值评估方法，指出经济增加值（EVA）绩效评价法相较于其他企业绩效评价方法的优势，即在考虑股权投资的成本方面更加符合企业资产保值、增值的要求。最后，探讨了中国企业绩效评价的演进过程，并介绍了国内学者和专家对 EVA 理论以及企业绩效评价方法的研究成果。

2.1　企业价值的内涵

2.1.1　企业的概念及特点

必须先确定企业的概念以理解企业价值的含义与价值创造的内涵，目前的经济管理学著作对于企业概念有着多种界定。古典经济学的观点是，企业是一个理性经济人，其主要目的是追求利润最大化，以最小的投入如土地、资本、劳动力等获得最大产出。交易费用学派的观点是，企业是为了节约市场交易费用而产生的。管理学认为，企业是一个社会经济组织，运用各种生产要素在市场上经营，具有法人资格，盈利是企业的目的。在马克思看来，企业是一种具有更高劳动生产效率的经济单位。

企业应具备以下共同特点：

（1）整体性。企业是各个要素所构成的有机整体，虽然每个要素所承载的功能不同，但它们发挥作用的过程必须服从企业的整体目标。因此一个好的企业是具有良好功能的各个要素，通过有机统一形成的具有特定功能的完整系统。如果各个要素之间缺乏整体性，功能不匹配，它们所形成的企业整体功能就会降低。

（2）盈利性。盈利是企业经营的重要目的，同时企业能正常存在的前提基础也是盈利，不具备盈利性的企业很难生存。而为了达到盈利的目的，企业必须有效地组织生产经营活动。

（3）创造社会价值。企业作为社会的主要组织细胞，必须承担一定的社会责任，创造一定的社会价值。此外，提供社会价值也是企业获取盈利的条件和手段，为了在经营中创造收益，企业必须给顾客创造使用价值，同时还要雇用一定数量的员工，创造就业机会，这些都是企业社会价值的重要体现。

（4）适应环境变化。企业的盈利是在市场的竞争中实现的，要在竞争中取胜，必须适应不断变化的外部市场环境，根据环境的变化情况适时进行经营战略和方向的调整。

2.1.2 企业价值

20世纪60年代，企业价值理论兴起，随着经济全球化和激烈的市场竞争，企业将追求自身价值最大化作为战略目标。因此企业价值成为当今时代所有企业的共同语言。随着中国改革开放不断深入，企业价值理论也逐渐在经营、改制、并购、投资、融资等方面广泛普及与应用。

从具体内涵来讲，企业价值所包含的内容非常丰富。从总体来说，它代表企业遵循的价值观念，即企业必须使自身价值得到市场认可，并寻求使其增加的方法，才能在市场竞争中盈利。从具体指标内容看，权衡公司变动发生后对它的市场状态影响的范围便是企业价值。在社会层面来看，企业价值权衡这个企业为社会创造了多少财富、就业和实现宏观经济目标等方面所做的贡献。

从价值界定的角度来看，企业价值可以从两方面衡量：一是企业目前拥有的资产综合体的价值。企业价值的评估应从整体系统的观点出发，将其看作特定的由各种资产有机构成的，能够盈利的资产综合体。企的价值不仅包括其拥有的实物资产，还包括企业的无形资产，这种无形资产的价值是由各项资产之间有机组合所产生出来的整体效应。因此，企业价值的评估不能简单处理，要避免企业单项资产价值的简单加总。二是企业目前现有和未来潜在获取利益能力的价值。企业价值也可以用目前现有的获利能力和未来潜在获利能力来衡量。目前现有的获利能力是企业短期内可预见的收益大小，而未来潜在的获利能力是企业较长期内可能实现的获利，取决于企业拥有和把握新的投资机会的多少。

从受益者的角度来看，企业价值包括其为顾客、为企业实际所有人、为管理运营者或实际控制者、为社会创造的价值。利益方不同，企业价值衡量的侧重也有所不同。对于股份制公司和上市公司来讲，企业所有者与管理者分离，为保证广大股东的权益，企业价值主要是指企业为股东创造的价值，同时从现代企业角度来讲，各利益相关者的利益应保持一致。

2.2 企业价值管理的理论基础

2.2.1 管理学理论

1. 目标管理理论

目标管理理论的诞生标志是一整套目标激励方案的建立，该方案由德鲁克率先于1954年在《管理实践》中提出。该理论认为目标设置理论是其基础，首先应当设置目标，再进行工作。最高层在确立组织目标后对任务进行分解，使每个层级的员工都能确认自己的目标，参与管理，进而实现自我控制，根据完成情况，管理者对各部门、个人进行考核。目标管理理论在确认目标的基础上通过奖惩制度提高员工工作的积极性，从而完成组织的既定目标，强调参与和激励的重要性。

企业绩效评价是企业目标是否实现的一个重要参考标杆，管理者应该将企业目标从上到下进行分解，使得每个部门、每个员工清楚自己的任务，从而进行自我监督和控制。在进行绩效考核时对照整体目标和分目标，制定合理科学的奖惩制度，激发员工的积极性，从而保障战略目标的实现，促进企业稳健发展。

2. 战略管理理论

20世纪20年代，战略管理理论自美国兴起，在随后的40年内得到发展成形，其影响力在70年代得到很大提升，而后受到冷落导致发展受阻，最后于90年代重新受到学术界的重视。

战略管理理论主要通过运用战略思想来全面、具体地管理企业。企业经营活动中，战略管理是一项具有重要作用的管理活动，通过制定、实施、控制和评价企业战略四个步骤，企业得以确定长远目标与方向，有利于企业的发展。战略管理理论下公司管理过程如图2-1所示。

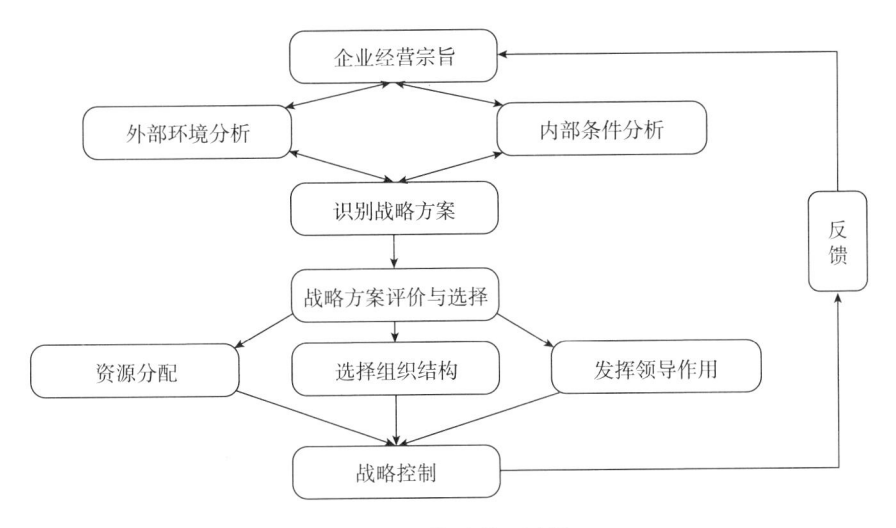

图 2-1 战略管理过程

受战略管理理论影响，企业在评价经营绩效时更应当有全局性，要考虑评价体系是否有利于企业长期发展和长期竞争优势的形成，同时要强调企业整体利益，将企业财务指标和非财务指标、定性分析和定量分析结合起来，充分考虑企业内外部环境的变化。

企业经营绩效战略的有效制定须建立在企业战略之上，同时又反作用于企业战略。首先，经营绩效评价体系能够反馈出企业运行中的问题，促使企业及时调整战略；其次，企业绩效管理也是企业战略得以贯彻的保障。战略管理理论作为理论基础，为企业绩效评价体系的构建提供了方向。

3. 系统管理理论

20世纪60、70年代，美国管理学家卡斯特、罗森茨威格和约翰逊（F. E. Kast, J. E. Rosenzweig and R. A. Johnson）等把生物学家贝尔塔兰夫（L. V. Bertalanffv）创立的一般系统论应用到组织管理之中，建立了系统管理理论，为企业管理提供了创新性的思路。该理论融合了一般系统论、控制论和信息论，是三者的有机结合。一般系统论认为系统具有集合性、层次性和相关性。控制论以系统理论为基础，通过研究沟通过程中系统里的信息流，认为通过进行控制活动，可以产生反馈信息用以调整目标与手段。控制论进而衍生出信息论，认为控制系统进行调节活动时，与外界相互作用的东西就是信息。

系统管理理论的思想，是在组织管理过程中引入一般系统论与控制论，根据系统研究的方法，整合各种理论的优点，通过调查组织结构和管理职能，建立普遍可行的模式，以解决管理过程中出现的问题，系统管理理论的组织模式如图 2-2 所示。

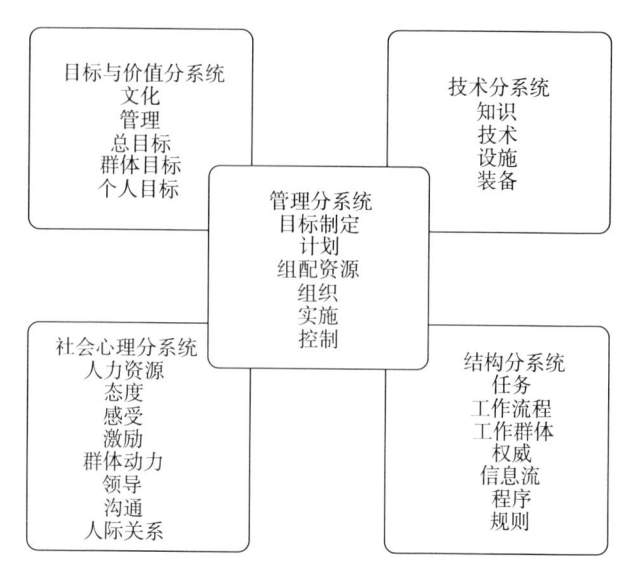

图 2-2 系统管理理论组织模式

系统管理理论认为，应该把企业看作整个系统来对企业经营绩效进行评价，从系统的角度对每个指标对于整体的作用进行考察。系统管理需要遵守下面四个原则：以目标为中心，关注系统整体目标的完成情况；以系统利益为中心，进行决策时须考虑系统整体利益最大化；以责任为中心，对于员工的任务分配须同时考虑其权利与义务是否对等；以人为中心，对于员工的奖励，应按照其任务完成好坏情况进行分配。

系统管理理论认为，企业绩效评价体系是一个系统，如何科学地管理这个系统，使之按照既定的目标快速运转，是经营者关注的焦点。评价主体、方法、体系和信息等要素共同构成了这个系统，各要素间相互关联作用，但又都处于不同的结构，这构成了一个层次分明的有机整体。评价信息是绩效评价系统的基础，每个决策的实施都是信息反馈的结果，同时决策实施又是评价信息的来源。整个系统在经营目标的控制下，不断进行优化改善，以完成各主体预期的愿景。

4. 权变管理理论

权变管理思想的产生以《管理导论：一种权变学》的出版为标志，1976 年美国学者卢森斯（F. Luthans）在该书中最先对权变理论进行了系统概括，成为该理论的集大成者。权变管理的兴起是因为当时的美国经济动荡、社会不安，石油危机给各大企业带来了空前的不稳定性，侧重于研究企业内部组织管理的科学管理理论无法解决企业面临的外部环境频繁变动的窘境，因而主张因地制宜、权益应变的权变管理理论大受欢迎。权变管理的观点是，组织所处的环境每时每刻都处在变化之中，从这个角度来看，世界上没有一成不变、一劳永逸的管理理论和方法。科学的管理应该是对组织内外情况有充分的掌握和有效的应变策略，而不是一味地追求一种"最好的管理办法"。

根据权变理论，企业绩效的评价不仅是针对企业内部的组织结构、组织特点、经营规模、管理水平等方面，还包括对企业应对外部诸如经济、文化、政治等环境变动的应变能力。管理者应充分了解企业各子系统之间的联系，根据企业各要素的关系类型及各要素与管理活动之间相互作用时的一定函数关系来确定不同的管理方式；还应掌握企业外部环境的发展动态，制定科学合理的企业绩效评价体系，以加强企业快速适应环境改变的能力。

5. 控制理论

维纳（N. Wiener）的《控制论或关于在动物和机器中控制和通信的科学》一书中便提及了控制论，此书早在1948年便已发布。系统调节控制规律在本理论中得到了研究，主要通过信息的变化和反馈来让人们提前设置的程序在本系统中得以运行，以此就可以将预期希望达到的目标成为现实。该理论的观念如下：（1）控制论研究的是传递信息的规律，这是因为从本质上看，任何系统都可以被看作信息系统，在其运作的全过程中信息变换始终存在，而只有借助信息系统的处理，才能实现控制系统的目的。（2）所有系统都是通过对反馈信息的运用来对经验进行总结，并从中吸取经验教训，以此来指导之后的工作，实现对系统的最优化，即所有系统在这个过程中都有反馈原理的存在。因而站在企业的角度，计划和控制始终存在于管理过程的全程，这样就使得企业的经营与目标出现偏差时能够及时进行调整。

从控制论出发，企业绩效评价系统是一个带有反馈效应的闭环控制系统，首先要明确评价目标，在此基础上确立评价方法，从而形成评价结果，最终对结果进行反馈运用，形成一个良性循环的闭环控制系统，对企业绩效评价系统进行逐步完善，从各方面满足绩效评价的要求，以有效提高企业的绩效水平。

6. 利益相关者理论

利益相关者理论最早在20世纪60年代出现于西方国家，随后经历了20年的发展，理论的影响也随之加深，对英美许多国家的公司产生重要影响，促使这些公司纷纷开始转变管理方式和治理模式。

公司利益相关者是指在公司日常经营活动中，与公司往来密切的机构或者个人，除了股东、职员、债权债务人、供应商和消费者，还包括政府、当地居民、当地媒体等，如图2-3所示。

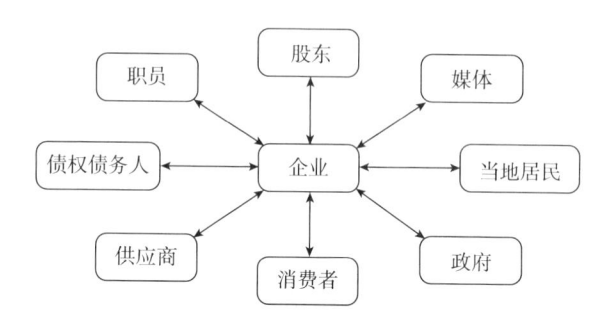

图2-3 利益相关者理论

利益相关者理论的观点是，在现代企业制度的日益发展与完善过程中，企业物质资料所有者的地位逐渐降低，其他利益相关者的地位逐渐升高，公司的经营管理应重点考虑这些利益相关者的要求。

该理论认为，管理者的决定需要平衡公司所有的利益相关者的利益。企业在追求利益时，不能仅仅关注自己股东利益最大化，还要考虑顾客、供应商和政府等外部利益相关者的需求，并且也要承担相应的社会责任。当代企业经营管理方针即是使利益相关者的共同利益实现最大化。

利益相关者理论的提出指明了管理绩效评价的方向，明确了绩效评价的主体，提高了评价的目的。它要求企业管理和经营需满足企业、客户、员工和股东等不同利益相关者的需要，同时为企业经营绩效评价提供了理论基础。

2.2.2 经济学理论

1. 产权与超产权理论

科斯于1937年发表《企业的性质》中首次提出了交易费用的概念，阐述了为什么企业能够成为市场经济中的基本组织，标志着产权理论的诞生。其后，科斯在一系列的文章中反复强调，只要产权明确，企业的交易成本就为零，市场机制导致的外部性问题就能得到解决，因而市场就能有效地配置资源。因此，如何界定产权、降低交易费用，是企业发展面临的重要问题，也是市场优化资源配置的重要途径。超产权理论是在竞争理论的基础上对产权理论存在的缺陷进行了补正，更加强调外部环境竞争对企业绩效的作用，认为产权变更、降低交易费用仅从内部完善了企业的治理机制，但企业绩效的提高更依存于对外部的竞争能力。

从产权理论来看，企业绩效评价的重点在于对交易费用和组织成本的测算，明确产权、降低企业运行的各种成本费用是提高企业经营绩效的有效办法。因此，企业绩效评价体系的建立应考虑科学性、有效性和完善性，以降低获取各种信息的成本。从超产权理论来看，企业除了要控制各种内部成本和费用外，还应具备抵抗外部竞争的硬实力，因此，企业绩效评价体系还要考虑到对企业竞争力的评估。综合来看，一个完善的企业绩效评价体系，不仅能衡量企业内部工作的质量和效率，而且能科学地评估企业在市场上的竞争力，具有全面性和系统性。

2. 委托代理理论

20世纪30年代，随着市场经济的进一步发展，所有者与经营者相混的弊端逐渐浮现，伯利和米恩斯在此背景下提出委托代理理论，号召企业所有者仅保留索取利润的权利，将经营权让渡给专业经营者，分离企业所有权与经营权。委托代理理论持有的观点是，代理人在经营过程中可能存在逆向选择和内部控制等问题，会为了自身利益最大化违背委托人的利益。由于信息不对称和诸多不确定因素，委托人无法时时监管代理人的经营行为，不能确定代理人是否按照自己的意愿进行企业管理，二者之间存在非对称信息引起的博弈。在此背景下，如何通过设定最优契约使代理人实现委托人的意愿，实现共赢的帕累托最优，以上是委托代理理论的研究内容。

为了控制代理成本，减少上述代理问题，委托人需要通过建立一套具有战略导向的绩效考评体系来向代理人传达企业的战略目标。委托人通过监督经营过程，进而对代理人进行约束。绩效评价即是委托人对代理人的经营行为进行监督和约束的一种工具。科学、完善的绩效评价体系一方面可以使委托人更清楚地了解代理人的经营成果和目标，减少信息不对称带来的干扰，降低代理成本；另一方面，也能够激励代理人基于双方共同的目标做出决策，减少道德风险和逆向选择。因此，绩效评价是解决现代公司治理中委托代理问题的有效方法。

3. 人力资本理论

20 世纪 60 年代，经济学家舒尔茨和贝克尔创立了人力资本理论，对于资本同质性的传统假设，二人进行了理念上的革新。相比于自然资源和实物资本，人力资本理论认为人力资源在所有资源中地位最高，而作为人力资本核心的人口质量，其提高的关键在于对教育进行投资，因此，提高人力资本最重要的手段之一就是教育，提高企业竞争力的一种方法就是增加员工的教育机会。

传统的企业绩效往往是仅关注自然资源、物质资源的存量与损耗，忽视了人力资源作为一种资本投入对企业收益成本的影响，进而高估或低估了企业的经营绩效，给管理者和投资者带来了误导。在今后的绩效评价中，人力资本的有偿性应被充分关注，激励体系中也要充分考虑人力资本的异质性，真实、全面地反映企业的经营绩效。

4. 制度经济学理论

制度经济学认为制度是一整套由人类设计的行为规则，用以构造社会、政治和经济活动。制度一方面提供了引导确定经济活动的激励系统，另一方面确立了社会福利和收入分配的基础。制度具有的主要功能包括提供信息、降低交易费用、矫正价格、外部性内部化等。正式规则是人们有意识创造的、得到国家权力机关认可的规则，包括政治、经济、社会等级结构等多方面在内，强制对人们的社会经济行为产生影响与约束。非正式规则是长久的社会演变中人们无意识形成的、得到社会认可的社会文化，包括价值观念、文化传统、风俗习惯、伦理道德等方面在内，具有持续性、非强制性、自发性等特征。

用制度经济学的眼光看，企业绩效评价体系可以被看作一种产权制度。而用制度变迁理论的观点看，企业绩效评价体系必然要经历一个从制定到变革的过程，这其中设立的约束性规则，能够对企业的利益相关者的行为进行约束规范，随着企业的发展与经营环境的变化，不断对其进行修订完善，起到促进企业绩效增长的目的。在进行企业绩效评价时，要遵循所需要的客观性、科学性等原则，不能带有很强的主观性和随意性，以保证绩效评价工作的高质量。修订与完善企业绩效评价制度时，需要考虑建立的制度是否与企业管理的诉求相符，是否能够适应社会经济变化的发展需求，使得评价制度能够顺应环境的变化，促进企业绩效的增长。因此，应该以企业战略目标为导向，建立一套以适应社会经济发展为基础的企业绩效评价制度，以提高企业绩效。

2.3 企业价值评估

企业的价值创造主要通过企业绩效来反映。近百年来，国外管理学和经济学专家就企业绩效评价这一领域，从不同角度出发进行了探索研究，取得了诸多富有影响力的研究成果，对企业绩效管理与评价的实践应用推广起到了积极的促进作用。企业绩效评价的出发点是实现战略目标，基于此，企业需要选取合适的评价指标以及科学合理的评价方法，对企业的经营状况进行价值评价。企业绩效评价从本质上看是一种主观评判，通过数理统计方法科学合理地构建指标体系与评价标准进行定量定性对比分析，在此基础上对一段时期内企业经营管理者和企业效益有着科学公正的综合判断。作为企业管理控制系统的一部分，企业绩效评价对企业经营者管理者等利益相关者的决策会产生重要的影响。此外，针对企业的类型不同，评价的时期不同，具体的评价内容方法是在不断变化的。

2.3.1 企业价值评估的发展历程

企业经营绩效评价研究这一课题在发达国家理论界和实务界得到了非常高的重视，众多专家学者关于评价指标体系有着不同看法，试图从不同的研究角度出发，在不同背景时期下，构建最优的企业经营绩效评价指标体系。从财务演进的视角看，国外企业经营绩效评价方法的演进发展可分为四个时期：经验观察评价阶段、成本绩效评价阶段、财务绩效评价阶段和财务与非财务结合的全面绩效战略管理评价阶段。

1. 经验观察评价阶段（19 世纪以前）

19 世纪以前的企业结构单一、规模较小，组织形式都是一些业主制或者合作制的手工作坊或者工厂，所以这一时期简单会计记账没有评价的意义和价值，社会对企业的评价主要依据主观经验。

经验观察评价具有很强的主观性和随意性，往往是工厂主或有关负责人凭借实践经验对利润、工资、费用等指标进行评估，没有专业的财务理论指导，也不会主动整改调适要求，因此很难适应不断发展的市场。

2. 成本绩效评价阶段（19 世纪初至 20 世纪初）

19 世纪初至 20 世纪初，伴随着商品经济和市场经济的出现，企业的组织形式逐渐由家庭手工作坊变为社会化生产，许多企业的所有权与经营权逐步分离，经验观察评价出的企业绩效难以反映企业真实的发展水平，成本绩效评价法应运而生。

1903年，美国工程师泰勒（F. Taylor）发表了《车间管理》一文，他提出的"一切工作标准化"制度，为标准成本核算制度的诞生奠定了基础。1904年，标准成本核算制度的先驱爱默生（H. Emerson）开始在美国铁路公司运用标准成本核算制度。1911年，哈里森（G. C. Harrison）开始在工厂实际指导标准成本核算制度。1923~1925年，随着间接费用差异分析方法的确立，根据乔丹和哈里斯（J. P. Jordan and G. L. Harris）所创导的分解法，直接材料费差异具体来看可以划分为数量和价格差异，直接人工差异具体来看可以划分为时间和工资率差异，间接制造费用划分为变动预算和作业差异。至此，标准成本差异分析的雏形已经形成。

初期的成本绩效评价，是一种"以本逐利"的简单思想，通过统计单位成本，例如每千克成本、每英尺成本等，来核算企业的成本与收益，以达到控制成本、实现营业利润的目的。随着资本主义商品经济的进一步发展，影响企业成本的因素越来越多，简单的控制成本计算盈利的思想被尽可能多地赚取利润的思想所取代。社会上出现了标准成本差异分析法，这种方法更为复杂、科学。

通过控制成本、标准成本及差异分析制度对劳动生产率进行了极大地提高。与此同时，人们的观念经历了一次巨大的转变，以前经营者大多在事后进行被动的反映分析，而如今，未来控制管理成本，经营者大多在事前进行积极主动的预算，并在事中加强控制。而在当时对成本控制状况的反映方法是通过标准成本的执行情况和差异分析结果进行的，因此这两项指标也成为在当时对企业经营绩效进行评价的主要指标。

这个时期的观点是绩效评价是将效率和效力数量化的方法，如格洛伯森（Globerson，1985）认为一套设计完善的绩效体系可以用来评估个人和组织绩效的价值，但其最大缺点在于很难计划控制。纳尼（Nanni，1990）等在解释绩效评价是如何作为反馈回路中的一部分时，运用了一个类似于温度调节器的装置。弗兰珀（Flapper，1996）等认为，"要成为一个好的管理者，需要跟踪观察他所负责的绩效评价系统的效率"。

3. 财务绩效评价阶段（20世纪初至20世纪90年代）

20世纪初，随着社会化大生产的发展，市场竞争不断加剧，传统的成本绩效评价已无法满足市场的要求，由此催生了以利润为核心指标的财务绩效评价方法。财务绩效评价经历了三个阶段，分别是以销售利润为中心、以投资报酬率为中心和以综合财务指标体系为中心的绩效评价，这一时期形成了很多广为流传的绩效评价体系，如杜邦财务分析体系、沃尔比重绩效评估法等。

美国杜邦公司最先创造出了杜邦财务分析体系。这套评价体系主要用来全面考察企业的盈利能力、偿债能力、营运能力及其相互之间的关系，通过分析财务指标与财务比率，使该评价体系的使用者能够深入而全面地掌握公司的财务状况，做出更有效的财务决策。以此为标志，企业绩效评估进入财务绩效评价时期。

信用能力指数这一概念最先出现在亚历山大·沃尔于 1928 年出版的《财务报表比率分析》和《信用晴雨表研究》中，他给选定的 7 个财务比率指标分别赋予不同的比重，然后在行业平均数的基础上确定了标准比率，用实际比率与标准比率的比值得到相对比率，以其与各指标比重的乘积作为总评分来对企业绩效进行评价。肯瑟（M. Kenser, 1939）对经理人的报酬和绩效评价之间的关系进行了研究。20 世纪 50 年代，莫迪利亚尼和米勒（Modigliani and Miller）首次严格科学地研究了资本结构与企业价值的关系，以此为基础提出了 MM 资本结构理论。梅尔恩斯（Mellnnes, 1971）对美国 30 家跨国公司的经营状况进行分析，发表了《跨国公司财务控制系统——实证调查》一文，发现鉴于投资者对投资收益的高度关注，投资报酬率成为最常用的绩效评价指标。佩尔森和莱西格（Persen and Lezzig, 1979）采用问卷调查的形式，使用每股收益率、销售利润率、投资报酬率等绩效评价财务指标，对美国 400 家跨国企业的经营状况进行了分析评价。进入 20 世纪 80 年代后，西方的理论界和实务界对企业绩效评价进行了更加深入的研究。从财务效益出发，美国管理会计委员会发布的"计量企业业绩说明书"中，提出了以下 8 项指标来考察企业经营效绩：净收益、现金流量、每股盈余、投资报酬率、市场价值、剩余收益、经济收益、调整通货膨胀后的业绩。

4. 战略价值管理阶段（20 世纪 90 年代至今）

20 世纪 80 年代以后，企业的长远发展及非财务指标的作用开始得到理论界和实务界更多的重视，产品生产周期、售后服务、顾客的满意程度等非财务指标在绩效评价中的地位逐渐得到重视。至此，企业经营绩效评价进入了以财务指标为主、非财务指标为补充的时期。

20 世纪 90 年代，经济一体化浪潮席卷世界各国。一方面，经济一体化使得企业的经营范围和目标市场更加宽阔，有利于发挥比较优势，分享贸易带来的好处；另一方面，经济一体化加剧了企业之间的竞争，影响企业绩效的不再仅仅是简单的成本、利润等量化指标，更多的诸如文化、法律、宗教等非量化指标在企业经营活动中占据着越来越重要的位置。企管理进入到战略管理阶段,这就对绩效评价体系提出了新的要求。只有涵盖企业成功的关键因素的绩效评价体系才称得上与时俱进,如内部经营过程是否高效、人力资本的开发和利用情况、客户的满意度和忠诚度等。由于企业战略管理的发展,以往的绩效评价体系难以适应新时代的需要,伴随着西方的经济学者提出的全面绩效评价理论,企业全面绩效评价时期到来。

因此,评估企业绩效除了考察成本、利润等传统定量指标外,与管理、战略、价值等相关的定性指标也应该成为社会关注的焦点,战略价值管理阶段由此而来。这一时期形成了霍尔(R. Hall)的"四尺度"论、德鲁克以改革为核心的观点、卡普兰和诺顿(R. S. Kaplan and D. Norton)的平衡计分卡、克罗斯和林奇(K. Cross and R. Lynch)的绩效金字塔以及尼利和亚当斯(A. Neely and C. Adams)的绩效棱柱等评价体系。

2.3.2 企业价值评估的主要方法

国内外的许多专家学者经过研究提出了很多不同的企业绩效评价方法,如杜邦分析评价法、沃尔评价法、坐标图评价法、财务报表结构指标评价法、"A记分"绩效评价法和相对值指标绩效评价法。但目前在国际范围内应用最广泛的企业绩效评价方法主要有杜邦分析评价法、沃尔评价法、平衡计分卡、等级制度评价法、经济增加值法和四尺度法等。

1. 杜邦分析评价法

1919年美国杜邦公司率先提出的一种经典绩效评价方法,称为杜邦分析法。这种分析方法层次清晰、条理突出,系统考察了企业的盈利、营运和风险管理三个方面的经营水平,更加方便企业管理者全面了解企业的经营和盈利状况。其主要理念是将股东权益报酬率逐级分解为多项财务比率乘积,然后分析它们之间的内在联系,以深入分析了解企业绩效情况,其具体分解计算过程可用图2-4表示。

杜邦分析法可以用下面的计算过程来表示:

资产净利率 × 权益乘数 = 净资产收益率

其中,资产净利率 = 销售净利率 × 权益乘数

销售净利率 × 资产周转率 × 权益乘数 = 净资产收益率

净资产收益率受销售净利率、资产周转率、权益乘数这三个指标的影响。杜邦分析体系直接量化了净资产收益率的影响因素,这样更加直观地反映出企业盈利能力。

杜邦分析法利用分层的原理,有利于经营管理者更加明确影响企业绩

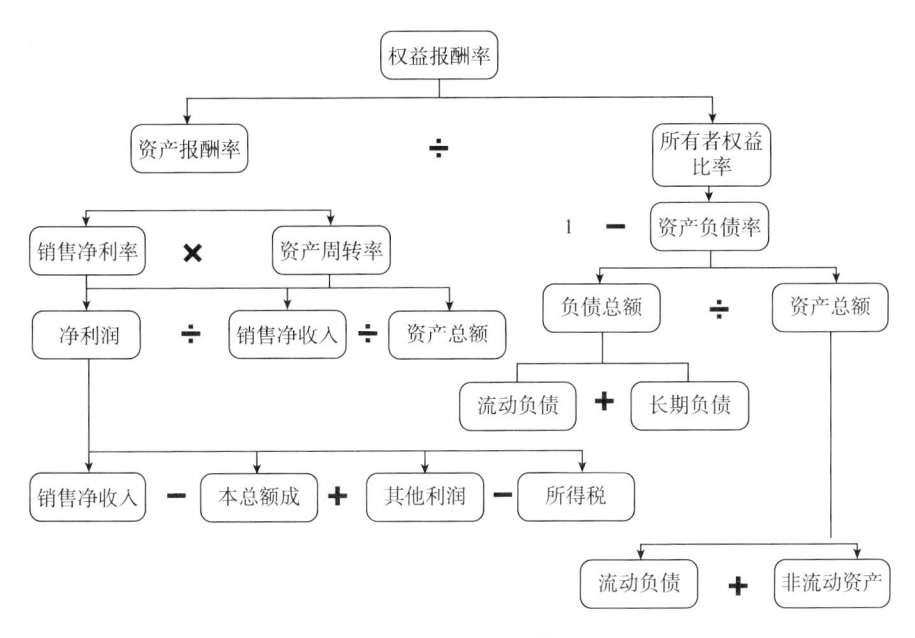

图 2-4 杜邦分析

效的具体决定因素，给经营管理者提供了一张清晰的改善绩效的路径图，是解决现代公司治理结构中出现的委托代理问题的一剂良药。它具有以下优点：首先，对于委托人即股东来讲，其关注的核心是股东财富最大化，而杜邦分析体系的出发点即是最能反映股东财富增值水平的财务指标——净资产收益率，因此，杜邦分析体系从根本上保护了委托人的最大利益。对于代理人来讲，其关注的核心是自身利益最大化，包括工资薪酬、补助福利、岗位晋升等，寻求这一利益的前提是代理人的经营结果达到委托人的投资要求。杜邦分析体系正是建立了这样一种激励与约束并存的机制，将委托人的利益与代理人的收入联系起来，既保障了股东的投资收益，又激励了经营者的工作热情。其次，它有利于科学、全面地反映企业真实的财务状况，因为它结合了几个重要的财务状况的比率，通过逐步分解形成了一个有序的综合评价指标体系，能够让管理者清晰地对相关财务比率进行研究分析。

杜邦分析法尽管被广泛使用，但是它也存在着一些不足：第一，该体系未能反映诸如文化、政治、技术等无形知识资产对企业的影响，无法对投资者、管理者的决策提供全面真实的参考意见，明显在注重知识创造的今天具有一定的局限性。第二，忽略了利润分配表中的财务信息可能带来的影响。第三，它有可能导致管理者的短期行为，因为它比较重视企业的短期财务结果，可能有损企业长期的价值创造能力。第四，杜邦分析体系对净资产收益率的计算忽视了资本成本尤其是权益资本成本，不能真实地反映投资者的收益。

2. 沃尔评分法

财务状况综合评价的先驱者和经济学家沃尔（A. Wole）20 世纪初在《信用晴雨表研究》和《财务报表比率分析》中提出了沃尔比重绩效评估法。该指标是结合相关的财务比率指标并使其线性化，然后设定相应的比重，沃尔首先选择了 7 项财务指标，分别确定每项指标在总的评价中所占据的标准比例，之后将其与标准比例进行对比得出相对比率，在此基础上得到各项的指标得分以及总体指标的总分数，据此判断业绩效水平的高低。流动比率、净资产和负债的比值、资产和固定资产的比值、销售成本和存货的比值、销售额和应收账款的比值、销售额和固定资产的比值、销售额和净资产的比值为此财务指标。该方法操作简练，在实际中得到了宽泛的运用。

沃尔评分法的优点：使综合评价成为可能，通过将互相可能没有联系的财务指标赋予一定权重而使之综合联动，进而综合性地反映企业绩效水平。但是，随着时代的进步和经济的发展，对企业管理提出了更高要求，该方法中的 7 项指标已不适应现代对企业财务评价的要求，存在着诸多问题，比如指标数量如何确定、如何赋予权重、如何处理某些指标的异常变动等，这些都有待于完善。

3. 平衡计分卡

平衡计分卡是由卡普兰和诺顿在研究《未来组织绩效衡量方法》课题时设计并推广的一种绩效评价体系，后经不断补充完善，成为战略价值管理的重要手段。在客户、财务、内部流程和学习创新这四个方面指标之间的互相作用是其主要内容，并通过此在展示出组织之间的战略。

顾客、财务、创新与学习和内部流程这四个指标之间的相互驱动是该模型的重心。并将组织的战略路径展现出来，实现绩效考核—绩效改进和战略实施—战略修正的整个过程。平衡计分卡限制了传统财务评价指标看重短期结果的缺点，不仅是财务信息，还将企业经营目标和长期战略转化为顾客、财务、内部流程、学习和成长四个方面的绩效指标，对非财务性因素对企业绩效的影响进行了量化分析，实现了战略和绩效的良性互动，对企业的持续性发展进行考核，是迄今为止世界上最有影响力的战略管理理论之一（见图 2-5）。

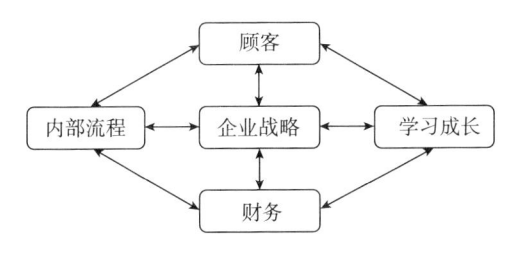

图2-5 平衡计分卡作用原理

平衡计分卡（BSC体系）以企业战略为核心，将企业经营目标转化为下属部门在顾客、财务、学习成长和内部流程四个方向的具体任务，设置相应的计分卡，综合反映了企业的经营管理能力。顾客（customer）方面：管理者在确认企业的目标市场和目标客户之后，再根据目标细分出一组可考评的指标，如市场所占份额、顾客获得率、顾客满意程度等。财务（finance）方面：企业管理者要解决"股东如何看待我们？"这一核心问题，显然首先要通过企业财务方面的指标，其中的指标主要包含了利润额、销售额、资产利用率等传统的财务指标，来验证努力是否会对企业的经济利益做出积极的作用。内部流程（internal processes）方面：管理者一是要紧抓目标市场的份额，二是要满足股东对于投资回报的要求，因此，需要把注意力集中在其中起着关键作用的一部分内部流程上，并据此设立衡量指标，做好这一部分，才能保证客户满意度，同时实现组织的财务目标。BSC的第四方面：创新与学习（innovation & learning），包含了对组织的信息管理系统、公司员工能力提升等方面的衡量。其中，顾客和财务是反映企业外部短期信息的结果性指标，内部流程和学习成长是企业内部长期信息的驱动性指标。BSC绩效评价办法克服了传统财务评价指标看重短期结果的缺点，将企业经营目标和长期战略转化为四个方面的绩效指标，量化了非财务性因素对企业绩效的影响，全面、客观地反映了企业的经营绩效和发展战略。

平衡计分卡自诞生以来之所以魅力经久不衰，在于它能够有效地解决在企业中遇到的战略实施与绩效评估这两大问题。平衡计分卡有以下优点：它可以有效避免纯粹的财务评估可能造成的短期行为；可以帮助各级员工更好地理解组织的目标和战略，使得整个组织机制着眼于战略宗旨，并分解组织的战略目标为组织各层的绩效指标并转化为行动，进而保证一致的行动；与此同时，这也有助于员工在不断地学习之中不断成长，有助于提升员工的整体实力，使得组织的长远发展得以实现。总而言之，实施

BSC可以提升组织的综合管理水平。

但是，平衡计分卡也有其固有的缺陷。BSC评价法的实施需要量化一切评价指标，这在操作过程中具有很大困难。一方面，确定绩效的衡量指标本身就比较困难，顾客、学习成长等项目的评价大多是依靠一种内生性管理，很难找到相关的专业指标对其进行衡量；另一方面，BSC体系中的一些非财务性指标难以直接量化或衡量，需要耗费大量的时间和资源对其进行系统性研究。此外，BSC在执行方面也困难重重，组织战略变更时，BSC体系也要随之调整或更新，执行的成本相当大，所以BSC不适应于战略制定。卡普兰和诺顿提出，在使用平衡计分卡上，企业需要确定一致认可的战略。然而，如果组织战略或是结构发生了一些变动，就需要调整平衡计分卡，这就带来了不可避免的负面影响，即随时保持平衡计分卡的有效性需要耗费大量的时间和资源。

4. 等级制度评价法

该企业绩效评价方法最先由克罗斯和林奇提出，从企业总体战略管理角度出发，结合财务方面和非财务方面的数据，然后设定反映具体业绩指标关系和企业战略的金字塔模型。从金字塔的最顶层着手，第一个是企业整体战略，再将企业的具体战略目标进行细分，紧接着一步一步排列传递，直至金字塔的最底层停止。

这个金字塔之中，企业的整体战略是它的最高处，再细分整体战略到一个个明确的企业战略目标，一层层传递到企业组织的最低层。通过这样的划分，最底层的作业中心就可以满足战略目标的需求并可以建立出科学的经营效率指标。另外，再给企业的高层管理人员反映这些指标，给企业未来制定的战略目标的当作参考标准。

绩效金字塔展示出了在设定绩效指标时组织战略的重要性，展现了组织战略目标和绩效指标的互相作用关系，揭示了战略目标从上到下指导制定经营指标，经营指标从下到上促进战略目标修订的等级制度。企业就在这样的循环发展过程中获得扩大企业发展规模的能力。

业绩金字塔最主要的缺陷在于其未认识到组织学习的重要性。在竞争激烈的21世纪，人们越来越重视企业组织的学习能力，然而，这种等级制度绩效评价法却无法反映组织学习能力的重要性，因此，它也不能适应当今时代对企业绩效评价的要求。同时，即便此模型在理论上十分有效，然而在现实的工作上却不能很好地展现我们所期望的结果。

5. 四尺度法

四尺度法是由罗伯特·霍尔（Robert Hall）提出的，即以质量、作业时间、资源利用量和人力资源开发为四尺度标准来分析衡量企业绩效水平的非财务指标评价体系。霍尔认为，这四个尺度的改善可以提升企业市场竞争能力。霍尔的四尺度法不光包括了利润、成本等财务指标，还包括时间、质量等非财务指标，但未对人力资源开发问题提出更具体的建议。

6. 经济增加值法

经济增加值（economic value added，EVA）绩效评价法是一种新型的业绩评价体系，是思腾思特（Stern Stewart）咨询公司发明出来的，主要的作用是分析企业的价值，它认为一个公司获得的净利润在扣除所投入的股权和债务资本成本后的部分，才是企业创造给投资者的真正的利润。扣掉全部成本后的剩余收入就等于缴纳税费后的公司利润减掉所欠的债务和股本成分，这便是企业的EVA值。西方国家主要通过EVA理论进行企业层面和经理管理层面的评价，而发展中国家主要运用EVA理论进行企业业绩评价。美国学者斯图尔特（B. Stewar，2012）调查了部分公司的EVA指标使用情况，通过调查发现，世界上已经超过300家公司正在使用EVA指标进行业绩评价，说明EVA在公司业绩的评价中已经得到了广泛的运用。斯戴尔和马雷克（Stehel and Marek，2016）通过对比研究相关绩效评价方法指出，经济增加值作为一个指示器，能够清晰地展现出企业在市场中的表现，在评估绩效方面经济增加值所占的比重越来越多，因此，可以在企业绩效分析中得到很好的运用。

综上所述，经过对国内外六种主要绩效评价方法的介绍，我们可以发现，其中，杜邦分析法在现实中具有广泛的应用基础，它能把某几个反映企业业绩情况和财务水平的指标结合起来，形成了一个综合的指标体系，但是由于其存在未曾涉及利润分配表而导致评价欠全面的问题，同时也容易导致企业忽视长期价值创造。沃尔评价法——业绩评价方法，虽然能解决绩效评价中关于综合评价方面的问题，但其选择的7项评价指标却已经不适应当今企业管理的要求。"平衡计分卡"这种备受欢迎的绩效评价方法具有较大执行难度。等级制度评价法不具有高效性和较强的可操作性。四尺度法未考虑对企业价值提升具有长远意义的研发投入与人力资源开发等问题。

与之相比，经济增加值法反映的不是传统的会计利润，而是经济利润，能够更加真实地反映企业的资本使用效率和机制创造能力。EVA绩效评价法比其他五种企业绩效评价方法在考虑股权投资的成本方面更加符合企业资产保值、增值的要求，对企业通过增加研发投入等方式来创造价值具有引导作用，有利于鼓励企业注重资本效率，优化资源配置，注重企业长期价值创造，从而提高企业的市场竞争力。

2.3.3 中国企业价值评估的演进过程

中国的企业绩效评价工作起步比较晚，按照时间顺序，从中国经济体制转变和企业管理发展的角度，中国的企业绩效评价主要经历了计划经济时期、改革开放初期、现代企业制度建立时期、企业法制规范化阶段及企业发展壮大时期五个阶段。

1. 计划经济时期：以实物产量作为业绩评价标准

1949～1978年计划经济时期，中国主要采用的绩效评价方法为实物产量评价法，这与当时经济背景下指令性计划生产相适应。政府采用实物产量考核方法对产品产量、企业产值以及节能降耗等指标进行考核。此时期，中国处于政企不分的阶段，企业并没有自主经营权，因此在此种情况下，实物产量评价法适应了时代发展的需要的同时，也带来了一系列的弊端。实物考核评价法使得企业经营者为提高经营业绩，不考虑市场状况，一味地提高企业产量，造成了产品大量积压的现象。"实物产量和质量"为此阶段的考评主导思想。行业生产技术标准和计划目标相对照作为考核评价的方法。将"产品生产量""企业生产值""降低耗用节约资源"作为主要的核心考察内容，并采取对照指令性计划的考察方式对国有企业、政府部门进行考察。在此种考察机理下，企业的经营者为了急于完成计划，提高产量，选择劳动密集型经营，影响了企业的技术进步和革新，导致国企缺乏效率，限制了国企的进一步发展。实物产量评价法是历史发展中的一项选择，但随着改革的推进，已经不能适应企业发展的需要。

2. 改革开放初期：以利润总量为核心的业绩评价方法

1978年，党的十一届三中全会胜利召开，国有企业体制进行了大面积革新，国家开始进一步在企业经营自主权上扩展范围，对企业的考核评价由之前的实物量指标衡量为重心一步步转变成以价值量指标衡量为重心，考核评价主要内容也逐步过渡为"实现产值"和"上缴利税"，企业的管理办法逐步变成了以效益作为其评估的核心。先后改革了企业经营承包责任制制度、企业利润留成制度和提取企业基金制度等制度，以此更好地管理国有企业。同时，国家开始引导企业追求经济收益，逐渐转向以获取利润为核心。

为促进提高经济效益，企业考评更多地关注考察利润、成本和产值这三个评价价值指标，在企业的报酬和激励模式方面通过企业利润的完成程度来衡量。对每个国有企业来说，首要目标逐渐改为完成或超额完成利润指标，特别是在承包制度中，其企业考评的唯一尺度便是"上缴利税"的完成程度。"上缴利润"这一单一指标的国企考评方法显然不能够满足转型之后的国有企业的管理需求,特别是在市场程度增加的背景之下,并且承包制也开始显现出弊端。为此,国家有关部门制定了包括"企业16项主要经济效益指标"在内的一系列指标,但是没有真正在企业管理和考评工作中得到应用。

1982年,国家经委、国家计委等多个部门制定了"企业主要经济效益指标"等共16项指标,对企业的经营效益和经营活力进行较全面的评估。直至1992年《企业财务通则》颁布,国家出台了扩大企业经营自主权的相关政策。以实物量衡量为主的考核评价企业的指标逐步转化为以价值量指标衡量为主的指标,评价内容也过渡为产值和上缴利税,进而走上了以效益为核心的企业管理道路。

单纯的利润指标考评方法,不可避免地导致国有企业短视,只着眼于任期内业绩,长期将大量损失挂在账目上。因而,第五次全国国企清产核资上出现了怪现象,国有资产不良资产比率逐年增加,潜亏逐年增加,然而企业工资奖金依旧连年提高。像这样以企业长远利益为代价换来的短期的、表面的经济效益,导致多数国企包袱加重,陷入经营困境。

3. 现代企业制度建设初期:以投资报酬率为核心的绩效评价方法

到20世纪90年代初,建设现代企业制度成为国有企业改革的目标。1991年,中央指出,需要将经济工作的核心放在结构调整和提升经济效益之上,在考核工业企业的过程之中,要减少产值指标占比并加强效益指标。中央于1991年将结构调整和效益提升这两个模块作为整个经济运行过程的工作核心,摒弃之前注重产量和产值指标的做法,通过效益指标的途径对企业进行考核被广泛使用。在考评工业企业的经济效益之上,1992年原国家计委、国务院生产办与国家统计局将产品销售率、成本费用利润率、资金利税率、净产值率(后更改为增加值率)、全员劳动生产率、流动资金周转率指标作为考评依据。在这套考评体系之中,将不同的权数根据指标的先后顺序进行分配,还引入标准值和相对性比率指标的概念,在全国统一使用标准一致的标准值的评估计分。

伴随着经济体制改革的发展,原有的企业绩效评价体系已不适应新的生产力的要求。1993年,《企业财务通则》开始试行,标志着中国企业绩效评价方法向着科学化、规范化发展。随后,财政部在颁发的《企业经济评价指标体系(试行)》中,提出了一套完整综合的财务绩效评价指标,其中包括了8项指标。从1994年起,企业的国有资产的安全和质量纳入国有资产管理局的考核范围之内。1995年,《企业经济效益评价指标体系

(试行)》由财政部制定并颁发。该套指标体系,从投资方、债权人和社会贡献三个方面综合地评价企业的绩效,以行业的平均值为准则,被赋予不同的权重。

这一阶段,在企业的财务性综合绩效评价体系方面进行了初步探究,进而设立了以投资报酬率为核心的和适合当代企业制度需求的评估办法,并将投资回报率作为核心,与之前的评价体系相比较有了显著的提升。但是,其中依旧存在许多不足之处,比如没有注意到现金流量和非财务指标的作用,缺乏评价财务绩效发展趋势和企业成长能力的指标,对非财务指标考虑不足等,因此这两个体系在实践中没有得到广泛应用。

4. 企业发展到法制规范化阶段:采用多主体综合效益评价法

财政部、国资委等部委在1999年6月颁发了《国有资本金绩效评价规则》与《国有资本金绩效评价操作细则》。为了全方面反映企业的生产经营情况,企业业绩评价制度将重点评价企业资本效益、资产经营状况、偿债能力和发展能力这四个方面的内容。国有资本全绩效评价体系是在汲取了各种评价思想后形成的一个综合指标体系。2002年2月,财政部、国资委等五个部委联合印发了《企业效绩评价操作细则(修订)》。指标体系的操作性在修订后变得更强,也更为客观全面,对企业偿债能力和创新能力的评价做了强化。但该体系的局限性是其核心为投资报酬率,其设计的评价对象是工商类竞争性企业。

5. 企业进入发展壮大时期:开始采用多维综合评价法

2000年,《中国证券报》提议将基本财务状况、行业环境、企业核心业务、企业经营能力和管理层素质作为亚商最具发展潜力上市公司价值评估体系。并进一步将这几个二级指标划分为20多个三级指标,而且每个三级指标都研讨出不同的影响因素。

2002年中证·亚商从核心业务、财务指标、治理结构和经营能力四个角度来评估上市公司的发展潜力,并首次提出3M理论。2003年又在CSC理论模型之中提出产业比较优势(comparative advantage)、行业景气程度(sentiment)和公司核心能力(core capability),企业的发展潜力和经营业绩也将通过这三个方面进行评估。

至2006年末,国资委为施展企业绩效考核的监督和指引职能,订正了《中央企业负责人经营业绩考核暂行办法》,用以提升国有企业的整体效益。2009年12月此办法正式修订通过,并指出中央企业年度经营业绩的其中一个考核标准为经济增加值(EVA),并在2010年全方位实行。国资局的这一行为表明中国正式产生了用EVA指标为参照标准的中央企业经营绩效体系。

与此同时，中国学者在 EVA 的应用研究方面也取得了新的进展。杜胜利（1999）在理论视角和实践应用中对企业经营业绩评价研究进一步拓展，提出涵盖了财务管理、过程控制和客户反馈等多维度的综合评价体系。张涛（2001）强调，依托法人治理结构、财务管理体系、激励约束体制、创新驱动机制、商业运行环境和顾客关系维护六个维度作为中国企业绩效管理体系的研究框架。张蕊（2002）指出，从科技创新、顾客、工作人员、业务流程和财务这五个维度来构建企业绩效评价体系，并指出企业的获利水平和竞争能力要通过所得与所费及两者之比的关系来评价，认为业绩评价就是研究上述之间的关系。马璐（2004）通过融合三个不同的战略思维模式来全面系统地分析研究企业的战略性评估绩效，其中竞争战略观以产业结构分析为根基，价值创新战略观以顾客价值为根基，竞争优势观以资源与知识为根基，这三者形成一种新模式。于增彪等（2008）站在国有企业和国资委的角度，探讨了国企绩效评价体系设计的基本思路。严复海和赵麟（2009）从社会责任的角度提出了企业绩效的评价指标体系，将社会责任进一步具体化，着力引导现代企业用正确的态度看待社会责任问题。

此外，国内许多学者和专家探讨了企业绩效评价方法并提出了个人观点。陈世宗等（2005）在评价企业经营业绩时运用了 DEA 数据包络分析的方法。刘辉（2005）将主成分分析方法运用到了评价物流企业的绩效之中。文小玲（2006）在企业绩效评价中使用了模糊综合评价方法。李洪等（2006）将其样本数据选定为四百多家的沪市 A 股上市公司，使用主成分处理的分析方法在传统的绩效指标中分离得到主成分和综合指标，通过这种办法来建构出 EVA 指标与主成分指标的计量经济学模型。实际操作证明，用 EVA 特别是单位净资产实现（EPE）和单位资产实现（EPA）指标评估公司绩效与用传统绩效指标评估具有高度的相似性，这种办法还是比较科学有效的。温素彬（2010）将绩效三棱镜的方法注入实际应用之中，分别是股东的价值取向和利益相关者的价值取向并与利息相关者价值的取向为引导，然后对绩效评价的两种价值取向进行分析比较。邵世伟（2018）选用 109 家具有代表性的战略性新兴产业上市公司，通过 EVA 方法测算其经营绩效，运用动态面板回归方法实证分析影响战略性新兴产业上市公司 EVA 的因素，实证结果表明，战略性新兴产业绩效与净资产收益率呈正的线性关系，与资产负债率呈负的线性关系，营业收入增长率、研发投入占营业收入比例和股权集中度对经营绩效影响不显著。

第 3 章　EVA 是衡量企业价值的有效方法

在第 2 章所阐述的企业价值理论基础上，本章进一步阐述衡量企业价值的 EVA 评估方法及其内容体系，指出 EVA 评估的本质在于真实地反映了企业为股东创造的实际价值和企业的营运能力以及盈利能力。同时，本章进一步总结梳理国内外学者对 EVA 理论与应用情况的大量研究，论述 EVA 在企业价值创造与质量提升评价中的适用性，详细介绍 EVA 的评价模型及其会计调整说明，明确相关指标的计算公式，归纳 EVA 价值评估的创新性、局限性与应用设想，为后文实证模型的构建奠定理论基础，也为实证分析提供可靠的技术支撑。

3.1　EVA 原理

3.1.1　EVA 的产生背景与原理介绍

EVA 在中国被翻译为"经济增加值"，它的定义是企业税后的净营业利润减去包括股权和债务等全部投入资本成本的差值。由此定义可知，EVA 反映的并不是传统的会计利润，而是经济利润，它强调了企业经营所使用的资本和债务是有成本的，强化了提高资本使用效率的重要目标；同时，它的基本理念可以解释为：一个真正能为企业的股东带来价值的企业是其资本收益超过为获取该收益所投入资本的全部成本的企业。因此，EVA 进一步体现了企业的最终经营目标，是现代企业价值管理体系的基础和核心。

EVA 的产生从经济学视角，最早追溯到经济学鼻祖亚当·斯密的剩余收益理论，其中剩余收益指超过企业投资额的最低超额收益部分；1890 年，英国著名的经济学泰斗阿尔弗雷德·马歇尔提出了资本成本的概念，指取得和使用资本所需付出的代价；之后，爱德华兹和贝尔（1961）从会计学角度对剩余收益进行进一步的解释，指出剩余收益等于经营利润减去资本成本，并强调了资本的机会成本；美国学者奥尔森（1995）对剩余收益的概念进行了系统的阐释，厘清了公司权益价值与会计变量之间的关系，指出剩余收益其实就是公司的净利润与股东所要求的报酬的差，认为企业只有赚取的净利润超过了股东要求的报酬，才算是获得了真正的剩余收益，从而真正地给股东带来价值。

EVA的内涵从管理学的视角，源自专业分工导致的所有权和经营权两权分立的公司治理模式。企业经营者作为代理人，以经营者利润最大化为目标，而所有者作为委托人，以股东价值最大化为目标。股东人数较少时，二者之间的信息不对称较少，股东对经营者的监管力度较大，因此在本质上二者的经营理念基本一致。当企业融资渠道增加，尤其是股份公司开始公开买卖股票时，企业的投资者多而散，对经营者的监管制约力度大大下降，内部控制、逆向选择等问题滋生，股东和经营者的经营理念大相径庭。股东的投资回报保障一步步被弱化，而已有的以利润为核心的企业绩效评价方法难以从根本上规避经营者为了短期利益放弃股东权益的不良行为，经济增加值评估法应运而生。

EVA的基本原理从金融会计视角，可以从企业筹集资金的主要方式说起。现代企业在筹措资金时主要有两种方式分别为内部融资和外部融资。顾名思义，内部融资指在内部融通的资金，指企业的经营活动所产生的资金，是企业不断地将自身的储蓄转化为投资的过程；意味着企业获得资金主要依靠企业内部各环节之间的互相融通；相对应的，外部融资是指通过企业的外部活动获得资金来源，具体包括股权融资和债务融资。股权融资也可以称为直接融资，是指企业通过IPO、配股和增发等股权融资手段来募集资金；债务融资又被称作间接融资，是指企业通过向银行或非银行的金融机构贷款进行融资。在一般情况下，企业要通过资金成本分析来决定具体采用何种融资方式。融资成功后，在现行企业财务制度中，不同的资金来源采取不同的会计处理方式，一般债权的资本成本会作为费用直接计入当期损益，而股权资本成本作为收益进行分配处理，采用这种会计处理方式使得权益资本的机会成本往往被人们忽视了，从而误认为权益资本是一种"免费的资本"。但实际上，任何一项资本都是有机会成本的，权益资本当然也不能例外。无论企业通过何种方式来发放股利，在本质上和向债权人支付利息是没有什么区别的。因此在现行的会计制度下，遵循历史成本原则、权责发生制原则和复式记账法，没有能够明确反映权益资本的成本。

在实际运用中，如果忽视了权益资本的机会成本，那么企业建立约束机制来使用权益资本，不可避免地会出现投资膨胀和资源浪费现象，而投资失误、重复投资、投资低效率也是有违企业长远利益的。另外，如果忽视了权益资本的成本，企业的账面成本和社会真实成本之间就会出现差距，这个时候所谓企业盈亏水平不能反映真实情况。为了有效地利用资本，做出正确的投资决策，企业的管理者在使用任何资本时都必须要考虑其机会成本。这时，传统的财务会计方法的弊端就体现出来了：虽然可以反映借贷成本，但无法体现权益资本的机会成本。在剩余收益理论的影响下，根据以往的理论研究和实际经验，思腾思特（Stem & Stewart）是一家美国管理咨询公司，在1982年首创性地提出了以出资人利益为核心的企业绩效评价方法——经济增加值业绩评价指标。EVA核心理念：企业在衡量其经营状况时一般采用的会计利润指标是存在缺陷的，因为它忽视了股东资本投入的机会成本，很难正确地反映出企业的真实经营状况，企业盈利只有在高于其包括股权成本和债务成本的资本成本时才真正为股东创造价值。经济增加值高的企业可以认为是真正的好企业，EVA是衡量企业经营者经营业绩成果的关键指标，同时这也是构建企业经营者薪酬机制的依据。因此，思腾思特咨询公司注册实施了一套以经济增加值理念为基础的财务管理系统、决策制度及激励报酬机制，与传统的会计指标相比，这些指标能够更加综合地、全面地衡量企业价值创造的能力。

20世纪90年代，全球学术界兴起了对EVA的研究热潮，众多外国学者从理论论证角度和实证方面对EVA进行了深入研究，并对EVA评价指标体系进行进一步的论证和完善（Wallace，1998；Mcintyre E. V.，1999）。经过学术界对EVA价值管理理论广泛的研究探索，EVA逐渐发展成为一种度量企业业绩和反映企业实际价值的指标，逐渐得到业界认可，并被社会和企业广泛关注和应用，其中包括英特尔、通用汽车、可口可乐、AT&T、西门子、索尼、美国邮政总署、新加坡航空等国际著名大型企业和企业集团。EVA评价体系向企业经营者揭示了传统会计利润指标没有表现出来的、但客观上存在的事实：企业的资本是有成本的。EVA评价体系的流行，就意味着企业评价由战略评价向价值管理评价移动。EVA评价的是企业的经济利润，而不是会计利润。资本的使用是有偿的，如果对企业的投资不能弥补资本在其他地方获取的利润，股东就会撤回自己的资本，也就是说，企业的利润必须大于资本成本，股东才会选择投资。EVA理论就是基于这样的原理，在评价企业绩效时将资本成本纳入考虑范围，从而保障了投资者的利益，真实地反映出企业的营运能力和盈利能力，以及企业实际上为股东创造的价值。

3.1.2 企业 EVA 评价的 4M 理论

诺贝尔经济学奖获得者米勒和莫迪利安尼，在 1958~1961 年首创性地在企业财务管理方面加入微观经济学的知识，在此基础上提出了衡量企业价值的经济学模型。思腾思特公司提出的基于企业价值的 EVA 指标，其核心理念可从四个方面阐述，所以称为"4M 理论"。

1. M_1：理念体系

经济增加值评价指标与传统业绩评价指标相比，其中的一大特色就是建立企业理念体系，实施的管理体系（mindset）以经济增加值为基础的价值，这对于完善公司的治理机制是有利的，可以为企业管理文化注入新鲜血液，使企业各经营部门在同一起点上建立了一个共同的目标，努力提高企业的绩效水平。

通过企业对员工进行理念宣传培训，使企业的发展壮大和价值创造过程中都存在强大的理念支撑，使企业管理者与执行者等全体员工都产生对企业价值的认同感，促使价值理念深入贯穿于企业文化之中，成为企业工作的指导思想，指导企业整体实现投资股东的最大化价值，形成以经济增加值为指导的企业文化，便于企业整体的沟通和交流，便于企业进行价值管理。在企业理念体系下，所有生产、销售、财务、营运功能都从共同目标及提高公司经济增加值出发，这不仅为公司各部门的交流与合作提供了有利条件，还为决策部门和经营部门建立了良好的沟通渠道。除了部门之间，特别是跨部门之间可能存在的"偏见和不信任"的情况，EVA 理念体系实际上是公司治理体系的缩影，它自动引导和鼓励每一个管理者甚至是普通员工，为了股东的最大利益而努力，它也有助于分散和分散公司的决策权，因为它可以使每一个管理者发自内心地认为他有责任创造价值，并能将自身发展前途融入企业发展和企业文化之中。

2. M_2：管理体制

经济增加值作为一种绩效评价指标，能对企业的所有决策进行统一评价，在经济增加值的基础上建立的价值管理体制（management）囊括了管理决策的每一个方面，包括战略规划、资源分配、并购或对撤资的估计等，总之，该体系涵盖了所有制定战略、指导经营的政策方针的过程。

经济增加值作为企业的整体目标，必须借助相应的管理制度来实现。这一管理体系必须以经济增加值为核心价值和管理理念，包括指导经营过程和制定战略的一切政策方针和方法。在企业经营过程中，管理者必须对自己企业的现状和未来发展趋势有一个清醒的认识和把握。EVA价值管理体制的核心思想，是以企业经济增加值最大化为根本诉求，以全面预算管理为管理核心，以信息化技术为重要支撑，以资本运作为重要抓手，以制度建设为根本保障的价值管理体制。在预算管理中进一步突出在管理体制中的核心地位，价值管理与计划管理的结合能够产生合力，通过预算编制、实施监控和结果分析，提出有针对性的措施，将管理体系落实到企业生产经营的各个环节，以经济增加值最大化为根本导向和诉求，信息化技术为重要支撑，实现高度整合、智能跑账，确保成本会计与普通会计的独立，增强费用报支的科学化，在成本系统中引入预算因子概念，全面提高成本控制的实效性。以资本运作为重要抓手，构建风险管控机制，提高资金运作的精准性和规范性，最大限度降低企业资金运作的市场风险，实现价值管理效益的最大化。制度建设为根本保障，不断完善财务会计管理体系，要求财务部门参与业务部门的流程机制和制度修订，在制度执行中的定期检查，能够有效确保管理体制各项工作的全面落实。

3. M_3：激励制度

在企业价值管理的过程中，为激励企业整体成员共同协作，需要建立以EVA为核心的业绩考核体系相挂钩的激励制度（motivation），把经济增加值和企业管理者的薪酬联系在一起，管理者如果想要获得更多的报酬，只有不断提高企业经济增加值，以此激励管理者积极创造企业经济增加值，这样使管理层和员工获得的激励报酬与为股东所创造的价值这两者之间建立紧密联系，建立以激励长期价值创造为核心的激励制度，将经营者与股东紧密联系起来，可以有效激发经营者的积极性。

在EVA激励制度中，激励制度的核心是薪酬制度，薪酬制度通常包括基础工资、中长期奖金、年度奖金以及股票期权这四个部分。基础工资：是固定性的收入，它反映了人力资本市场上竞争性的基本工资水平，通常由员工的教育背景、工作经验、技能水平以及同类人员的平均薪资水平决定；中长期奖金：是在企业长期目标或阶段战略实现的情况下，主要以"岗位奖金库"的形式体现的奖金，因为考虑到管理者中长期决策行为所造成影响的"滞后性"和"复杂性"，中长期奖金的超额部分不是一次性地全部发放，而是在一个既定阶段内经济增加值持续达到目标，才会全部发放给管理者；年度奖金：用来激励年度目标的完成情况，其核心是企业经济增加值的年度目标；股票期权：为了持久保持企业核心能力优势，对优秀人才和企业核心人员进行的长期激励措施。

4. M_4：业绩评价指标

业绩评价是 EVA 在反映企业具体经营业的表现，是体现 EVA 作用的关键环节。EVA 考虑了权益资本，以其作为企业业绩考核的核心指标时，能够更加真实地反映企业的具体业绩水平，有利于企业始终关注长期价值创造，实现价值增值过程。

业绩评价指标（measurement）体系主要组成部分包括评价目标、评价指标、评价对象、评价方法、评价标准和分析报告等。其作用是根据企业整体业务和核心业务，制定战略规划并加以实施，并能够为审核企业管理人员的业绩提供评价依据。为了能够确保业绩评价指标设定合理，必须以经济增加值为评价核心，督促企业管理者和员工以企业战略目标为工作方向，认真完成工作任务。同时，在进行业绩评价时，由于管理者岗位和级别不同，评价的指标与权责也不同，应适时做出相应的调整，对高级管理层业绩评价的重点是考核管理者的价值创造能力和成果，其业绩好坏直接影响奖金的多少；对中级管理者与基层人员进行考核时，主要考核其完成工作任务情况和工作过程。此外，在对企业各部门展开 EVA 业绩评价时，要考虑其是否符合衡量标准，要构建完善的业绩评价体系，充分调动员工参与积极性，同时，设计相应的绩效指标时，要注意评价指标的可计算性和可控性，使指标能够科学评价员工业绩。

综上所述，鉴于 EVA 反映真实企业价值的基本特征，将它作为评价企业经营绩效具有现实意义，EVA 计算的收益是税后净营业利润和包括股权和债务的全部投入资本成本的差值，它所反映的是经济利润，而不是传统的会计利润，所以能够更加真实地反映出企业的资本使用效率以及价值创造能力。

3.1.3 EVA 在评价企业价值时的适用性

从 19 世纪出现现代企业开始，企业的目标经历了从利润最大化到效益最大化再到带给股东价值最大化三个阶段。在最初的利润最大化阶段，通常投资者都在追求利润的绝对值，这种情况下企业规模一般比较小，投资者和经营者还没有发生分离，所以"委托代理"的机制问题还不存在。到了 20 世纪初，随着金融资本市场的发展，涌现了许多拥有较大规模的巨型企业，企业规模的扩大，使得所有者不能再有效地对企业进行管理和控制，对企业的所有权和经营权进行分离已经逐渐成为趋势。特别是扩展了经济学中资源禀赋概念之后，企业资源的使用效率逐渐得到投资者的关注。显然，简单的利润绝对值并不能对企业的经营状况进行准确全面地反映,因此,人们开始借助总资产收益率、股本收益率、每股赢利这些指标作为企业经营状况的衡量标准。到了 20 世纪 80 年代,更多的企业逐渐认识到,追求效益最大化的判断工具也有很多不足,这些工具中的很多主要指标信息采集、分析都是以企业财务报表作为基础,因此,其反映的是企业的发生成本,没有将股东投资的机会成本考虑进去,这很可能激励公司管理者追求短期利益的一些行为而缺乏对企业长期价值进行发掘的动力。具体表现是对企业规模的片面追求和为了追求企业利润绝对值对企业过度投资或过度的扩大生产。

1988 年,美国思腾思特公司开始用市场增加值(MVA,即市值与股东投入资本的差值)工具分析并衡量美国的通用汽车公司和默克制药公司的经营状况,结果显示,通用汽车的股东在通用汽车投入了高达 450 亿美元的资本,而默克制药的股东对公司仅仅投入了 50 亿美元的资本,但这两家公司的市值都在 250 亿美元左右,从 MVA 的视角来看,通用汽车的股东价值实际上遭受了 200 亿美元的损失,相对应的,默克制药则为股东创造了大约 200 亿美元的价值,如果以 MVA 评价指标为基准来确定业绩的排名,那么默克制药远在通用汽车之上。这个分析值得人们思考:股东对企业进行的每一项投资,都是希望最终实现比其投入的所有资本要多的价值,只有满足了这个条件,才可以说创造了财富,否则就是对财富的毁灭。这个分析表明,一般意义上的企业规模、利润这些基本财务指标已经不能满足对企业的价值进行分析评价的需求,我们必须清楚企业价值产生的真正原因,这就要求我们对企业价值创造的评价指标和评价方法进行研究,探索真实地反映企业的资本使用效率和价值创造能力的评价指标体系。

1919 年,美国杜邦公司提出了著名的杜邦分析体系(the du pont system),经过逐步完善,成为一种广泛实用的财务分析体系。其以从净资产收益率出发评价企业绩效作为理论核心,根据存在于各主要财务比率指标间内部的有机联系,综合系统地分析评价企业财务状况以及经济效益。BSC(banlanced score card)评价法,翻译为平衡计分卡评价法,由卡普兰和诺顿(Kaplan and Norton)于 1996 年创造,是迄今为止在企业绩效评价方面拥有最大影响力、最广适用性的战略评价方法。平衡计分卡结合了财务指标和非财务指标,是一种全方位的战略性评价指标体系。该体系的核心价值在于:紧密联系了企业的愿景、使命和发展战略以及其业绩评价系统,将企业的使命和战略转变等内容具体化作为目标和评测指标,从而使战略和绩效得到良性互动。影响企业绩效的因素存在于各个方面,有长期的和短期的、内部的和外部的、当前的和未来的，该评价法将这些因素结合起来，多层次、多角度、战略性地评价企业绩效。

20世纪80年代初，著名的EVA理论由美国思腾思特咨询公司提出，后该理论在90年代得到进一步完善，成为对企业实施价值管理的重要评价体系，同时这也成为企业管理从战略管理向价值管理转变的标志之一。对比杜邦分析体系、BSC和EVA评价方法可以发现，EVA是评价中国企业绩效最合适的方法。首先，企业绩效评价是一个复杂、综合的过程，杜邦分析体系仅对企业的财务信息做了分析，而其他诸如管理、文化等对企业绩效有重大影响的因素未被考虑，因此，使用杜邦分析体系评价的企业绩效比较片面。其次，BSC考量了企业财务、顾客、内部流程、学习成长等多方面的指标，理论上得到的是比较完善、真实的企业绩效，但该方法实际操作起来难度较大，且需耗费大量的人力和时间，成本较高。最后，杜邦分析体系和平衡计分卡均未考虑企业的资本成本，因此这两种方法计算出的股东收益并不真实。EVA在结合上述两种方法优点的基础上，加入了对资本成本的考量，相比而言更加全面、真实，因此，选择EVA作为评价中国企业经营绩效的方法具备适用性。2009年12月，国资委下发了《中央企业负责人经营业绩考核暂行办法》修订，正式提出了进行中央企业年度经营业绩考核时将经济增加值（EVA）作为标准之一，于2010年全面实行，这也是中国以EVA指标为考核标准建立的中央企业经营绩效体系正式形成的标志。本书也以EVA为基础进行价值评估，探究中国装备制造业、战略性新兴产业、电力行业、服务业等行业，以及中央上市企业、新三板企业等不同类别、不同性质企业的价值创造源泉，为准确把脉中国微观经济质量进行有益的理论探索。

3.1.4 国内外EVA的应用与研究

EVA自问世以来，受到普遍关注和大力推崇。国外学者对EVA做了大量的研究工作，无论是从理论方面还是实证方面都进行了深入研究。通过对现有文献的梳理，主要包括：EVA理论的阐述即有效性研究；EVA方法绩效评价的应用研究；EVA指标计算时会计调整项目解释力研究等。

1. EVA有效性研究

斯图尔特（Stewart，1994）发现，公司采用EVA作为治理标准已经得到了国际公认，它提供了一个进行资源重新配置的框架，从而可以为公司、股东以及经营管理者创造出更多的价值。奥伯恩（O'Byrne，1996）将资本化的EVA值作为自变量，把市场价值作为因变量进行了回归，发现相较于税后净营业利润对于市场价值的解释度，EVA 拥有更优的对市场价值的解释度。伯恩和比德尔（Bowen and Biddle, 1997）提出，与净利润（NI）相比，EVA 对于企业价值的解释能力相对较弱。埃萨·马韦英宁（Esa Mavelainen, 1998）介绍了产生经济增加值的理论背景、EVA 优越性以及 EVA 的合理应用范围。拉里（Larry, 2000）对比了 EVA 指标和相对传统业绩评价指标并进行了分析，指出 EVA 指标与企业价值更相关，能够更加准确全面地评价企业的绩效。迪安和博戈塔（Dean and Bogota, 2001）分析了 EVA 与 NPV（net present value, 净现值法）这两种评价公司价值的方法，EVA 从会计数字出发，并通过四个具体实例证明了 EVA 的评价结果要低于 NPV 的评价结果。约翰·格里菲斯（John M. Griffith, 2004）计算了经 EVA 调整的公司累计平均超额回报，来检验 EVA 在预测股票表现方面的有效性，结果显示并不显著。

2. EVA 应用研究

爱德华·梅恩太尔（Edward V. Meintyre, 1999）通过实证分析了 EVA 受到不同会计方法的影响，并指出可以使用多层评价指标，从而减少 EVA 的内在缺陷在绩效评价中的影响。费纳达兹（Fernadaz, 2001）通过研究 113 位学者发表的 EVA 相关文献著作，发现西方国家对 EVA 理论的应用程度明显高于发展中国家。同时，西方国家主要运用 EVA 理论进行企业层面和经理管理层面的评价，而发展中国家主要运用 EVA 理论进行企业业绩评价。罗纳德（Ronald, 2004）分析了如何才能真正发挥 EVA 业绩评价系统在企业中的应用。德达斯和拉克西特（Debdas and Rakshit, 2006）比较了 EVA 和多种传统业绩评价指标，通过调查分析发现，企业的传统业绩评价方法拥有明显的缺陷，所以企业需要使用更加全面的业绩评价方法。他们指出，使用 EVA 评价方法来建立企业价值管理体系是一个不错的选择。拉梅什和拉马纳亚（Ramesh and Ramanayya, 2007）对 EVA 在企业集团中的应用进行了相关研究，指出 EVA 在评价国有企业方面有很大的价值。基里亚齐斯（Kyriazis, 2007）研究了 EVA 理论和 EVA 业绩评价系统，并探索出了利用 EVA 来建立激励合同的有效方案，从而解决了代理问题，就是建立以 EVA 指标为核心的业绩考核体系。夏尔玛·阿尼尔和库马尔·萨满什（Sharma Anil K and Kumar Satish, 2010）选择了印度公司的数据作为研究样本，通过将 EVA 业绩评价体系与传统的业绩评价指标体系进行对比分析，论述 EVA 作为一种财务管理工具的优势，并探讨其本质上的逻辑关系。乔尔·思腾（Joel M. Stern, 2012）进行了实证分析，研究了 EVA、税后净利润、自由现金流、企业价值四者的直接关系，最后得出结论：EVA 绩效评价体系具有巨大的优越性。思腾思特公司（2012）调查了部分公司 EVA 指标使用情况，通过调查发现世界上已经超过 300 家公司正在使用 EVA 指标进行业绩评价，说明 EVA 在公司业绩的评价中已经收到了广泛的运用。斯戴尔和马雷克（2016）通过对比研究相关绩效评价方法认为，经济增加值在评价绩效方面越来越重要，是一个可以反映企业在市场上表现的指示器，应当多应用于企业绩效分析中。帕维尔·瓦努扎克（Pawel Wnuczak，2018）研究了公共文化机构的非营利性活动，认为其与标准企业不同，不能直接应用经济增加值来衡量机构的非财务效用，构建了社会附加值的概念和计算方法。

3. 基于 EVA 解释力的会计项目调整研究

1997 年，罗杰索（Rogerso）发表文章《采用经济增加值指标解释跨期成本分摊和经理人投资激励机制》，他建立了一个理论模型，该模型的出发点跨期成本分摊以及经理人员投资诱因，从而说明了以 EVA 作为绩效评价标准是有效的。1998 年，安西（Antcil），发表了《基于当期数据的经济增加值》一文，指出在一定的假设条件下，相比现金流折现法（discounted cash flow，DCF），虽然经济增加值的计算只用到目前及过去的会计资料，但在经营管理者仅将当期的经济增加值极大化的情况下，最终的结果也将会逐渐驱使净现值实现极大化。这也显示出经济增加值的重要意义。肯·皮斯内尔和约翰·汉农（Ken Peasnell and John Hanlon，1998）以 EVA 指标为核心指标构建企业财务管理体系，探讨了该体系应用的合理性与局限性，包括 EVA 相关会计项目的调整问题。肯·皮斯内尔和约翰·汉农（1998）全面分析了 EVA 作为一个财务管理指标的合理性和缺点，研究了 EVA 作为薪资控制工具的特点及其背后的逻辑问题以及相关会计项目的调整问题。史蒂芬（Stephen S. R，2009）全面介绍了 EVA 的基本原理和相关理论，指出了会计调整事项，划出了会计调整范围，选择了案例分析的方法，说明了 EVA 指标在绩效评价方面的独特性和优越性，并呼吁越来越多的企业实施以 EVA 为基础的评价方法。

EVA 理论对中国来说是舶来品，特别是近年来，不少中国公司也尝试引用 EVA 评价体系。2010 年起，国资委在中央企业普遍推行 EVA 评价体系，国内学者关于 EVA 的研究也逐步兴起，既包括对 EVA 的理论分析，也包括实证研究。

1. EVA 业绩评价指标研究

乔华和张双全（2001）研究发现，与传统的会计业绩指标相比，EVA 对 MVA 的解释度更强，但国内股市 EVA 对 MVA 的解释度远低于国外发达资本·市场的水平。周齐武等（2004）对41位武汉地区的企业管理人员进行了问卷调查，探讨EVA方法在中国企业中应用的潜在价值及存在的问题。调查发现，运用EVA进行绩效评价存在技术层面和观念层面的双重困难。张小宁（2004）把EVA分解成了5个层面，分别为营业EVA、投资EVA、融资EVA、避税EVA、营业外EVA，以及三项组合：营业EVA、融资营业EVA、全部EVA，最后形成了以营业EVA、融资营业EVA、全部EVA、净资产、总资产等5个企业状态描述的指标，接着选取部分已上市公司的数据进行了EVA分解的实际计算，并对其进行了主成分分析。杜胜利和张杰（2005）以1092家国内已上市公司为研究对象，选择EVA作为公司的业绩指标来研究国内公司独立董事更迭的原因。实证显示，独立董事更迭受到多方面因素的影响，包括公司业绩变化、法律诉讼事件和独立董事工作时间等因素。李小平（2005）指出，以EVA为基础构建国有资产保值增值指标，能够更加真实地反映国有资产的经营水平；设计符合EVA思想的经营者激励机制，能够实质性地帮助并解决国有资产委托—代理问题。晋自力（2006）综合了EVA和平衡计分卡地指标体系，财务层面以EVA作为唯一指标，并引入了平衡计分卡中的一些非财务指标，构建了以价值管理为基础的EVA业绩评价指标体系，从而有效突出了包含价值创造和公司战略以及反映与评价和考核激励的经营管理主线，进一步有效地整合了管理体系。刘运国和陈国菲（2007）将BSC与EVA相结合，构建绩效评价指标体系，选择GP企业集团为研究对象进行了绩效考核，并对比分析了该结果与现行绩效管理体系的评价结果，为中国状况相似的国有企业集团提供了改进绩效评价体系的新思路。

2. EVA评估模型研究

国内学者也着重进行适应性判别和"本土化"改造。于雯雯（2007）指出，企业在决策是否采用EVA时，需仔细分析和比较成本与收益，对EVA的有效性和适用性进行正确的判断，不能盲目照搬。同时认为，EVA能否与企业理念和文化相容，是判断是否需要引入EVA的唯一标准。池国华和张智楠（2008）以对企业管理和控制的视角来研究价值评价，结合了业绩评价与价值管理两个方面，探讨并构建了适用于中国企业制度的、以EVA为基础的管理评价体系，这种应用EVA进行企业绩效评价的可操作的范式为中国企业在改进绩效管理体系提供了经验。王纲（2009）从绩效评价的理论角度出发，对比了传统的财务绩效评价、平衡计分卡评价以及经济增加值评价三种常规的体系，分析了这三种评价体系的优劣，应用传统的财务绩效评价体系和经济增加值评价体系，选择福田汽车公司作为研究对象进行了对比分析。郭腾（2015）以凯路仕为例，对比分析了现金流贴现法、相对估值法、期权估值法和 EVA 估值法，认为 EVA 估值法最适用于新三板企业经营绩效研究。李笑南（2016）指出，EVA 在企业价值管理体系的应用中存在企业员工意识不强、指标适用局限、不能充分反映财务信息、应用体系市场机制不完善等问题，从评价体系、价值管理体系、企业激励体系和价值理念体系"4M"角度结合宝钢集团案例，探索构建企业价值管理体系的路径，提出要重点推动 EVA 本土化创新，以促进新常态下国内企业的二次创业与转型。周佰成等（2016）以 2009~2013 年 137 支央企股票的财务信息及历史股价数据作为基础数据，建立引用 M2 测度的风险调整 EVA 模型，计算出风险调整经济利润，研究得出中国上市央企经营绩效总体上参差不齐，其中大型电力企业的价值创造能力最高的结论。

3. 不同行业和企业 EVA 应用研究

学术界主要有以下观点：卢闯等（2011）选择了国资委测算的 95 家中央企业 2005~2007 年 EVA 结果作为分析对象，研究发现，中央企业高管人员政治联系能够显著影响试算 EVA 排名，例如，如果用基于 CAPM 模型的行业资本成本率来取代国资委 5.5% 的统一规定，最终得出的结果显示，调整后中央企业高管人员政治联系对 EVA 排名的影响得到显著降低，这提升了 EVA 评价的公平性。朱碧新（2011）介绍了央企的特点和绩效评价的环境，探讨如何构建基于 EVA 理论的中央企业绩效评价体系。刘邵伟和万大艳（2013）以公司规模、高管持股比例、两职兼任等指标为控制变量，选取 472 家国有和非国有上市公司，研究高管薪酬与企业绩效之间的关系，发现不同所有权结构下二者都成正比。段鑫（2013）通过对火电企业的研究，发现企业规模、成长率与经营绩效并无直接关系，降低成本、优化资本结构才是提高火电企业绩效的最佳办法。张美诚（2013）对农业上市公司利用 EVA 模型进行了经营业绩评价研究。研究表明，虽然近年来相关农业上市公司整体的经济绩效逐年稳步提升，但是整体仍然处于较低水平，而且不同行业间、同行业内不同的农业上市公司的经营业绩存在着比较显著的差异。李莉（2014）选择了从财务效益、资产流动性、资产安全性和持续发展能力这四个方面评估了中国商业银行的经营绩效，并通过实证研究的方法探究了商业银行资本结构与其经营绩效之间的关系，发现相对集中的股权结构能够促进商业银行的经营绩效。魏建刚（2014）进行了基于 EVA 的不同所有制企业经营绩效的比较研究。研究表明国有与非国有对企业价值创造能力的影响差别显著，民营企业与外资企业对企业价值创造能力的影响无显著差别；适度分散的股权分布有利于企业创造价值，应鼓励混合所有制以制衡股权。刘琼（2015）在政府控制层级对国有企业经营绩效的影响研究中采用了 EVA 模型进行分析。实证分析结果表明，政府控股比例与国企经营绩效之间存在显著的左端较缓右端较陡的倒"U"型关系，对不同类型国企进行分析，提出为提高国有企业经营绩效，政府应结合各类型国企差异，采用不同的控股比例。李丹妮（2017）选用 2013~2015 年持续在新三板挂牌的 187 家企业为研究对象，通过 EVA 方法测算其经营绩效，结果表明新三板企业的 EVA 值整体偏低，挂牌新三板对企业经营绩效的影响有正有负，降低资本成本率能够显著改善中小企业的经营绩效。邓天乐（2018）主要在 EVA 价值评估的可行性和适用性的领域进行研究，对互联网企业的数据进行了分析，指出了对于互联网企业价值的评估采用 EVA 指标的合理性；接着又对 EVA 构建了相关模型，以京东公司过往的历史财务数据和公司的宏观战略为基础，对京东公司进行了绩效评估。

3.2 EVA 评估模型

3.2.1 EVA 评价模型构建

EVA 的计算不是为了对财务报表数据进行否定，而是为了通过调整更好地利用财务报表数据。由于会计方法中某些指标不能够将企业的经营业务绩效真正地体现出来，所以在计算经济的增加值时，需要调整对应的会计项目，从而突显出公司的核心业务，促使公司高层管理人员可以集中精力于公司的综合资本成本，着眼于公司长期价值创造能力，推动公司可持续发展。根据美国思腾思特公司的理论，结合企业财务报表相关数据，EVA 计算公式具体如下：

EVA = 税后净营业利润（NOPAT）- 资本成本

= 税后净营业利润 - 资本占用（C）× 加权平均资本成本率（WACC）

其中，EVA 是一个绝对值，若 EVA 大于零，税后净营业利润大于资本成本，表明企业经营活动增加了股东财富；若 EVA 小于零，税后经营利润小于资本成本，表明股东财富受损；若 EVA 等于零，表明企业价值创造活动带来的收益刚好满足股东资本成本。

EVA 可由三个分指标计算得到，下面对各分指标的算法进行介绍：税后净营业利润（NOPAT）等于税后净利润加利息费用支出，体现了所有资本的税后收益，这于当前财务体系的净利润不同；资本成本等于资本占用乘以加权平均资本成本率，资本占用是指公司所有资本的账面价值，其中债权资本分为短期和长期负债，无息负债不包括在内，也就是说，可通过全部资产减去商业信用负债计算资产占用；加权平均资本成本率是投资者追求资本收益的体现，具体计算方法如下：

加权平均成本率＝股权资本成本率×股本占总资本比例＋债权资本成本率×债务比例×（1－所得税税率）

债权资本成本率和股权资本成本率具体计算公式如下：

1. 债权资本成本率

资本市场上，公司可以通过多种多样的途径进行融资。一般情况下，公司借贷的边际成本可由债权资本成本率反映。公司采用不同融资途径时，产生的借贷利率也就不同，债权资本成本率取各种债务利率的加权平均值。

2. 股权资本成本

股权资本成本率没有准确的债务利率，是指一定市场风险下股权投资者对其资本的最低回报要求，但是无法通过观察获得所必需的具体数据，所以在国际上通常使用风险资产模型来推断股权资本成本。其中，使用较为广泛的是资本资产定价模型，可以用来量化风险与收益的关系。

根据资本资产定价模型，股票投资风险可以分为两种：一种是市场风险，它源于公司外部，所有公司都无法规避，整个股票市场的平均回报率都将波动。另一种称为非系统风险，源于公司内部，是每个公司自身的经营活动所带来的。这个模型可以用来量化风险与收益的关系，但前提条件是样本公司在考核期前后的风险特征相差不大。

股权资本成本率计算公式为：

$$R_c = R_f + Beta \times MRP$$

其中，R_c 为股权成本率；R_f 为无风险收益率，等于国债收益率；Beta 为企业股票相对于市场的风险指数；MRP 为市场风险溢价，等于市场预期收益率减去 R_f。

3.2.2 EVA 会计调整

EVA 模型与传统财务模型最大的不同在于考虑了资本成本尤其是权益资本成本对企业经营绩效的影响，不论是国外的测算模型，还是国内的测算模型，都涉及一个重要的问题：会计调整。会计调整的目的是消除企业财务报表处理对企业经济事项反映的失真，更准确地提供企业经营利润相关的信息，真实地反映企业为投资者创造的价值。研究表明，一套精确、科学的 EVA 评价体系需要对企业的 160 多项会计科目进行调整，然而这在实际操作中是非常困难的，一般而言，对研究与开发费用、商誉、递延税项、折旧、存货和各种准备金等会计科目进行调整就可以达到测算目的。

EVA 进行会计调整有以下几个目的：

1. 消除会计稳健主义的影响

公认会计准则（generally accepted accounting principles，GAAP）设立的初衷是为了维护债权人的利益，它从企业清算的角度出发，记录了企业的经营活动和过程。对于权益资本所有者而言，GAAP 准则弊大于利，且没有考虑企业的可持续经营与发展，一些稳健的会计处理方式，如对无形资产的会计处理、资产减值准备的计提、存货计价方式等，都给企业绩效的衡量和股东决策带来了一定阻碍。因此，必须对部分会计项目进行调整，以便去除会计稳健主义所造成的后果。

2. 防止盈余管理的发生

权责发生制原则也称应计基础，根据收入和费用发生的时间判断其是否纳入企业当期损益，而不是款项收付时间。权责发生制原则下，当期发生的收入和费用，不需要考虑款项的收付时间，均视为公司当期损益；即使当期已经收付了款项，考虑到当期并没有债务和债权发生，并不计入公司当期损益。这样一来，根据权责发生制计算当期损益时，过度地依赖人为判断，从而使得管理者有机可乘。EVA 的会计项目调整通过现金基础确认担保、坏账准备、存货减损等费用，并不依赖人为判断，消除或削减了管理者平滑会计利润的可能。

3. 消除过去会计误差的影响

股东在决策留资或者撤资时，会受资产账面价值与其经济价值偏离程度影响。为解决这一问题，思腾思特公司使用 EVA 对会计项目进行调整处理，以避免投资者因过去的会计误差而导致进行投资等方面决策时出现失误。

总体来说，EVA 会计调整有效地提高了企业经营业绩考评的真实性和可信度，同时可以约束企业经营管理人员，避免其出现只顾眼前利益、忽视长远发展的短期行为，促使其更好地关注股东利益，在战略性投资、资产重组、研发支出方面做出正确、高效的决策。

为了计算最优的经济增加值，在通常情况下，会进行计项目选取和针对性调整时，一般情况下应当遵守以下几点原则：

1. 重要性原则

根据重要性原则，对经济增加值影响较大的会计项目需要进行调整。金额较大的会计项目会影响企业的经营状况，使企业实际的经营状况无法真实反映出来，而进行EVA的会计调整就是为了提高公司业绩的真实性和可信度，因此必须调整对EVA有重要影响的会计项目。

2. 可改进性原则

可改进性原则指的是企业经营者能够对拟调整的会计项目实施影响和控制，从而进行更加理性的决策行为，提升企业的业绩。总之，调整那些真正能够对实施的结果产生良性影响的会计项目。

3. 可获得性原则

根据可获得性原则，所需信息的可获得性是企业对企业的会计项目进行调整时，所需要的信息必须易于获取，否则会增加操作的复杂性和难度。

4. 易理解性原则

根据理解性原则，企业会计项目的调整操作应降低复杂性和难度，易于相关人员执行和理解。

5. 经济性原则

经济性原则要求进行会计调整所带来的收益和好处能够弥补这项工作所产生的成本，否则对于企业来说，进行会计项目调整是不经济的。

6. 连续性原则

连续性原则要求EVA的调整方案要具有连续性、固定性，至少在3年中不能随意更改方案，更要避免人为因素对企业的业绩进行干涉，否则无法保证方案的严谨性。

7. 一致性原则

一致性原则是为了提高EVA评价的横向可比性，要求对所有评价对象，至少对同一行业企业，原则上采取统一的会计项目调整和核算标准。

EVA会计调整有利于经济增加值准确度的提高，从而科学、有效地计量企业实际创造的价值。一套精确、科学的EVA评价体系需要对企业的160多项会计项目进行调整，然而这在实际操作中是非常困难的，为了便于操作，在实际应用时，一般情况下只需要调整5~15项所必需的项目，主要包括以下几方面内容：

1. 资本总额的调整

在现代财务管理系统中，资产负债表中的资产是指由以往交易产生的资源，归属于公司名下或受公司控制，并估计可为企业产生利益的资源。它不等于公司的生产和运营中占用的资产，并不能完整体现一定时期公司生产和经营活动所占用的特定资产，同时还有可能包含企业尚未进行投资的资产，企业投入的资本不可以被真正地反映出来，所以需要对部分会计项目进行合理、有效的调整，以完整反映企业使用的资本总额。

2. 营业外收入和营业外支出

传统的会计制度体系中，部分现金成本，例如研发费用、培训费用等，在进行处理时被视为期间费用；而在计算 EVA 时，需要将重心放在主营业务情况，对企业长期价值无影响的营业外收支项目都需要剔除掉，比如重组费用、汇率损失、不可抗力导致的损失等。但是企业股东承担着所有由营业外收支引起的资本收益与损失，所以需要将其资本化。

3. 从冲销计提到现金标准

为了增加严谨性，根据国际通用的会计制度，一般情况下会计提会计准备，如坏账准备、存货跌价准备、在建工程减值准备等。但是，该方法实质上是将尚且没有产生但是未来有可能产生的部分费用提前计入企业损益。因此，尽管这种会计操作符合稳健性原则的要求，却不能真实反映企业的经营情况。所以，实际核算 EVA 时，需要着重于实际的现金变动，而不是会计准备的计提与冲销。

4. 长期费用支出资本化

相比于传统会计制度体制，经济增加值绩效评价体系将使公司长期受益的费用支出视作长期投资，进行分期摊销，部分计入公司当期损益。这是因为这些费用的支出有利于公司可持续发展，并将在接下来的几个会计期持续产生影响，因此把其看作长期投资，然后根据期限进行分期摊销处理，不然有可能会降低公司的经营者对此类投资的热情，进而有可能对公司的长期发展产生不利的影响。在 EVA 绩效评价体系下，需要考虑将该投资视作资本成本的一部分，将其资本化，然后进行分期摊销处理，部分纳入企业当期损益。

5. 非经常性项目

EVA 绩效评价体系中，需要将资产出售等非经常性项目视作企业的资本成本。因为经营利润受这些非经常性项目影响极大，不进行资本化处理，企业真实的经营状况将会被掩盖，最终可能会影响经营者做出科学、合理的决策。

6. 企业税后净营业利润的调整

企业税后净营业利润不等于利润表里的税后利润，计算时需要变更会计净利润项目,取得剔除营业外收支后的税后净营业利润。针对使企业长期受益、有利于企业长期发展的费用支出,应将其看作资本成本的一部分,进行分期摊销处理。但是现行会计制度下,一般将这类费用直接纳入当期损益,使得公司当年的利润受到影响。所以,企业高层可能会改变投资策略,减少长期投资份额。从长远来看,这将使公司的未来价值受到损害。在 EVA 绩效评价体系中,这些费用被视为资本性支出,可以在一段时期内进行摊销处理(通常为 5 年左右),从而解决了这一矛盾。

EVA 的计算不是为了对财务报表数据进行否定,而是为了通过调整更好地利用财务报表数据。进行经济增加值计算时,对相应的会计项目进行调整,可以将会计方法中不能真实地反映公司经营业务绩效的部分剔除,从而突显出公司的核心业务,促使公司高层管理人员可以集中精力于公司的综合资本成本,着眼于公司长期价值创造能力,推动公司可持续发展。EVA 是可以反映出企业的价值创造能力的总量指标,同时还是体现企业综合竞争能力的关键性指标,如果想要更加客观、公平、公正地评价企业的业绩效益,还可参照其他相关的相对指标,这将有助于提高 EVA 绩效评价的准确度以及科学性。

本书采用 2016 年国资委颁发的《中央企业负责人经营业绩考核办法》中对央企经济增加值的计算方法构建企业经营绩效的评价模型,具体如下:

经济增加值 = 税后净营业利润 - 资本成本

税后净营业利润 = 净利润 + (利息支出 + 研究开发费用调整项) × (1 - 25%) 资本成本 = 调整后资本 × 平均资本成本率

= (平均所有者权益 + 平均负债合计 - 平均无息流动负债 - 平均在建工程) × 平均资本成本率

= (平均所有者权益 + 平均负债合计 - 应付票据 - 应付账款 - 预收款项 - 应交税费 - 应付利息 - 应付职工薪酬 - 应付股利 - 其他应付款 - 其他流动负债 - 平均在建工程) × 平均资本率

其中,根据国资委规定,资本成本率统一按照 5.5% 进行计算。

综上所述,经过会计调整后的 EVA 测度模型可以表示为:

经济增加值 = 净利润 + (利息支出 + 研究开发费用) × (1 - 25%) - (平均所有者权益 + 平均负债合计 - 应付票据 - 应付账款 - 预收款项 - 应交税费 - 应付利息 - 应付职工薪酬 - 应付股利 - 其他应付款 - 其他流动负债 - 平均在建工程) × 5.5%

3.3 EVA 价值评估的应用

3.3.1 EVA 评估的创新性

研究和实践表明，越来越多的投资基金管理者和投资咨询机构等利用 EVA 评估方法来对公司价值或股票价值进行计算，这得益于 EVA 评估的创新性，具体表现如下：

1. EVA 对企业业绩评价具有客观真实性

EVA 评估考虑经济利益对公司价值创造活动进行评价，不受短期现金流影响，消除会计数字中不合理部分的影响，更准确地体现了一定时期内企业所创造的价值。只要企业的收益超过企业全部的资本成本，就表明企业的经营活动增加了企业的价值，股东的财富增加；否则表明企业实质亏损，股东的财富受到损失。

2. 展现了新的企业价值观

改善经济增加值业绩可以提高企业价值。如果企业的经营业绩表现优于其竞争者，那么企业的价值就会提升。换句话说，企业若想得到更多的资本投入，其所能承诺的资本收益就一定要高于同等风险下其资本竞争者所承诺的资本收益。如果能够做到这一点，企业的投资者就会加大投资力度，潜在投资者的资金也会有部分流入该企业，从而提高该企业的市场价值。否则，投资者就会将投资转移至资本收益更高的企业，减少该企业的投资力度，最终可能降低该企业的市场价值。

3. 注重企业的可持续发展

各部门经理受 EVA 业绩评价和激励报酬体系影响，通过增加超过资本成本的新资本投入来促使本部门的经济增加值增加。企业可以通过 EVA 指标将部门的长期投资视作资本成本的一部分，分期摊销，调整企业的经营利润，注重长期发展，而不是当期利润，使企业各部门经理不为了短期利益而损害长期利益，防止短期行为的发生，着眼于公司长期价值创造能力，推动企业长期、可持续发展。

4. 顺应知识经济时代的需求

知识经济时代，无形资产重要性增加，成为影响企业资金和市值的主要因素。经济增加值评价体系不仅符合企业长期发展的需要，还满足知识经济时代重视对无形资产的需求。经济增加值评价体系在计算企业利润时，不再将劳动纳入企业成本支出，企业剩余分配要素将不单单是资产。企业进行剩余分配决策时，将考虑各种资本的权重，因为无形资产重要性增加，智力成本权重可能会有所提高。

3.3.2 EVA 评估的局限性

EVA 评估在应用中存在一些问题，具体表现在：

1. 计算 EVA 时进行的调整使得算法复杂化，且计算时也会面临两难性问题

对于某些失真的会计信息，EVA 的倡导者认为最多可能需要进行 200 多项会计项目调整，计算的复杂性和难度极大，阻碍了 EVA 的推广。而且，建立 EVA 指标体系后，须确保其科学严谨性，不可对指标体系内容随意地进行变更、修改；但是企业的经营环境发生变化后，如果不修改相关的指标体系，就无法发挥其原始的作用。

2. EVA 无法对内生性成长机会进行解释

市场会预期企业的成长机会，并将其反映在股票价格当中。然而，企业进行经济增加值计算的时候，进行会计项目变更是必要的，但是企业向市场传达其未来发展机会的信息可能在这过程中被删除。也就是说，虽然进行调整后 EVA 指标在计算企业真正创造的财富时会比其他指标更为准确，但是与股票市场的相关性降低了。

3. EVA 受公司理财环境不确定性影响

部分公司集团业务众多、权利分化，加大了公司资金成本的计算难度。计算公司资金风险成本时，即使有相关模型作为理论指导，对公司各个部门系统性风险的计算仍然相当复杂，难以确定。另外，由无法合理预测公司未来的现金流变化情况，根据经济增加值模型计算得到的结果可能相比于其他指标并没有提高价值相关性。

3.3.3 EVA 评估的应用与推行

为了更好地推进 EVA 评估方法在经营管理中的应用，应当主要从以下几个方面着手推行经济增加值评估体系：

首先，企业的高管思想需要一致化，确定为股东创造财富这一主要的经营目标。要想使公司的员工将 EVA 价值观念视为推动全面改革的力量，必须让他们相信公司的高层完全认可 EVA 价值管理观念。在公司的各项活动中，高层需要竭尽所能地将这一信息传递给公司的员工。采取方式不断地宣传、强化这一信息，使经济增加值价值观成为公司主要的文化价值。

其次，应该以经济增加值价值观和分析原理为指导方法，对企业的战略目标进行确认。企业的主要任务是为股东创造财富，经济增加值是用于评估经营活动的手段；通过经济增加值对企业战略进行评估时，应对整体战略及单元战略指标进行明确，重新界定企业的核心业务，整合企业的资源；对企业的战略目标进行细分，发现其关键性影响因素，然后根据这些因素设立目标，分配责任和制订以及实施相关计划。

再次，根据上述情况，公司需要进行人才培养计划，使公司员工了解和掌握EVA理念和方法。尤其是要让员工知道：自己在这一体系中承担了什么样的角色？什么方式可以用来提高公司经济增加值？公司经济增加值的提高能够为其带来什么好处？

最后，确定企业经济增加值业绩指标时，首先要确定完成企业各个层级目标所必需的关键性影响因素。在各管理层级中进行EVA评估和落实业绩指标时，首先要确认各单位完成经济增加值目标的关键性影响因素，同时企业职能单位的业绩考核应该与指标相挂钩，最终建立并应用与EVA评估相匹配的薪酬体系。

第 2 部分　行业篇

第4章 装备制造业企业价值创造研究

历经60余年的长足发展，装备制造业已然成为中国经济发展的重要产业支柱，并逐步形成具有一定规模和水平、门类较为齐全的产业体系。然而，中国装备制造业存在的"大而不强"的痛病使得其难以为中国经济高质量发展提供坚强后盾。本章将在现有研究成果的基础上，对装备制造业的概念特征进行阐述，对中国装备制造业发展现状和研究现状进行梳理。然后，选取674家装备制造业上市公司2010～2018年的数据为研究样本，基于经济增加值方法测算上市公司的经营绩效水平，并分行业、分规模、分所有制对EVA绩效对比研究，多维度剖析中国装备制造业企业价值创造能力，进一步分析应收账款周转率、净资产利润率、股权集中度、研发投入、资产负债率、员工总数等企业的基本特征和财务指标对装备制造业企业价值创造能力的影响效应，并探讨不同行业、不同规模、不同所有制企业EVA的影响机理，最后提出提升装备制造业企业价值创造能力，从而促进中国经济高质量发展的建议。

4.1 装备制造业企业概况

4.1.1 装备制造业概念及特征

中国在1998年的中央经济工作会议上第一次提出"装备制造业"这个中国特有的概念，其并不是被其他国家及国际组织提出的，具有鲜明的中国特色。装备制造业在中国居于重要地位，是中国机械工业的重要核心部分，它是为中国社会生产各部门的简单生产、扩大再生产提供各类装备的制造业总称，承担着为国民经济各部门提供工作母机的重任，并带动着相关产业的发展。可以认为，装备制造业是工业的心脏、国民经济的命脉、国家综合实力的重要基石。

根据《国民经济行业分类》（GB/T 4754—2017），装备制造业主要包括八个行业大类中的重工业，其范围包括：（1）通用设备制造业。（2）专用设备制造业（不包括医疗仪器设备及器械制造业）。（3）交通运输设备制造业（不包括摩托车和自行车制造业）。（4）计算机、通信设备及其他电子设备制造业（不包括家用视听设备制造业）。（5）电气机械及器材制造业（不包括电池、家用电力及非电力家用器具和照明器具的制造业）。（6）仪器仪表及文化办公用机械制造业（不包括眼镜和文化、办公用机械制造业）。（7）金属制品业（不包括搪瓷和不锈钢及类似日用金属制品制造业）。（8）金属制品、机械和设备修理业。

装备制造业主要具有以下三个特点：

（1）资本密集。装备制造业主要生产如农业生产类机械、工程制造类机械等通用类装备，生产如流水线机床等基础类装备，生产如煤炭石油开采、大型煤化工、盐化工成套设备等成套类装备，生产如航空航天、军事器械装备等安全保障类装备和高技术关键装备，研发制造以上各类的设备所需的固定成本、原料成本、人力资本成本、设备成本、科技研发成本等投入都十分庞大，上亿的投资规模屡见不鲜，甚至有些设备的生产动辄就要十亿、百亿，因此将装备制造业归类为资本密集型产业一点也不为过。

（2）技术密集。装备制造业产品对生产的技术实力具有较高的要求，其生产工艺精密，组织流程复杂。产品主要包含集成度高的电路、自动化机床、仪器仪表、微电子和电力电子器件、自动化控制装置及系统，矿产资源的井下及露天开采设备，大型火电、核电、水电等发电类成套设备，通信、航管及航空航天装备，民用航空飞机、高速铁路、城市轨道交通及城市轨道车、各类汽车、船舶等交通运输设备，精密科学仪器和大型医疗设备，先进的军事装备等。这些产品技术含量高，因此相应地就需要研发水平、知识产权等方面较高的投入，因此装备制造业又可归类为技术密集型产业。

（3）劳动密集。按经验来讲，生产过程中若对技术要素具有较多的依赖，相应地就较少依赖于劳动要素，同理，只有当技术要素在生产过程中参与程度较低时，才会更多地容纳劳动要素。然而，装备制造业是个例外，技术密集与劳动密集两者共同存在于生产过程当中。其原因是装备制造业生产的产品本身具有一定的特性，如矿产资源的井下及露天开采设备、电力系统、石油化工等成套设备，海洋船舶、城市地铁、航空航天装备、大型军事装备等，其生产组织过程均极其复杂，大部分是采用非标制造、项目制造、按单制造等模式组织生产的，而这些类型的生产组织模式不同于最终消费品制造业的生产组织模式。绝大多数消费品制造业的产品生产过程具有批量化、流水线等特点，这实现了数条生产线只需由少数几个工人同时监看便可以使生产过程运转顺利，而装备制造业是生产过程很少有像这样的情况。非标制造、项目制造、按单制造等装备制造业的模式中存在着大量的定制化工作，比如要求定制化设计、定制化采购、定制化组织生产、定制化装配，而且还要考虑到生产过程中不断变更技术工艺、及时调整生产计划等事项，这些问题的解决都需要投入较多的人力资源。根据这些生产过程中的特征不难看出，装备制造业不仅是国民经济发展的脊梁，还是高新技术载体转化为现实生产力的桥梁、产业结构升级的重要途径，同时也是促进社会充分就业的重要手段。

4.1.2 中国装备制造业发展现状

装备制造业是国家综合实力的重要体现，是国民经济发展的重要支撑。近年来，随着中国重化工业和现代制造业发展日趋成熟，装备制造业逐渐成长为体系完整、门类齐全的支柱产业，上市公司占A股上市公司的比例逐年上升，资产规模也随之不断增加，战略意义逐步凸显。截至2019年底，中国装备制造业共有1307家上市公司，占据A股全部上市公司1/3的席位。然而，从资产规模来看，装备制造业上市公司总资产只占整个A股总资产的4%，加权净资产收益率也远低于行业平均水平，由此可见，中国装备制造业正面临着"大而不强"的严峻问题。

对装备制造业财务数据分析的结果见表4-1和图4-1。可以看出，相比2010年，2018年中国装备制造业营业总收入增长超过1.5倍，除2012年增速明显放缓外，其余年份都保持较高速增长，并于2018年达到最大值。利润总额和净利润则表现欠佳，不仅增速远低于营业总收入，同比增长率在2012年和2018年甚至出现负值，反映出装备制造业企业产品或服务市场推广良好，但是经营费用、销售费用或营业成本较大，盈利能力仍有待提高。2010~2018年，装备制造业资产总额呈逐年增长态势且增速较快，说明行业整体处于扩张期，固定资产净额与资产总额基本保持同速增长，增幅均超过2倍，这可能与存货积压较多有一定关系，与此同时，资产总额增加值远超固定资产净额增加值，企业应重视偿债能力的变化，以免由于负债过多影响可持续发展。

表 4-1　　　　　　　2010~2018 年装备制造业主要财务指标　　　　单位：亿元

年份	营业总收入	利润总额	净利润	固定资产净额	资产总额
2010	17449.69	1444.55	1223.35	6108.22	24610.31
2011	21357.06	1651.36	1386.44	7409.23	31073.46
2012	22523.28	1240.00	994.90	8827.19	34891.28
2013	23842.72	1282.41	1044.40	9904.70	38690.15
2014	26476.93	1525.71	1253.64	11589.60	46040.04
2015	28310.73	1649.09	1325.90	13329.23	52252.13
2016	31617.26	1874.81	1468.37	14955.68	61497.39
2017	37065.10	2686.01	2225.01	16793.51	71066.75
2018	46916.95	2124.43	1644.36	19146.17	80817.25
总计	255559.73	15478.38	12566.38	108063.53	440938.76

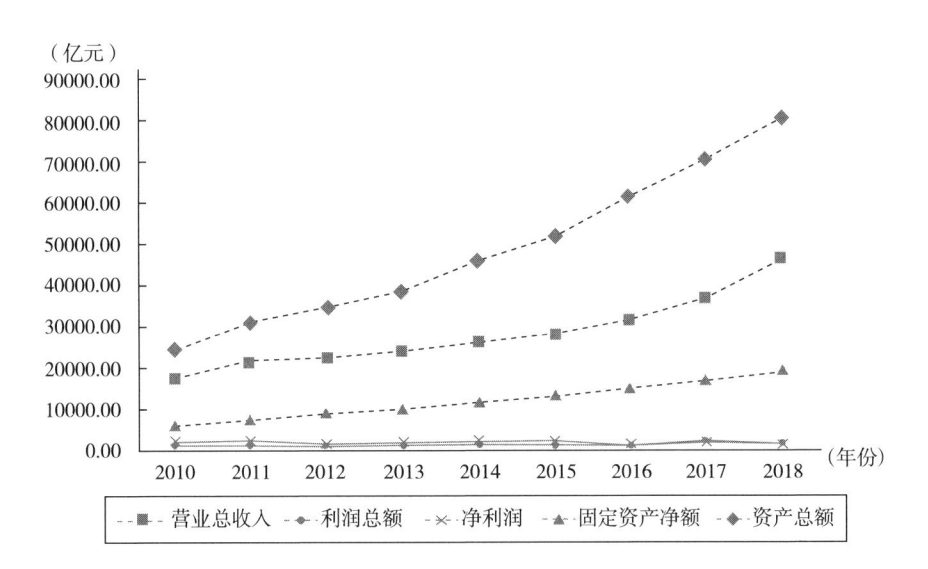

图 4-1　2010~2018 年装备制造业主要财务指标

此外，从研发支出占营业收入比来看，装备制造业企业已放弃以人力资本投入为主的粗放型生产经营方式，转而通过技术创新、加大科技投入，加快转型节奏，建设高质量的制造业集约式经济，但是目前来看受到的约束仍然较多，研发支出与营收的比例没有明显增长；从企业所从事的行业来看，计算机通信及其他是装备制造业中的核心产业，其上市公司数量最多，总资产规模占装备制造业总资产的比例远超其他行业并且仍在不断攀升，同时其研发投入较大，研发能力也较强，汽车制造业总资产规模占装备制造业总资产规模的比例最大，而专用设备制造业总资产规模最小，净资产收益率较低，盈利能力较差；从企业的规模来看，大型装备制造业的优势明显，但是其盈利能力和研发投入都相对较低，已经进入发展瓶颈期，需要积极寻求突破。中型装备制造业的数量不断提高，研发能力高于行业均值，但其净资产收益率低，盈利能力差，容易受到冲击。小型装备制造业企业正在缓慢发展，无论上市公司数量还是总资产规模占比都在缓慢提升；从企业所有制来看，国有企业和私营企业是装备制造业的核心，占据着重要地位，资企业和公众企业在装备制造业中的占比非常小。其中，国有企业资产数量占比不断下降，净资产收益率下滑，盈利能力较弱，平缓增加的研发支出占比没有显著提升创新能力以带来新的动能。近年来，私营企业在装备制造业中不断扩大其总资产规模，拥有较强的研发能力，创新能力相对于其他类型企业拥有绝对的优势，但是盈利能力还需加强。综上所述，中国装备制造业企业过去多年的发展模式存在较多弊端，需要积极谋求转型变革以适应新时代发展的要求。

4.1.3 装备制造业相关研究基础

近年来，围绕中国装备制造业展开的研究日趋增多，从现有研究内容和研究成果中可以梳理出以下几方面：一是定性分析装备制造业发展的现状、问题及前景。如陈江勇（2012）认为中国装备制造业发展长期存在自主创新能力差、低端产品比重高、发展潜力不足等问题。二是不少学者以装备制造业的转型升级和技术创新两个问题为研究重点进行定量研究。张志元（2015）指出，在中国经济发展进入新常态阶段的现实背景下，对装备制造业进行转型升级已刻不容缓，并提出制造业全产业链的转型升级是新常态下制造业转型升级的核心内容，全产业链整体应该向更高附加值、更强营利性的领域延伸、扩展。高婷婷（2018）研究认为，应该从产业层面、战略层面、文化层面、业务层面、制度层面等多方进行装备制造业的转型升级。王江和陶磊（2017）研究发现，资源分配不合理与技术创新效率不高是制约中国装备制造业发展的原因所在，虽然近年来创新效率有所提高，但是依然存在投入产出比例失调、技术成果使用率较低、发展不均衡等多方面的问题。三是一些学者以装备制造业企业为核心研究对象，探讨企业经营能力、生产效率、管理水平等发展问题。杨振霞（2016）以中国装备制造业企业为样本测算了全要素生产率，结果显示，全要素生产率总体上虽然呈现上升的趋势，但不同行业和地区表现出较大的差异。孙海洋等（2013）以中国装备制造业中的七个子产业企业为样本，通过构建经济绩效性、技术效果性、科学管理性、节能环保性等四方面指标综合评价了样本企业年发展绩效，结果显示中国的装备制造业中，发展程度位于首位的是通信设备、计算机及其他电子设备制造业，整体发展落后的是金属制品业；在通用设备制造业中存在明显的环境污染较重、产业集中度不高等问题，通用设备制造业与仪器仪表及文化、办公用机械制造业在节能环保性和科学管理性指标上的表现相反。李辉等（2019）、张文鼎（2019）分别采用杜邦分析法和平衡计分卡等评价体系对中国装备制造业内的国有企业经营绩效能力进行评估，认为其经营绩效的提升空间很大。陈晓霜等（2020）主要围绕装备制造业经营绩效水平受企业运营过程中财务指标层面的影响因素的作用效果，认为应收账款周转率、净资产利润率、股权集中度和资产负债率对企业的经营绩效影响程度最大。

上述针对中国装备制造业的文献为本章的研究提供了较好的研究思路，但是仍然存在以下几点研究不足：一是国内学者针对装备制造业企业的价值创造研究较少，为数不多的研究多是以国有企业为研究对象。二是目前国内少数对装备制造业企业价值创造的研究大多使用的是杜邦分析法和平衡计分卡评价体系，这样仅能够反映企业短期的财务信息，忽视了企业的长远发展趋势以及重要的非财务指标，并且工作量较大，花费成本较多。三是中国地域发展不平衡问题由来已久，企业所处地域不同，所属行业不同，规模不同，它们的价值创造水平及其所受的主要影响因素是否存在明显差异也有待进一步研究。

4.2 装备制造业企业价值创造能力评估及分类比较

4.2.1 样本选取与数据来源

装备制造业公司自股票市场开放以来就陆续上市，本章选取 2010～2018 年连续在 A 股上海交易所及深圳交易所股票市场上市交易的企业作为样本，并按照以下原则进行筛选：

第一，剔除中途摘牌的企业：包括转板上市的企业、被兼并收购的企业、战略调整主动申请摘牌的企业、未按照证监会要求执行被强制停牌的企业。需要说明的是，由于 ST 和 *ST 企业的财务数据不能真实地反映企业的财务状况，剔除 2010～2018 年被 ST 或 *ST 的企业。第二，剔除强制退市个股。第三，剔除 2010～2018 年企业财务数据和公司治理相关信息缺失的企业。

基于以上三个准则，本章对2010~2018年连续在交易所交易的1309家企业进行筛选，得到符合条件的682个企业作为本章的研究样本，共有6138个有效观测点。本章中所有装备制造业上市公司的绩效评价指标均来自CSMAR数据库，需要用到的报表包括资产负债表、利润表、损益表和报表附注。

4.2.2 全样本测算结果及分析

根据EVA测算模型，计算得出2010~2018年全国装备制造业上市企业EVA值。2010~2018年装备制造业企业的EVA中位数值和平均值如表4-2所示。

表4-2　　　　2010~2018年装备制造业上市企业经营绩效　　　　单位：万元

测算指标		2010年	2011年	2012年	2013年	2014年	2015年	2016年	2017年	2018年
中位数	EVA	501.60	359.56	217.52	75.48	-66.56	-1034.82	-1768.70	63.51	1895.72
	净利润	5939.49	6523.37	7107.25	7691.13	8275.01	8287.30	10036.28	10302.24	10568.20
平均值	EVA	1615.39	4129.79	6644.19	9158.59	11672.99	7399.83	6239.84	18356.06	30472.28
	净利润	20086.71	23927.39	27768.07	31608.75	35449.43	33884.76	35471.66	40700.51	45929.36

根据表4-2结果所示，以净利润为核心的传统财务评价指标显示的企业绩效评价结果偏高，原因在于传统财务评价指标高估了企业的价值创造能力；EVA值考虑了资本成本的作用，根据企业实际经营状况将研发支出、利息支出、股东权益等收入、成本会计科目进行调整，真实、客观地反映了装备制造业上市企业为股东创造的价值。由装备制造业上市公司EVA的测度结果可见，装备制造业企业总的EVA值较低，年均值比净利润少60%~70%，净利润为正的企业EVA值有可能为负，这体现了经济利润和会计利润的不同。其次，装备制造业企业EVA值每年波动较大，说明企业在资本投入的变化较大。此外，从企业EVA中位数可以看出，很多装备制造业企业的EVA值都为负值，装备制造业需要大量的资本投入，可能主要是因为信息不对称、道德风险的存在，使得一些中等企业的管理者并没有真正重视股东投入的资本，相应的成本意识还比较淡漠，未充分考虑权益资本的机会成本，结果导致盲目扩张和重复投资。

4.2.3 装备制造业 EVA 分类对比

1. 行业异质性比较

装备制造业涉及国民经济各部门生产的诸多行业,门类众多。按照证监会 2018 年第四季度最新行业分类结果,将所要研究的企业分为电气机械与器材制造业,通用设备制造业,计算机、通信和其他电子设备制造业,汽车制造业等八个不同的行业,其 EVA 的测算结果如表 4-3 所示。

表 4-3　　　　　2010~2018 年不同行业 EVA 均值　　　　单位:万元

行业分类	2010 年	2011 年	2012 年	2013 年	2014 年	2015 年	2016 年	2017 年	2018 年
电气机械与器材制造业	-14230.04	-5370.56	3488.92	12348.40	21207.88	21168.08	26086.71	32167.22	38247.73
金属制品业	16513.20	12608.34	8703.48	4798.62	893.76	-2952.02	-11275.32	209.63	11694.58
通用设备制造业	1916.35	2632.82	3349.29	4065.76	4782.23	786.25	-2508.76	1525.10	5558.96
专用设备制造业	19108.30	12706.42	6304.54	-97.34	-6499.22	-16740.39	-27149.06	-3293.35	20562.36
计算机、通信和其他电子设备制造业	-15417.06	-11060.11	-6703.16	-2346.21	2010.74	-3355.00	-4320.53	12313.08	28946.69
铁路、船舶、航空航天及其他运输设备制造业	-4499.71	-5834.72	-7169.73	-8504.74	-9839.75	-19268.63	-22565.80	-23152.25	-23738.70
汽车制造业	51750.15	56809.04	61867.93	66926.82	71985.71	71746.52	78278.02	89939.04	101600.10
仪器仪表制造业	1030.57	1551.21	2071.85	2592.49	3113.13	4349.28	2956.29	6864.90	10773.51

从表 4-3 的结果可以看出,电气机械与器材制造业和汽车制造业 9 年间的 EVA 均值最高,且在 9 年内呈现增长趋势,说明这两个行业可以带来更高的价值,长期来看能够得到更好的发展。仪器仪表制造业上市公司数量较少,EVA 长期为正,给资本带来的价值回报较为稳定。金属制品业、专用设备制造业以及计算机、通信和其他电子设备制造业 EVA 在 2015 年和 2016 年为负值,这与环境治理、产能过剩及产业结构调整有一定关系;在 2017 年实现较为明显的增长,表明这些企业的研发与经营能力在不断增强。专用设备制造业和铁路、船舶、航空航天及其他运输设备制造业 EVA 在 9 年内一直处于负值,特别是铁路、船舶、航空航天及其

他运输设备制造业一直处于连续下降状态,这与该行业的性质有关,这些行业中多是提供公共产品和服务以及设计国防研发的企业,目标在于为公共服务,而不在于创造价值以及获取投资回报,因而企业EVA值较低,企业的价值创造能力较小,企业利润无法弥补股东投资的机会成本。

2. 规模异质性比较

按照国家统计局企业规模最新划分标准,装备制造业挂牌企业按照资产总额、营业收入、从业人员等客观数据,可依次划分为小型企业、中型企业、大型企业和特大型企业。按照分类结果发现,682家样本企业中,大型企业占比最高,为59.5%,共有406家;小型企业占比最低,为0.9%,共有6家;中型企业占25.5%,共有174家;超大型企业占14.1%,共有96家。装备制造业挂牌企业多为大型企业,这与装备制造业行业性质有关。不同规模企业的EVA测算值如表4-4所示。

表4-4　　　2010~2018年不同规模企业EVA均值　　　单位:万元

规模分类	2010年	2011年	2012年	2013年	2014年	2015年	2016年	2017年	2018年
小型企业	-3966.00	-4042.00	-4118.00	-4194.00	-4270.00	-15034.00	-3392.00	-3304.00	-3216.00
中型企业	-4555.00	-4070.00	-3585.00	-3100.00	-2615.00	-3330.00	-2884.00	-4615.00	-6346.00
大型企业	-24747.00	-17846.00	-10945.00	-4044.00	2857.00	2776.00	2817.00	6491.00	10165.00
特大型企业	52612.00	60942.00	69272.00	77602.00	85932.00	64783.00	66928.00	128796.00	190664.00

由表4-4结果可以看出,2010~2018年企业EVA均值整体走势为先降后升。其中,特大型企业的平均EVA值显著大于其他企业,而中小型企业EVA值在2010~2018年连续为负。由于大规模企业拥有较大的资本总额和营业收入,公司治理能力、盈利能力和抗风险能力等都比中小企业强,因此其综合绩效也比较高。相比之下,中小型企业在资本累积、运营管理等方面处于劣势,故而EVA均值较低。从变动趋势来看,大型与特大型企业的EVA均值呈现出先上升的趋势,而中小型企业并未出现明显增长,一直为负值,可以看出,沪深交易所的中小型企业很难给股东带来合理的价值回报,装备制造业的企业发展需要不断壮大成长,扩大规模,从而实现规模效应。

3. 属性异质性比较

对装备制造业的企业按照性质划分,将装备制造业挂牌企业划分为国营或国有企业、私营企业、外商独资企业以及中外合资经营企业。682家样本企业中，私营企业最多，共有416家，占比达到61%；外商独资企业最少，仅有3家，占比仅为0.6%；国有企业占比为29%，共有201家；中外合资企业占8.2%，有56家；其他类型企业6家，占1.2%。装备制造业挂牌企业多为国营与私营企业。不同属性企业的EVA测算值如表4-5所示。

表4-5　　　　2010~2018年不同属性企业EVA均值　　　　单位：万元

属性分类	2010年	2011年	2012年	2013年	2014年	2015年	2016年	2017年	2018年
国有企业	6125.00	10166.00	14207.00	18248.00	22289.00	10337.00	5136.00	36352.00	67568.00
私营企业	-3430.00	-900.00	1630.00	4160.00	6690.00	6357.00	7523.00	9920.00	12317.00
外资企业	-3415.00	-3427.00	-3439.00	-3451.00	-3463.00	-8012.00	-23724.00	-3578.00	16568.00
中外合资企业	28259.00	21221.00	14183.00	7145.00	107.00	-4726.00	-9123.00	3006.00	15135.00

由表4-5的结果可以看出，国有企业EVA值较高，这和装备制造业的行业性质有关，国有企业发展较早，规模较大，且较容易获得低成本的资金，因此能够创造较高价值。观察私营企业的EVA 9年均值可以发现，私营企业的EVA值呈现上升趋势，可以从中看出近年来私营企业无论在规模上还是在管理上整体都在提高，使得私营企业能够给股东带来较高收益。反观外商独资企业9年来一直为负值，且2010~2016年呈现下降趋势，在2017年有所好转，但仍然为负，这可能与国家关于外商的政策以及企业能否适应中国商业环境相关，目前来说外资企业很难给股东带来合理的价值回报。而中外合资企业较外商独资企业显现出明显的优势，整体高于外商独资企业，呈现先降后升的趋势。外商与国内企业形成合作，互相利用各自优势，但和国有企业与私营企业相比仍处于较低水平。

4.3　装备制造业企业价值创造的影响因素实证分析

分析EVA的计算公式不难看出，税后净营业利润和资本成本是影响企业绩效大小的最主要因素，同时装备制造业具有技术密集型、资本密集型以及劳动力密集型的产业特点，因此本书以企业宏观管理层面的要素为切入点，考察公司资本结构、偿债能力、运营能力、盈利能力以及成长能力5个方面对企业经营绩效的影响情况。

4.3.1 变量与数据选取

资产负债率能够有效地反映一个公司或企业的内部资本结构。而"资本投入是有成本的"是 EVA 的核心所在，它强调的是只有高于资本成本的企业盈利才能真正为股东创造价值。因此 EVA 指标能够很好地用来反映股东权益。一般而言，资产负债率越高，债权比例越高，股权比例越低，企业管理者为股东创造价值的动力会越弱，股东与管理者之间的"委托—代理"问题加剧，因此很大程度上可以影响企业的经营绩效。

偿债能力是指企业用自身各类资产对已到期的债务（包含本金及利息）进行偿付的能力。反映一个企业财务状况的重要标志就是看其能否及时偿还到期债务。通过分析企业的偿债能力，能够直接有效地观察企业持续经营的能力和是否存在风险，有助于预测其未来的收益，因此偿债能力对企业经营绩效产生较大影响，考虑到装备制造业的产业性质，我们采用流动比率更能反映对企业经营绩效的影响。

运营能力是指企业在市场的外部环境约束下，不断通过配置、组合内部各类生产资料和人力资本而对实现财务目标所产生作用的大小。应收账款周转率，是企业一定时期营业收入（或销售收入）与平均应收账款余额的比率，它代表企业应收账款变现速度的快慢，反映企业管理效率的高低，进而影响公司的经营绩效。

盈利能力又叫作企业已有资金的增加能力或企业已有资本的增值能力，是指企业在经营过程中通过各种经营管理方法从而产生利润的能力。盈利能力较强时，意味着企业经营绩效较好，企业利润自然就越高，而净资产收益率最能反映企业的盈利能力。

基于上述分析和讨论，本书选用的被解释变量和解释变量如表 4-6 所示。

表 4-6　　　　　　　　　　变量定义与计算

变量	指标	计算方式	符号
经营绩效	EVA	NOPAT - CC	EVA
公司结构	资产负债率	总负债/总资产	DOAR
偿债能力	流动比率	流动资产/流动负债	CR
运营能力	应收账款周转率	营业收入/平均应收账款余额	RTO
盈利能力	净资产收益率	净利润/净资产	ROE

以上指标的各种数据均从 Choice 数据库和 Wind 数据库得到，所选指标数据的描述性统计结果如表 4-7 所示。

表 4-7　　　　　　　　　　变量的描述性统计

变量	均值	中位数	最大值	最小值	标准差	观测值
EVA	-0.003	0.909	-1.970	0.071	-0.003	682
DOAR	0.410	2.868	0.010	0.203	0.411	682
CR	2.687	144.000	0.087	3.940	2.682	682
RTO	16.290	655.270	0.310	593.781	16.290	682
ROE	0.081	204.692	-66.541	3.720	0.081	682

4.3.2　回归模型构建

根据上述变量选取结果和数据的可得性，采用面板数据的回归方法对样本企业 EVA 每年的影响因素进行分析。最终建立如下模型：

$$\text{EVA}_{it} = \alpha_0 + \beta_1 \text{CR}_{it} + \beta_2 \text{DOAR}_{it} + \beta_3 \text{RTO}_{it} + \beta_4 \text{ROE}_{it} + \mu_{it} \quad (4-1)$$

式（4-1）中，α_0 表示常数项，μ_{it} 代表残差项，β_1、β_2、β_3、β_4 表示各变量系数，i 代表每个企业，t 代表年份。

4.3.3　回归结果分析

本章的总样本回归结果如表 4-8 所示。

表 4-8　　　　　装备制造业企业 EVA 影响因素回归结果

变量	相关系数	标准误差	T 值	P 值
DOAR	-0.196	0.011	-17.508	0.000
CR	-0.001	0.000	-3.052	0.002
RTO	0.001	0.000	5.215	0.000
ROE	0.005	0.000	19.920	0.000
C	0.079	0.005	15.360	0.000

从回归结果可以看出，各解释变量的系数均通过了 1% 的显著性水平检验。具体结果分析如下：

资产负债率 DOAR 的系数为负，说明总负债比例越高，股权比例越低，企业的经营绩效越差，即资产负债率每上升 1 个单位，EVA 便会下降

0.196个单位。在中国企业内部占据主流地位的仍然是传统的业绩评价指标体系，其主要的特点是将会计利润作为分析评价的基础，并主要围绕财务报表的一些指标进行辅助分析，这种评价指标体系引导企业只顾着追求企业资本和利润同时增加，从而导致企业极易忽视价值创造过程，与为追求股东最大化而实施管理的现代企业制度的目的相背离，从而降低企业的整体绩效。这也说明较低的资产负债率有利于提高公司的经营绩效水平，装备制造业目前已处于资产负债率较高的状态，债务成本较高，可以适当减少公司负债，通过股权融资方式来扩增规模。

流动比率的系数为负，系数为-0.001，即流动比率每上升1个单位，EVA就会下降0.001个单位。这说明企业的流动资产/流动负债的比例越高，经营绩效越差，这与理论预期是不一致的。究其原因，可能在于我们在筛选数据的过程中剔除了 *ST经营较差的企业，并筛出了5年间退出市场的企业，导致这些企业的数据没有体现在模型中；同时，在剩下企业的抗风险能力都较强的情况下，过高的流动比率占用了公司的流动资金，对企业的经营绩效产生了负面作用，导致经营绩效降低。

应收账款周转率RTO的系数为正，说明运营能力随着应收账款周转率的变大而变强，具体来看，企业的RTO每增加1个单位，EVA便会上升0.001个单位，这与理论预期是相符的。应收账款周转率反映的是企业应收账款变现速度的快慢和管理效率的高低，变现速度快、管理效率高，有利于实现企业资金的高效周转，相同的资金周转的次数越多，给公司带来的利润越多，从而提高企业经营绩效。

ROE具有正的回归系数，说明EVA与净资产收益率呈现正相关关系，即净资产收益率越高，盈利能力越强，企业的EVA值越大。公司想要提升自己的经济附加值，必须提高公司的盈利能力，及时改进公司的经营模式和发展路径，选择适销对路的生产经营方式，提升自己的经济附加值。

4.3.4 异质性分析

1. 行业异质性

为了进一步检验选取的影响因素是否在各行业间存在差异，本书对影响因素分行业进行回归分析。样本为电器机械及器材（E）、计算机通信及其他（C）、金属制品业（M）、其他设备运输制造业（P）、汽车制造业（A）、通用设备制造业（G）、仪器仪表制造业（I）和专用设备制造业（S），回归结果见表4-9。

表4-9　　　　　　　　　　各影响因素分行业回归结果

变量	E	C	M	P	A	G	I	S
DOAR	-0.051	-0.642***	0.105**	0.008	-0.341	-0.262***	-0.110***	0.098**
	(-1.391)	(-7.372)	(2.259)	(-0.023)	(-1.282)	(-3.078)	(-2.847)	(2.174)
CR	-0.015***	-0.013***	0.034***	-0.085*	-0.066*	0.003	-0.008***	0.003
	(-4.535)	(-7.372)	(6.087)	(-1.862)	(-1.829)	(0.296)	(-5.437)	(0.895)
RTO	0.001***	-0.013	0.001	-0.020***	0.001	-0.001	0.001**	-0.001
	(2.943)	(0.821)	(1.393)	(-4.072)	(0.182)	(-0.115)	(2.199)	(-0.244)
ROE	0.082***	0.004	1.047***	0.005	0.081**	1.146***	1.115***	1.876***
	(11.820)	(0.556)	(13.247)	(1.565)	(2.180)	(14.495)	(14.802)	(35.265)
C	0.026	0.225***	-0.201***	0.245	0.222	-0.002	-0.007	-0.171***
	(1.163)	(5.447)	(-7.265)	(0.978)	(1.228)	(-0.032)	(-0.391)	(-6.418)
R^2	0.197	0.058	0.620	0.121	0.025	0.816	0.768	0.707

注：括号中为t值；***、**、*分别表示1%、5%、10%的显著性水平。

从表4-9的结果来看，提高企业盈利能力对于提升企业经营绩效最为有效。在所有行业样本中，净资产收益率与EVA始终成正比关系，且T值一般较大，结果较为显著，基本都是在1%以下水平通过检验。而资产负债率、流动比率和应收账款周转率所对应的资本结构、偿债能力和运营能力则在不同行业有不同的表现。

2. 规模异质性

为了进一步检验选取的影响因素是否在不同规模的企业间存在差异，同时考虑大样本需求，本书基于前文的基础，将所有企业分为特大、大型、中型和小型四类，结果见表4-10。

表4-10　　　　　　　　各影响因素分属性回归结果

变量	企业规模			
	特大型	大型	中型	小型
COV	-0.097***	-1.343***	-0.664***	1.956
	(-6.265)	(-23.555)	(-8.656)	(0.562)
BIA	-0.008**	-0.059***	-0.009***	0.079
	(-2.084)	(-10.093)	(-4.688)	(0.496)
HCS	0.001	-0.001	0.001	-0.013
	(0.148)	(-0.159)	(1.447)	(-0.212)

续表

变量	企业规模			
	特大型	大型	中型	小型
AAS	0.456 ***	0.011 ***	0.006 ***	8.546 ***
	(9.919)	(3.887)	(3.072)	(3.744)
C	0.038 ***	0.675 ***	0.118 ***	-1.424
	(-2.705)	(20.682)	(3.966)	(-0.739)
R²	0.714	0.470	0.087	0.696

注：括号中为t值；***、**、*分别表示1%、5%、10%的显著性水平。

从表4-10的结果可以看出，盈利能力强对不同规模的企业都产生了正面影响。同时，资产负债率、流动比率高对不同规模的企业主要产生了负面影响，且较为显著。而应收账款周转率对于不同规模的企业来说，结果均不显著，说明对于不同规模的企业，经营绩效和应收账款周转率的相关性不高，影响效果不显著。而小型企业与其他三类较大型的企业相比，由于数据量有限，只有ROE回归结果较为显著，且DOAR和CR都与经营绩效正相关，这是因为小型企业的资本结构较为简单，偿债能力有限但容易实现，故盈利能力是决定企业绩效的主要影响因素。

3. 企业属性异质性

为了进一步检验选取的影响因素是否在不同属性的企业间存在差异，本书将企业划分为国有企业、私营企业、外商独资企业和中外合资企业进行分类回归，结果如表4-11所示。

表4-11　　　　　　　各影响因素分规模回归结果

变量	企业属性		
	国有企业	私营企业	外商独资和中外合资
DOAR	-0.192	-0.736 ***	0.352
	(-1.542)	(-7.203)	(0.662)
CR	0.009	-0.007 ***	0.021
	(0.735)	(-2.751)	(0.666)
RTO	0.001	0.001	0.052 ***
	(0.182)	(0.298)	(3.608)

续表

变量	企业属性		
	国有企业	私营企业	外商独资&中外合资
ROE	0.018 ***	0.222 ***	-0.003
	(4.739)	(4.547)	(-0.850)
R^2	0.487	0.274	0.429

注：括号中为t值；***、**、*分别表示1%、5%、10%的显著性水平。

从表4-11的结果可以看出，对私营企业影响较为显著的有资产负债率、流动比率和净资产收益率，资产负债率和流动比率为消极影响，净资产收益率为积极影响，与总模型相一致。国有企业则不同，仅净资产收益率与经营绩效正相关，其他三个影响因素均不显著。而外商独资和中外合资企业最为特殊，仅应收账款周转率与经营绩效呈正相关，说明运营能力强，则企业的经营绩效高，这主要与外资企业的特性相关，外资企业要在中国发展，最为重要的就是运营能力，即能够迅速开辟市场、拓展市场，从而进入中国市场，在此背景下净资产收益率可以放在次要位置，而主要的就是企业的运营能力。

4.4 结论及启示

4.4.1 主要结论

通过上述研究结果可以总结研究结论如下：

（1）装备制造业受到资产负债率和流动比率的负面影响，净资产收益率和应收账款周转率的正面影响。2010～2018装备制造业的EVA值与A股全部的EVA值相比，装备制造业的每年EVA均值远低于A股的平均水平，且装备制造业企业EVA值每年波动较大，抗击风险能力弱；从不同分类的结果来看，规模较大的企业，汽车制造业以及国有企业价值创造能力明显较强。大企业的EVA绝对值更高，是因为大型企业拥有规模效应，而且公司治理能力、盈利能力和抗风险能力都比中小企业强。相比之下，中小企业在资本累积、运营管理等方面处于劣势，故而EVA均值较低，在2010～2018年均为负值；汽车制造业的经济增加值是所有行业最高的，这与汽车制造业从2012年以来，以20%的增长率形成的井喷式增长相关，消费需求不断增长、消费者不断增多、消费观念的不断升级，造成了汽车行业的繁荣发展，从而导致汽车制造业 EVA 值较高；国有性质的企业拥有较强的资本实力，具有较高的信誉和稳固性，因此国有的企业 EVA 值较高；而公众企业和私营企业 EVA 值波动较大，抵御风险的能力较差，但在好的市场环境下有着较高的潜力。

（2）净资产收益率高，盈利能力强，对于不同行业、不同规模、不同属性的企业都有着较强的正面影响。净资产收益率、股权集中度和员工总数对装备制造业企业经营绩效产生正面的促进作用，而研发收入比和资产负债率对装备制造业企业经营绩效产生负面的消极影响；应收账款周转率对装备制造业企业经营绩效的影响不显著。虽然 EVA 模型考虑了资本成本，但与传统的财务评价相同的是，企业的盈利能力和自身发展能力很大程度上影响了经济增加值。而股权集中度的提高有利于决策的统一、公司治理能力的增强，有利于企业迅速对市场做出正确的反应，制定正确的发展战略。装备制造业是集劳动密集型、技术密集型和资本密集型为一体的特殊产业，因此要求企业具有充足的人力资本、强大的研发能力和充足的资金支撑，员工总数和资产负债率的增加，都有利于满足产业需求，从而提高经营绩效；但研发收入比的增加却导致了经营绩效的降低，说明目前装备制造业研发效率低，不能够及时转换为公司实际竞争力，产业需重视研发创新的效率和内在机制是否合理，使研发投入能够真正带来经营绩效水平的提升。应收账款周转率对经营绩效影响不显著，应收账款周转率所反映的是资金使用效率和运营能力，说明装备制造业的应收账款周转率不合理，资金使用效率低下，产业应该重视对资金的使用。

（3）不同行业、不同规模及不同所有制企业的 EVA 影响因素存在显著差异。股权集中度对电器机械及器材、计算机通信及其他企业、汽车制造业、大规模企业、国有企业和公众企业呈正相关，对金属制品业、其他设备运输制造业和私营企业呈负相关，对通用设备制造业、仪器仪表制造业、专用设备制造业、小中规模企业、外资企业影响不显著。研发收入比对通用设备制造业、金属制品业、其他设备运输制造业、电器机械及器材、专用设备制造业、国有企业、公众企业呈正相关，对计算机通信及其他企业、汽车制造业、中小规模企业和私营企业呈负相关；对仪器仪表制造业、大规模企业和外资企业影响不显著。资产负债率对其他设备运输制造业、通用设备制造业、国有企业呈正相关。电器机械及器材、计算机通信及其他企业、金属制品业、汽车制造业、仪器仪表制造业、大小规模企业、私营企业、公众企业呈负相关，对专用设备制造业、中规模企业、外资企业影响不显著。员工总数对电器机械及器材企业、计算机通信及其他企业、汽车制造业、仪器仪表制造业、专用设备制造业、国有企业、私营企业、公众企业呈正相关。对通用设备制造业呈负相关，对计算机通信及其他企业、金属制品业、中规模企业和外资企业影响不显著。

4.4.2 政策建议

根据上述分析的结论，本书提出提升装备制造业企业价值创造能力的建议如下：

（1）政府监管者在政策制定、体制完善等方面持续发力。装备制造业在规模上发展迅速，已成为中国国民经济的支柱产业。与此同时，根据中国装备制造业所处的发展阶段，党和政府先后在规划和政府工作报告中提出《中国制造2025》，要求转变制造大国的定位，实现制造强国的高质量发展。这说明装备制造业的发展离不开政策和体制的有序引导，尊重市场规律，在推广和市场应用等不同阶段出台不同的产业政策，同时要保持政策的稳定性和连续性。

（2）对不同细分行业、规模和属性产业发展深入了解，有针对性地采取政策。从我们上述的结论中发现，不同的行业、规模和属性的企业存在着不一样的实际情况，汽车制造业蓬勃发展，已经形成了较好的规模，需要的是实现高质量发展；而仪表仪器制造业、运输设备制造业还处于产业的发展初期，需要不断扩大规模，形成规模优势；大型装备制造业企业抗风险能力强，但中小企业在风险冲击下生存困难；国有企业收益率低、研发投入不足，相反，私营和公众企业有较强的收益和创新能力；因此，根据不同细分行业、规模和属性的装备制造业应该积极了解其发展状况、所具备的优势和不足，以此制定不同的引导产业政策，确保各个产业得到适合的产业支持。

（3）加大劳动力投入，积极提高技术转化效率，实现技术创新。根据实证结果，劳动力投入的员工总数对装备制造业企业经营绩效影响最大，而研发收入比对企业产生负面影响。这说明企业在人力资本上还有较强的增长空间，而研发创新能力的转化较弱；在未来，人力资本越来越昂贵，技术创新势在必行，因此国家和企业都应集中突破"卡脖子"的关键技术，有效解决制约产业发展壮大的核心问题，增加资金扶持力度，发挥政府资金牵引作用，大力鼓励产学研结合，加快形成以战略性新兴产业为主体的产、学、研、用结合机制，加快创新成果转化。

（4）重点提升公司管理，优化资本结构，抵御市场风险。公司应重视管理水平，做好战略制定和方向调整，做好对市场的研究和判断，不能依赖政策扶持来提高经营效益。同时，加大股权集中度，优化资本结构，提高抵御市场风险的能力。

（5）市场投资者应全面评估企业绩效，理性投资。资本市场的一大功能在于价值发现，而企业价值体现的传统方式是财务报表，理性的市场投资者大多是基于财务报表做出投资决策。正如前文所言，基于财务报表的企业经营绩效忽略了资本成本的影响，高估了企业的价值创造能力，从而不能为投资者提供真实的市场信息。因此，在做投资决策之前，投资者应选用更加全面科学的评估方法如EVA，对企业的经营绩效进行考核，从而获取更高的投资收益，这样也有利于挂牌企业快速融资发展，资本市场形成良性的循环。

第 5 章 战略性新兴产业价值创造研究

2008 年国际金融危机爆发后,国内外的市场环境和要素条件发生了很大改变,经济下行压力增大;国际市场环境不断恶化、全球经济低迷导致国际贸易竞争加剧,摩擦不断,贸易规模迅速收缩;中国开始步入劳动年龄人口下降阶段,原先丰富的劳动力资源优势逐渐丧失。最近三年,中国国内生产总值增长率均下降至 7% 以下,中国长期以来所依赖的高增速经济增长模式受到越来越大的制约。为了将国际金融危机的负面影响降至最低程度,实现中国经济高质量可持续发展的长远战略目标,同时促进经济与科技相结合,产、学、研相结合,中国政府提出把发展战略性新兴产业作为中国实现经济高质量发展最有力的支持。发展战略性新兴产业是中国抢占发展制高点、培育经济增长新动能的战略抉择,对经济社会高质量发展具有重大而深远的战略意义。中央及地方政府也在不同程度上给予政策扶持,优先发展战略性新兴产业,然而在实际发展过程中,也出现了很多问题,诸如产业政策制定不连续、知识产权保护力度不够、产业发展呈现低端化、部分区域存在盲目发展和重复选择现象、产业对政府政策扶持依赖性大、相关政策存在一定滞后等,这些问题严重限制了战略性新兴产业的健康发展。因此,如何更加有效地促进中国战略性新兴产业发展,如何更好地发挥其优化资源配置、提高经济效率的功能和作用,便显得尤为重要,本章就是基于这个问题,运用 EVA 评估方法,对战略性新兴产业的经营绩效进行测算、评价,通过实证分析影响经营的主要因素,为推动中国更好地发展战略性新兴产业提供理论依据和政策参考。

5.1 战略性新兴产业企业概况

5.1.1 战略性新兴产业概念及特征

美国次贷危机于 2007 年爆发,其影响范围也逐渐蔓延到世界的许多国家，演变成全球性的经济危机。受此次经济危机影响，大部分国家的经济进一步放缓，各国纷纷探索新的经济增长方式。中国的经济发展也受到了严重制约，为了摆脱经济危机带来的负面影响，实现产业结构的优化转型，中国政府提出了重点发展新兴产业的规划目标。而发展战略性新兴产业，便是当下中国重振经济发展的一项重要举措。

早在2009年，中国政府就对战略性新兴产业的发展进行了通盘考虑。当年9月，国务院召集47名经济、科技等相关领域的专家学者共同商讨战略性新兴产业发展的机遇与挑战。会议表明，想要进一步熨平国际金融危机对中国经济的震荡影响，谋求经济持续发展的重要战略选择，就要发展一批新兴战略性产业。座谈会初步拟定七个产业作为新兴战略性产业，这七个产业包括节能环保、信息产业、生物育种、新材料、新医药、新能源和电动汽车等。

2010年，在全国范围内开展充分的调研和深入的讨论之后，国务院发布了《国务院关于加快培育和发展战略性新兴产业的决定》，对战略性新兴产业做出了正式定义："战略性新兴产业是以重大科技方面和技术发展为基础的产业，具有发展潜力巨大、科技水平高、资源耗费少、综合效益好等特征，能够引领和带动经济社会长远和全局发展。"在考虑现有科技水平和关联产业发展基础的前提下，立足于中国国情实际，大力扶持与重点培育节能环保、新兴信息产业、生物产业、新能源、新能源汽车、高端装备制造业和新材料等七大战略性新兴产业。

"十二五"期间，中国战略性新兴产业发展取得长足进步，有力支撑了经济社会的改革和稳定增长。产业增加值在GDP中的占比迅猛增长到8%左右，产业创新能力与盈利水平得到了极大提升，尤其是新兴信息产业、生物产业、新能源等领域比较优势渐次显露，已达到国际一流水准。高端装备制造业中，中国的高铁技术、通信设备、航天装备、核电设备得到了广泛的国际认可。在区域经济发展升级过程中，战略性新兴产业也得到了极大的发展，逐渐形成了一大批千亿元以上产值规模的战略性新兴产业集群，大大提振了"大众创业、万众创新"工作的实施效果，催生出大量的新职业新岗位，推动了传统产业升级。

2016年末，国务院印发《"十三五"国家战略性新兴产业发展规划》，要求进一步凸显战略性新兴产业发展的重要性与优先度，将数字创意产业新增进战略性新兴产业中，并提出产业发展的一系列目标和方向，计划在2020年前，产业增加值在GDP中的占比要达到15%以上，制定了新一代信息技术、高端装备制造、生物、节能环保、数字创意等五个产业产值规模达到十万亿以上的发展目标，带动新增就业人数每年达百万人以上。进一步优化战略性新兴产业结构，持续提升产业创新能力和竞争力，国际竞争力水平继续提升。

本章将中国战略性新兴产业作为研究对象，对节能环保、新一代信息技术、生物、高端装备制造、新能源、新材料新能源汽车和数字创意八个产业的企业价值创造能力及影响因素进行分析，并根据研究结论提出相应的政策建议。

5.1.2 中国战略性新兴产业发展现状

"十二五"以来，中国战略性新兴产业发展对经济社会的引领带动作用日益凸显，已经成为推动国民经济发展的主要增长点和重要支持。战略性新兴产业围绕"创新、壮大、引领"三大核心，取得众多亮眼的发展成就，为稳增长、调结构、促转型发挥了重要作用。随着政府对战略性新兴产业的扶持力度进一步加大，相关重大政策的陆续出台为其发展提供了愈加完善的外部环境，产业创新体系逐渐健全，对外开放水平也得到了极大提升。但是，在当前错综复杂的国内外形势下，中国战略性新兴产业发展过程中一些结构性、机制性的矛盾也不断凸显出来，严重阻碍了战略性新兴产业高质量发展进程，不利于抢占未来经济科技发展的制高点，政府应当进一步完善发展规划，有计划、有实践地部署战略性新兴产业的阶段性发展。

对战略性新兴产业财务数据分析的结果见表5-1和图5-1。可以看出，相比2010年，2018年中国战略性新兴产业营业总收入增长超过3倍，2010~2014年匀速增长，2015年增速明显提升，并于2018年达到最大值。利润总额和净利润则表现欠佳，虽然2015~2017年增速明显提高，但仍远低于营业总收入增速，同比增长率在2018年甚至出现负值，反映出战略性新兴产业企业产品或服务市场推广良好，但存在经营费用、销售费用或营业成本较大的问题，盈利能力亟待提高。2010~2018年，战略性新兴产业资产总额呈逐年增长态势且增速较快，说明行业整体处于扩张期，固定资产净额与资产总额一样呈逐年增长态势，但固定资产净额增加值远小于资产总额增加值，固定资产净额增速也远小于资产总额增速，故企业应重视偿债能力的变化，以免由于负债过多影响可持续发展。

表5-1 战略性新兴产业 2010~2018 年主要财务指标　　　单位：亿元

年份	营业总收入	利润总额	净利润	固定资产净额	资产总额
2010	2981.90	419.85	361.43	821.91	4833.46
2011	3714.77	509.38	431.13	987.26	6119.36
2012	4400.88	524.67	440.93	1230.11	7241.16
2013	5231.63	645.27	543.81	1565.49	8567.82
2014	5971.13	766.77	647.08	1957.94	10653.17
2015	6925.30	998.39	833.92	2296.48	13684.94
2016	8507.88	1296.52	1094.58	2755.02	17993.37
2017	10630.05	1583.05	1318.96	3190.68	22709.66
2018	12833.16	1165.34	931.71	3562.82	25789.29
总计	61196.70	7909.23	6603.54	18367.72	117592.24

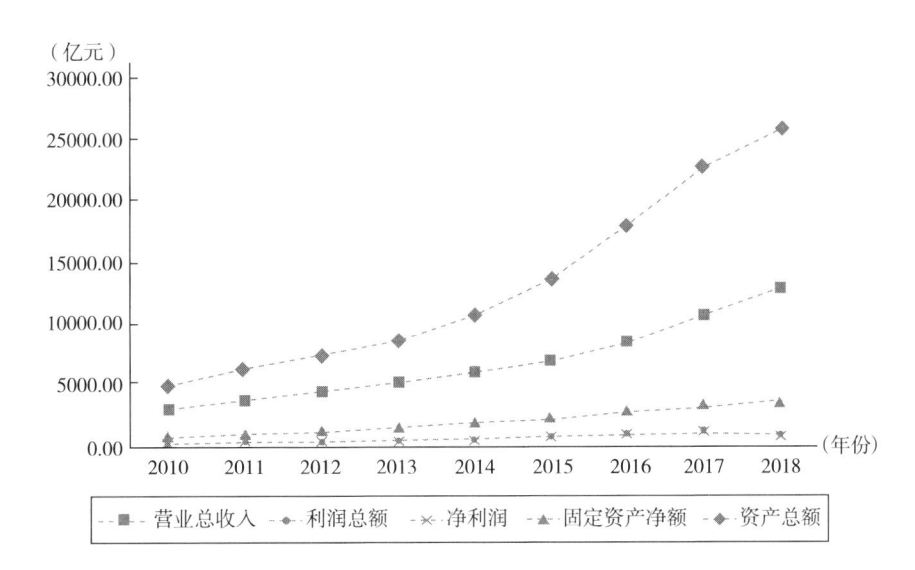

图 5-1 战略性新兴产业 2010~2018 年主要财务指标

"十二五"以来，作为战略性新兴产业中规模最大、创新最密集的两个产业领域，新一代信息技术和生物产业在产值规模方面实现了较快增长，充分发挥了引领带动作用。一方面，信息技术成为地方经济发展的"催化剂"，与生产生活等诸多领域的融合不断加深，催生了一大批类似于工业机器人、移动支付、网络购物等新模式、新业态，极大地推动了产业发展和生活方式的"数字化"转型。与此同时，经济高质量发展和人民美好生活的需求也大大刺激了信息技术的更迭换代与规模应用。另一方面，伴随着经济发展模式的不断演进和人口老龄化进程的加快，健康的生活观念越发受到人们的推崇，体现在康养产业、医疗产业规模的日趋增长。在此背景下，面向人民生命健康的生物产业也得到了迅猛发展。

同时，伴随着节能环保政策的加快推进落实，绿色低碳产业继续实现快速增长。以新能源汽车产业为例，"十二五"以来，新能源汽车由示范阶段进入快速普及阶段，行业景气度持续保持高位。2011~2018年新能源汽车产量年均增长率达到了105.2%，近四年产销量位居全球第一。但与庞大的产销规模相比，中国新能源汽车渗透率仍不足3%，说明新能源汽车仍有巨大的发展空间。综上所述，尽管中国战略性新兴产业近年来保持了持续较快增长的态势，但未来仍然存在较大提升空间。

5.1.3 战略性新兴产业相关研究基础

近年来，围绕中国战略性新兴产业展开的研究日趋增多，从现有研究内容和研究成果中可以梳理出以下几方面：一是对战略性新兴产业发展问题的研究。例如，杨林和马顺（2012）认为，政府财政政策扶持对战略性新兴产业发展起着至关重要的作用，但当前仍存在许多问题，例如政府财政投入力度不足、政府采购效果不明显等，因此急需健全和完善专门的财政体系；陈爱雪（2013）通过研究认为，在政府大力扶持下，中国战略性新兴产业取得一定的成就，已经初步形成了产业发展聚集特色，一些领域已经步入国际先进水平行列，但战略性新兴产业依然存在许多问题，比如发展水平较低、创新驱动不足，同时由于缺乏统一的指导和完善的制度体系，各地区在发展战略性新兴产业时，出现了很多过度投资问题，导致资源浪费严重；万丛颖（2015）分析了中国新兴产业特征与商业模式的关系，认为当前滞后的商业模式阻碍了中国新兴产业的发展，有效的商业模式创新是解决新兴产业发展困局的可行途径；屠海令等（2016）立足于全球新材料研发与产业发展现状，对中国新材料产业发展凸显的问题进行了深入剖析，并从发展方向与政策建议两方面构建了相应的战略框架；邢纪红、龚惠群（2017）通过构建评价指标体系，合理评价了新一代信息技术产业的自主创新能力；龙跃（2018）对中国战略性新兴产业集群协同发展做了研究，并提出相关政策建议。二是对战略性新兴产业经营绩效问题的研究。例如，凌江怀、胡雯蓉（2012）从传统产业和战略性新兴产业的比较差异出发，发现股权资本规模的扩大对提高战略性新兴产业的盈利能力具有积极作用，基于中国战略性新兴产业处于规模报酬递增的阶段特点，应当进一步扩张股权融资规模；董雪、梅杨倩（2014）研究了私募股权投资对战略性新兴产业发展的影响，发现在经营绩效方面私募股权融资对产业发展的促进作用不明显；黄建康等（2015）基于2010～2014年浙江省战略性新兴产业上市公司的面板数据，发现银行信用融资对产业发展的影响不显著，留存收益融资、股权融资分别与产业发展呈现正、负相关关系；于津平、许咏（2016）研究分析了中国的战略性新兴产业上市公司财务数据，并做了实证分析，结果表明，融资规模的扩大和股权融资占比的增加可以显著提高公司的盈利能力；洪国、马飞帆（2016）以2010～2015年沪深两市战略性新兴产业上市公司财务数据作为研究对象，发现内源融资最优，股权融资次之，债务融资最末。

上述针对中国战略性新兴产业的文献为本章的研究提供了较好的研究思路，但是仍然存在不足：综观国内文献，对于战略性新兴产业经营绩效的研究，主要集中在企业资产规模和股权融资占比的影响作用，整体上看，资产规模的扩大和股权融资占比的提升有利于提高企业盈利能力，但以上研究大多是以企业净利润作为衡量企业盈利能力的主要指标，没有考虑资本成本因素，无法客观反映企业的真实绩效水平。

5.2 战略性新兴产业企业价值创造能力评估及分类比较

5.2.1 样本选取与数据来源

战略性新兴产业于2010年正式提出，到2016年末新增数字创意产业，到如今已经发展了十年时间。本章选取2010～2018年连续在A股市场上市的公司作为样本，并按照以下条件进行筛选：

第一，剔除2010～2018年财务或公司治理相关数据缺失的上市公司；第二，由于ST和*ST企业的财务数据无法真实地反映企业的财务状况，因此剔除掉2010～2018年被ST或*ST的企业；第三，剔除存在其他异常导致数据不完整或数据缺失的公司。

通过上述三个原则，本章对2010～2018年连续在A股挂牌交易的1255家企业进行筛选，得到符合条件的109个上市公司作为本章的研究对象，共有981个有效观测点。本章中所有战略性新兴上市公司经营绩效指标数据均来自国泰安数据库，需要用到的报表包括资产负债表、利润表、损益表和报表附注。

5.2.2 战略性新兴产业与传统行业 EVA 值对比

在经济高质量发展背景下,积极发展战略性新兴产业无疑是培育下一轮经济增长动能的理想选择,发挥出对经济社会的重大引领作用。作为与新兴科技元素深度融合的典范产业代表,与传统行业相比,战略性新兴产业具有更加巨大的成长潜力和经济价值。表 5-2 列举了 2010~2018 年战略性新兴产业与农业、林业、畜牧业、金融业、公用事业、房地产业、工业、商业等传统行业以及行业综合水平的总资产 EVA 率的平均值。

表 5-2　　2010~2018 年战略性新兴产业与传统行业 EVA 值对比　　单位:万元

行业分类	2010 年	2011 年	2012 年	2013 年	2014 年	2015 年	2016 年	2017 年	2018 年
战略性新兴产业	0.04	0.04	0.04	0.04	0.04	0.02	0.02	0.02	0.02
农业	-0.01	-0.01	0.01	-0.03	-0.05	-0.02	-0.01	0.03	0.01
林业	-0.03	-0.09	-0.06	-0.01	-0.04	-0.06	-0.02	0.02	0.06
畜牧业	-0.01	0.05	-0.03	-0.07	-0.03	-0.05	0.01	0.07	0.13
金融	0.02	0.01	0.00	0.02	0.02	0.02	0.02	0.00	-0.01
公用事业	-0.02	0.02	0.02	0.02	0.02	0.02	0.02	0.02	-0.01
房地产	0.01	0.01	0.02	0.02	-0.01	-0.02	0.02	0.04	0.07
工业	0.01	0.02	0.01	0.02	-0.01	0.01	0.02	0.02	0.03
商业	0.01	0.02	0.01	0.02	0.02	0.00	0.02	0.02	0.03
综合	0.03	0.00	0.14	0.01	-0.01	-0.08	-0.01	0.06	0.13

从表 5-2 的结果可以看出,与传统产业经营绩效相比,中国战略性新兴产业的 EVA 处于较高水平,农业、林业、畜牧业多个年份内 EVA 为负,说明行业整体未创造出经济利润;而金融业、公用事业、房地产、工业、商业等大多处于 0.01 以下水平。相比之下,战略性新兴产业近七年来的 EVA 一直保持在 0.02 以上,说明战略性新兴产业整体经营绩效好,能创造出高出整体水平的经济利润。

由于战略新兴产业多分布于东南沿海地区且个体规模差异较大,所以本章不对战略新兴产业企业的 EVA 值进行分地区、规模的异质性分析。

5.3 战略性新兴产业企业价值创造影响因素实证分析

影响战略性新兴产业绩效的因素有很多，包括外部因素和内部因素。外部因素涵盖经济增长速度、居民收入水平、国家财政政策和货币政策、对外开放水平、科技发展水平、市场化水平和环境规制等诸多方面的内容，经济增长速度快、国民收入增加，有利于提高产业产品需求；国家财政政策和产业政策的扶持和鼓励，有利于改进企业生产方式、提高供给、提升经营绩效水平、促进战略性新兴产业的发展。尽管外部因素对上市公司的影响很大，但由于这些因素是企业所面临的不可控因素，且外部因素难以量化，因此在经营绩效影响因素的实证研究中，假设企业外部因素不对战略性新兴产业上市公司造成影响，重点研究企业内部因素对经营绩效的影响。

5.3.1 变量与数据选取

在表征战略性新兴产业经营绩效的指标选取方面，对比当下主流的三种经营绩效评价方式：杜邦分析体系、平衡计分卡（BSC 体系）以及经济增加值法（EVA），认为 EVA 在综合考量股本和债务在内全部资本的成本基础上，能够更加科学地反映出财务报表隐藏的企业价值创造的内容，从而让管理者更加勤勉和审慎配置资本要素。一般而言，战略性新兴产业上市公司的 EVA 与资产规模呈正相关关系，限制了对 EVA 的影响因素进行精确识别。因此，为了剔除资产规模对 EVA 的影响，本章选取上市公司单位资产 EVA 值作为被解释变量。解释变量方面，公司的盈利能力、偿债能力、成长能力、创新能力和公司治理能力是影响企业经营业绩的主要内部因素。

本章选取净资产收益率（ROE）作为指标，表征上市公司的企业盈利水平；选取资产负债率表征公司的实际偿债能力，根据 MM 理论，在一定水平下，公司的债务资本成本低于股权资本成本，适当增加资产负债率有助于提高企业价值，当资产负债率超过一定限度时，资产负债率的增加会提高权益资本所要求的回报率，进而增加成本；选取营业收入增长率作为表征战略性新兴产业上市公司成长能力的指标，成长能力衡量公司未来发展的趋势和前景，营业收入增长率能够反映企业经营和市场占有率的实际情况；创新能力是衡量一个公司能否系统地完成与创新有关的活动的能力，本章拟采用公司研发投入占营业收入的比例作为衡量公司创新能力水平的指标；公司治理水平直接关系着企业是否能够安全经营和扩大生产规模，受股权集中度影响较大。本章拟采用前十大股东持股比例的股权集中度作为衡量公司治理能力的间接指标。

基于上述分析和讨论，本章选用的被解释变量和解释变量如表5-3所示。

表5-3　　　　　　　　　　变量定义与计算

变量	指标	计算方式	符号
经营绩效	EVA 值	NOPAT - CC	EVA
盈利能力	净资产收益率	税后利润/净资产×100%	ROE
偿债能力	资产负债率	负债/总资产×100%	DRA
成长能力	营业收入增长率	当期营业收入/上一期营业收入×100%	IRB
创新能力	研发投入占营业收入比	研发投入/营业收入×100%	RDR
公司治理	股权集中度	前十大股东持股/总股本×100%	OC

以上所有指标数据均来自 Wind 数据库，对上述变量进行描述性统计，结果如表5-4所示。

表5-4　　　　　　　　　　变量的描述性统计

变量	平均值	最大值	最小值	标准差	观测值
EVA	0.036	0.315	-0.140	0.052	981
ROE	11.755	49.405	-12.000	6.278	981
DRA	29.311	77.152	1.576	17.434	981
IRB	27.147	359.588	-57.228	32.897	981
RDR	7.415	52.610	0.070	7.111	981
OC	59.566	92.040	32.220	13.416	981

5.3.2　回归模型构建

根据上述变量选取结果，本章将选取的109家战略性新兴产业上市公司作为样本，采用动态面板模型回归方法对样本公司 EVA 的影响因素进行分析，建立如下模型：

$$EVA_{it} = \alpha_0 + \beta_1 ROE_{it} + \beta_2 DRA_{it} + \beta_3 IRB_{it} + \beta_4 RDR_{it} + \beta_5 OC_{it} + \mu_{it}$$

(5-1)

式（5-1）中，α_0 表示常数项，μ_{it} 表示残差项，$\beta_1 - \beta_5$ 为各变量的回归系数，i、t 分别表示不同公司和不同年份。其中，EVA_{it} 表示第 i 家上市公司第 t 年总资产率，ROE_{it} 表示第 i 家上市公司第 t 年的净资产收益率，DRA_{it} 表示第 i 家上市公司第 t 年的资产负债率，IRB_{it} 表示第 i 家上市公司第 t 年营业收入增长率，RDR_{it} 表示第 i 家上市公司第 t 年研发投入占营业收入比，OC_{it} 表示第 i 家上市公司第 t 年股权集中度。

5.3.3 回归结果分析

战略性新兴产业企业 EVA 影响因素回归结果如表 5-5 所示。

表 5-5　　战略性新兴产业企业 EVA 影响因素回归结果

变量	相关系数	标准误差	T 值	P 值
EVA	0.305	0.102	2.980	0.003
ROE	0.004	0.001	4.650	0.000
DRA	-0.001	0.000	-3.080	0.002
IRB	0.001	0.000	0.880	0.380
RDR	0.001	0.000	1.040	0.297
OC	0.001	0.000	0.640	0.521
C	-0.019	0.010	-2.000	0.045

资料来源：表中数据为本书计算得到。

由动态面板模型回归结果可知，上市公司样本的 EVA 具有一期滞后性，且滞后效果显著，说明战略性新兴产业目前的经营绩效对其今后的经营绩效会产生较明显的影响，经营绩效为负的战略性新兴产业上市公司需要及时调整战略及公司发展方向以扭亏为盈；净资产利润率对样本公司 EVA 影响效果显著，且系数为正，说明战略性新兴产业经营绩效与公司盈利能力呈正相关关系，这是符合现实逻辑的，公司想要提升自己的经济附加值，必须提高公司的盈利能力，及时改进公司的经营模式和发展路径，选择适销对路的生产经营方式，这样有利于公司提升自己的经济附加值；资产负债率与样本公司 EVA 呈负相关关系，说明较低的资产负债率有利于提高公司经营绩效水平，说明战略性新兴产业目前已处于资产负债率较高的状态，债务成本较高，可以适当减少公司负债，通过股权融资等方式来扩增规模并发展。

动态面板回归结果显示，营业收入增长率、研发投入占营业收入比例和股权集中度均对样本公司 EVA 作用效果不显著。分析其原因，营业收入增长率的提高没有引起公司经营绩效的提高，可能与公司生产、经营成本随之上涨有关。研发投入占比的提高对 EVA 作用不显著，说明战略性新兴产业目前研发投入作用不明显，存在创新低端化问题，还很难转化为公司真正的创新能力，对公司经营绩效产生影响。股权集中度与样本公司 EVA 关系不显著，说明目前战略性新兴产业上市公司股权的集中并没有带来公司治理能力的提高，公司应当重视对内部组织结构的改革和调整，而不能仅仅提高股权集中度。

5.4 结论及启示

5.4.1 主要结论

通过上述理论和实证研究，可以得出如下结论：

（1）中国战略性新兴产业在政府的大力扶持下取得了长足的进步和发展，已成为中国实现经济稳定增长的重要力量。各领域产业结构不断升级、优化；产业成为投资热点，吸纳了社会共同投资，积极发展新业态；产业创新水平不断提高，中国出现了一大批具有国际先进水平的企业，极大地提高了中国的国际竞争力水平。

（2）中国战略性新兴产业在发展中也存在着许多问题。产业政策的连续性仍有待加强，一些产业由于不连续对产业发展造成了不利影响；知识保护力度不够，导致创新积极性大减；产业低端化问题严重，整体技术水平跟发达国家相比仍有较大差距；区域产业发展盲目性严重，缺乏合理空间布局；产业发展的政策依赖性显著，但相关政策制度明显滞后，导致战略性新兴产业发展不能得到及时合理的政策扶持。

（3）实证研究部分，通过动态面板模型分析得出，净资产利润率对战略性新兴产业经营绩效有显著的正效应，上市公司要提高 REVA 水平，需制定正确的经营战略。资产负债率对战略性新兴产业经营绩效有显著的负效应，说明在目前环境下，战略性新兴产业应适当减少债务资本，公司规模可以通过股权融资来扩大。营业收入增长率、研发投入占比和股权集中度均对样本公司 REVA 作用效果不显著，说明公司在营收规模扩大的同时可能存在经营成本上升的问题，应适当调整生产经营方式，而研发投入占比的增加不能带来经营绩效的提升，说明目前战略性新兴产业研发效率低，不能够及时转换为公司实际竞争力，产业需重视研发创新的效率和内在机制是否合理，使研发投入能够真正带来经营绩效水平的提升。股权集中度对战略性新兴产业的经营绩效水平影响不显著，说明现阶段公司治理能力较低，尚未发挥对企业经营绩效水平提高的促进作用，应当及时调整公司组织结构。

5.4.2 政策建议

进一步促进战略性新兴产业形成协同推进、健康发展的基本格局，对推动产业结构升级具有重要作用。然而就目前的企业经营绩效表现来看，战略性新兴产业市场仍然存在很多问题，需要政府监管者、企业管理人员以及市场投资者共同解决。基于此，提出如下建议：

（1）政府监管者在政策制定、体制完善等方面有待加强。首先，战略性新兴产业发展时间较短，各项法规制度都处于先行试验期，很多政策还不完善，在政策制定过程终会出现经验不足等问题，一些不连续的政策会对产业造成不利影响，政府有关部门在制定政策时切勿懒政怠政，造成政策制定不及时从而延误产业的发展；同时也切忌在没有充分调研的情况下制定不合实际的政策。政府应有序引导、促进和保障战略性新兴产业的发展，重视顶层设计，将产业发展划分为不同的阶段，在起步、推广和市场应用等不同阶段出台不同的产业政策，并要保持政策的稳定性和连续性。

（2）集中突破关键技术。战略性新兴产业发展的核心动力是技术，虽然中国在部分领域已经达到国际一流技术水平，但与发达国家差距仍然明显。政府应该加大对战略性新兴产业核心技术的研发力度，加大资金投入力度和相应制度保障，集中力量攻克"卡脖子"技术难关。此外，不断推进产学研一体化进程，加快形成以战略性新兴产业为主体的产、学、研、用结合机制，加快创新成果转化。

（3）着力优化战略性新兴产业空间布局。政府应该加强对战略性新兴产业在空间布局上的考量，避免某一产业的重复投资和产能过剩，根据各地区在人才、技术、自然资源和资本等生产要素禀赋的差异性，坚持因地制宜与优势互补原则，打造东、中、西错层的战略性新兴产业非均衡发展格局。此外，将价值链、产业链、供给链作为链接枢纽，打造区域性产业园区，构建上下游串联新生态，发挥好规模经济效应与集聚经济效应。

（4）聚焦公司管理水平和自主研发能力的提高。目前战略性新兴产业公司层面的治理能力和研发水平还有待提高，无法形成提高经营绩效的真正推动力，公司应重视管理水平，做好战略制定和方向调整，做好对市场的研究和判断，不能依赖政策扶持来提高经营效益。在研发创新方面，应积极吸取国外高新企业先进的技术和创新研发经验，着重解决公司研发创新低端化问题。

（5）市场投资者应全面评估企业绩效，理性投资。资本市场的一大功能在于价值发现，而企业价值体现的传统方式是财务报表，理性的市场投资者大多是基于财务报表做出投资决策。正如前文所述，基于财务报表的企业经营绩效忽略了资本成本的影响，高估了企业的价值创造能力，从而不能为投资者提供真实的市场信息。因此，在做投资决策之前，投资者应选用更加全面科学的评估方法如EVA，对企业的经营绩效进行考核，从而获取更高的投资收益，这样也有利于挂牌企业快速融资发展，资本市场形成良性的循环。

第6章 电力行业企业价值创造研究

电力是当今社会支撑国民经济发展的不可或缺的基础能源，电力行业作为先进的生产力和基础产业，对促进国民经济的发展和社会进步起到了重要推动作用。目前，中国已经基本扭转了连续20多年的缺电状况，成为世界第二大电力生产和消费国，电力供应已经基本满足了国民经济发展和人民生活需要。然而，中国电力行业发展过程仍然存在体制机制方面的较多矛盾、工业管理体制难以适应新时期发展的需要、产生电能的过程造成的环境污染程度较高等一系列问题。本章将立足中国电力行业大环境，首先介绍电力行业企业价值创造的研究基础；然后筛选中国57家电力上市公司2010~2018年面板数据，基于经济利润测度指标——经济增加值和两个会计利润测度指标——净利润（NP）与资产收益率（CROA），从地区异质性、企业所有制异质性角度比较衡量中国电力行业企业价值创造能力，进一步分析股本结构、公司规模偿债能力、获利能力、营运能力等企业的财务指标对电力行业企业价值创造能力的影响；最后提出提升电力行业企业价值创造能力、促进中国经济发展的政策建议。

6.1 电力行业企业概况

6.1.1 电力行业概念及特征

电能属于二次能源，它是由自然界中的煤、石油、水力、天然气、核燃料等一次能源转换而来。电能还可以进一步转化为机械能、光能、热能等其他形式的能量供人们使用。电能的生产和使用具有转换方便、控制灵活方便、远距离输送方便、生产成本低、减少环境污染等诸多其他能源所不具备的优点，在工业、农业、交通运输、国防科技及人民生活等各方面发挥着不可替代的作用。

电力行业是能源工业的一部分，承担着生产、传输和销售电能的公共任务，其发展水平也反映出一个国家的经济发达程度。电能是最清洁和最精确的二次能源，可定时、定量加以利用，可以实现一切能源的相互转换，因此它的使用已遍及国民经济发展和人民生活的各个领域，成为现代社会的必需品。这也体现出电力行业作为国民经济的基础工业，在国民经济中占据了十分重要的地位，是国民经济发展战略中的重点产业和先行产业，其建设和发展的速度只有高于国内生产总值的增长速度，才能保障国民经济各部门发展的稳定，这也是社会的进步、综合国力的增强和人民物质文化生活现代化的需要。"科技要发展，电力要先行"，可以看出电能在国民经济和人民日常生活中的作用。

6.1.2 中国电力行业发展现状

根据《中国电力行业市场前瞻与投资战略规划分析报告》的统计结果显示，2016~2018年的全国用电量分别已经达到59198亿千瓦时、63077亿千瓦时、68449亿千瓦时，平均每年增长6.7%。

对电力行业财务数据分析的结果见表6-1和图6-1。可以看出，相比2010年，2018年中国电力行业营业总收入增长超过1.5倍，自2012年增速有所提升后，2013~2015年增速较缓，2016年增速明显提升，并于2018年达到最大值。利润总额和净利润则表现欠佳，远低于营业总收入增速，同比增长率在2011年和2016~2017年甚至出现负值，反映出电力行业企业存在经营费用、销售费用或营业成本较大的问题，盈利能力有待提高。2010~2018年，电力行业资产总额呈逐年增长态势且增速较快，说明行业整体处于扩张期，固定资产净额与资产总额基本保持同速增长，但固定资产净额增加值远小于资产总额增加值，2014年之后的固定资产净额增速明显远小于资产总额增速，企业应注意避免由于负债过多影响可持续发展。

表6-1　　　　　　2010~2018年电力行业主要财务指标　　　　　单位：亿元

年份	营业总收入	利润总额	净利润	固定资产净额	资产总额
2010	10977.09	782.18	629.93	12324.17	23871.19
2011	13381.23	779.13	616.03	13776.12	27603.55
2012	14761.53	1171.23	930.72	15821.15	31584.89
2013	17610.96	1705.23	1362.85	17663.26	35232.51

续表

年份	营业总收入	利润总额	净利润	固定资产净额	资产总额
2014	18426.67	2054.44	1628.71	19067.91	39026.69
2015	18925.78	2464.61	1970.05	21977.82	46794.66
2016	20850.56	2351.91	1944.03	24571.26	53683.40
2017	25880.44	2148.84	1764.60	27564.18	61504.79
2018	29386.37	2191.99	1745.40	29697.66	65745.22
总计	170200.62	15649.56	12592.31	182463.53	385046.90

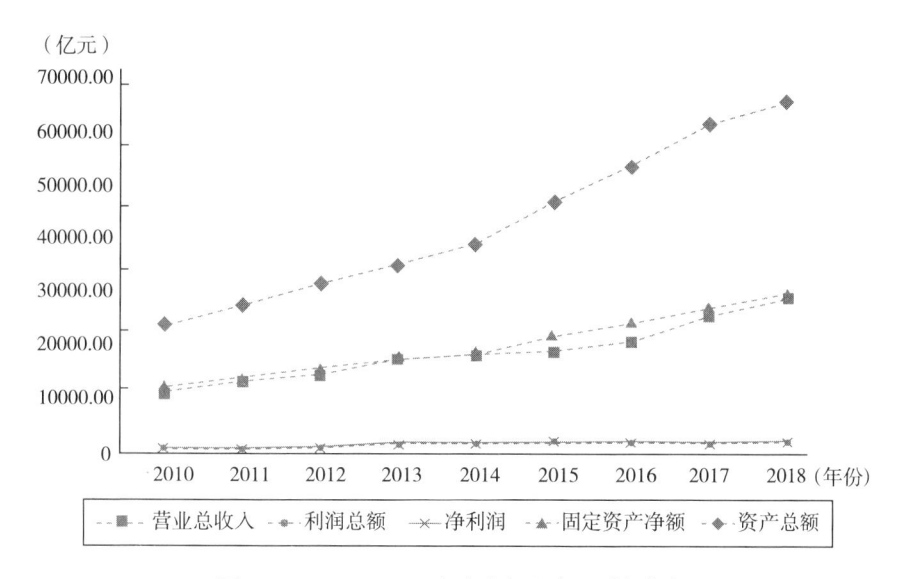

图 6-1　2010～2018 年电力行业主要财务指标

中国的电力行业长期处于"先发展后环保、边污染边治理"的阶段。进入 21 世纪，电力行业的不断改革极大地激发了发电行业发展的活力，这一阶段各大发电集团抢占资源、扩张规模，全国的装机规模不断攀升，一举扭转了全国常年缺电的局面。然而，电力行业的发展在清洁生产上缺少整体规划，新增装机主要以火电为主，环保设施投入不够且质量参差不齐，存在一次性资源大量消耗、排放增加、环境污染等问题。党的十八大以后，电力行业进入"转方式、调结构"时期，特别注重价值创造、战略转型、绿色低碳发展，着力调整电源结构、产业结构、区域布局以及管控模式。在项目发展上，电力行业以规划清洁高效电源项目为主，清洁能源发电在新建项目中逐渐占据主导地位，出现了火电投资连年下降，风电、太阳能、核电、水电等清洁能源迅速发展的新局面。

近年来，中国电力行业高速发展，技术和管理有了长足的进步，比如特高压技术和超临界已经达到世界先进行列，从规划到建设以及运营维护管理水平，都有较大提升。与此同时，随着大电网的不断延伸，电压等级不断提高，大容量高参数发电机组不断增多，新能源发电大规模集中并网，电力系统形态及运行特性日趋复杂，特别是信息技术等新技术应用带来的非传统隐患增多，给电力系统安全稳定运行带来了严峻考验。

综上所述，中国电力行业过去多年快速发展和持续转型升级，如今对系统支撑能力、转移能力、调节能力提出了更高要求，需要积极谋求转型变革以适应新时代发展的要求。

6.1.3 电力行业相关研究基础

近年来，随着中国电力工业的快速发展，对中国电力行业企业绩效评价的研究越来越多。有学者从相对绩效的角度对电力企业效率进行研究，通过设置一些投入产出指标，比较不同决策单元的技术效率、规模效率和综合效率，找出存在的问题。如滕飞等（2003）基于中国燃煤基本负荷电厂的数据，通过DEA分析了中国电力企业的发电绩效。王金祥等（2004）分别采用DEA模型和超效率评价模型对电力企业的效率进行了计算和比较。然而，这些研究选取的投入产出指标非常有限，只能反映投资成本和员工人数对发电和总产值的相对有效性，其他指标对电力企业的影响尚未得出结论。还有学者分析了不同因素对电力行业企业效率的影响，进而提出了提高企业绩效、优化运营水平的建议。陶锋等（2008）研究了电力系统转型过程中产权结构、市场结构、燃料成本和技术对发电行业技术效率的影响。牛东晓（2009）通过构建一个供电公司运行效率DEA评价模型，从输入和输出的角度对供电公司运营效率的选择比较，详细分析影响其效率的主要因素，并提出有效措施，优化操作的问题，虽然他们有丰富的输入和输出指标，但不够全面。也有学者从其他角度或采用其他方法研究建立电力企业综合绩效评价指标体系。如周传和（2004）通过分析电力行业的外部环境、市场结构和行业特点，在平衡计分卡框架结构的基础上，结合层次分析法和主成分分析法，对各指标进行加权。王西兴（2008）通过使用系统的原理分析、上市公司和水电层次绩效评估，结合层次分析法（ahp）和主成分分析（pca）的静态值来计算一个时间点，然后根据线性规划模型，结果表明，时间序列的综合评价模型，并计算综合评价，最终聚类分析，提出了相应的对策和建议。张毅等（2009）依靠模糊集理论引入综合评价的过程中，根据实际需求建立了每个评价的隶属度函数，首次

将 Γ 函数应用于供电企业绩效评估，提出了一种模糊综合评价方法对供电企业经营业绩进行评价，使该方法在供电企业经营绩效评价的实际管理中具有可操作性和更真实有效。

上述针对中国电力行业价值创造能力评价的文献为本章的研究提供了较好的研究思路，但是仍然存在以下几点研究不足：第一，研究方式基于静态为多，围绕电力企业整个战略的实现过程方面的研究成果较少。第二，针对电力企业不同利益相关者的偏好程度差异化问题考虑不足。第三，针对电力行业企业的综合绩效评价内容需要进一步拓展。面对诸多问题以及国民经济迅猛发展所提出的更高要求，电力企业必须在不断深化电力体制改革的同时，学习和借鉴先进的绩效管理模式，才能适应新形势下宏观经济环境的不断变化。而 EVA，作为一种先进的绩效考评方法，对加强电力企业资产管理、提高资产运营效率有深刻的现实意义。运用 EVA 方法对中国电力上市公司进行绩效考评，可以起到以下作用：第一，反映中国电力行业内企业的资本利用效率以及经营业绩情况，同时有效地引导企业高度关注和追求资本效率，谨慎投资，优化企业资源配置；第二，引导企业重视价值创造，努力提升资产价值，鼓励企业通过增加研发投入等方式来创造价值，而不是盲目地扩大企业规模；第三，有利于完善对企业经营业绩的考核，有利于企业正确评价自身业绩；第四，有利于企业提升市场竞争能力，促进电力企业的长远发展。

6.2 电力行业企业价值创造能力评估及分类比较

6.2.1 样本选取与数据来源

"十二五"期间，随着国家各项政策的相继出台，中国电力行业进入了发展的新阶段。本章选取 2010~2018 年为历史期，既涵盖整个"十二五"发展期，又体现了发展前的行业基础和发展后的成效。并按照以下的几个条件对选取公司进行筛选：

第一，剔除主营业务为非电力的公司；第二，由于 ST 企业的财务数据不能真实地反映企业财务状况，因此剔除 ST 公司；第三，由于金融类企业财务报表具有特殊性，因此剔除证监会关于行业分类中隶属金融行业的企业；第四，剔除所选历史期内企业财务数据缺失严重的企业。

基于以上四个原则，本章得到符合条件的 A 股上市电力行业企业总计

57家来作为本章的研究样本，共有513个有效观测点。企业绩效评价指标来自东方财富Choice数据库和Wind数据库，所需报表包括资产负债表、利润表、损益表和报表附注等。

6.2.2 总测算结果及分析

根据之前章节所列的EVA测算模型，计算得出2010~2018年全国电力行业企业EVA值。2010~2018年电力行业企业的EVA中位数和平均值如表6-2所示。

表6-2　　　　　　　2010~2018年电力行业企业经营绩效　　　　单位：万元

EVA	2010年	2011年	2012年	2013年	2014年
最大值	176606.50	184388.00	440746.20	801683.80	719054.20
最小值	-280690.10	-412754.60	-106278.60	-85723.35	-182463.60
均值	-7326.98	-20010.38	27081.18	64010.88	76399.64
标准差	59181.25	72794.53	100746.70	163450.30	187143.40
最大值	996996.00	894219.30	1224590.00	1258128.00	
最小值	-117091.60	-229904.10	-689033.50	-666935.90	
样本均值	82695.27	31334.53	-21885.28	-8001.25	
标准差	193071.90	144927.10	214571.10	219946.40	

根据表6-2结果所示，电力行业企业EVA样本均值在2010~2018年发生了较为剧烈的波动。在2010年和2011年，EVA的样本均值都为负，表明虽然在账面上，电力行业企业可能创造了会计利润，但是它未必给股东带来了价值增值，大部分的电力行业企业没有实现股东财富的增值。对于电力行业而言，良好的经济形势会带来更大的用电需求，促进电力企业的发展。2008年后，中国受全球金融危机的影响，经济出现了一定的震荡，这也导致电力行业的EVA值持续走低。2012~2015年，电力行业EVA样本均值逐年递增，这表明电力企业的盈利能力与价值创造能力逐步提高，企业前景良好，整个电力市场繁荣发展。从2016年开始，电力行业EVA样本均值又开始下降，这主要是和中国在2015年开始的电力改革有关。在2015年，中国正式发布了《关于进一步深化电力体制改革的若干意见》，这同时也标志着中国新一轮的电力体制改革拉开了序幕。对于电力行业企业来说，企业利益在这轮体制改革中被深刻调整。过去几年，中国经济步入新的发展阶段，电力需求增速明显放缓，但是电力设备依然

保持着较快增长。如果电价上升,改革会面临更大的阻力和舆论压力,导致半途而废的结果,甚至引发更多问题。所以,在当前电力供应能力比较富余的情况下,推进电力市场化改革势在必行,而电力企业为此承受了改革的阵痛。

6.2.3 电力行业企业 EVA 分类对比

1. 地区异质性比较

中国东部地区自古以来就属于商品经济发达的区域,其固有的地理位置、经济基础、市场意识、对外联系、人文背景等比起中国中西部内陆地区有着得天独厚的优势。随着市场机制对资源配置作用的加强,东部地区在市场化程度、体制完善、管理水平、基础设施、劳动力素质和产业现代化等方面优势进一步扩大,因此拉大了沿海地区与其他地区的经济差异。不同地区的测算结果如表6-3所示。

表6-3　　　　2010~2018年不同地区电力行业企业EVA均值

地区	企业数量(家)	EVA均值(百万元)
东部地区	29	47954.31
中部地区	11	-13218.17
西部地区	17	10310.39

由表6-3也可以很明显地看出中国电力行业的区域差异性。东部地区的电力企业数量最多,2010~2018年的EVA均值同样也是最高的。东部地区省份经济发展较快,电源结构优化程度和用电转换率较高,使用电侧的环境效率也明显高于其他省份。尤其是华东电网的四个省市(上海、江苏、浙江、福建),这些地区经济非常发达,还建立了相对完善的煤耗监控系统,加大了节能减排新技术和新设备的推广,显著提高了能耗效率,经济效益明显高于其他地区。而中部地区(以黑龙江、吉林、湖北等省份为代表)的电力企业,其电源结构以煤电为主,发电侧效率比较低下。江西、河南、湖南等华中电网省份的电力企业由于自然资源禀赋不足,电源结构以火力发电为主,发电侧的生产效率同样比较低。同时,由于中部地区经济发展速度较快,自身发电量难以满足本地区经济发展需求,因此每年都需要调入大量外省份电力,用电侧的间接转移投入较大,严重影响了企业的整体绩效水平。西部地区(以陕西、宁夏、甘肃、新疆等省份为代表)的电力企业因为处于经济发展较为落后的地区,发电技术

效率以及用电转化率较低,因此企业的总体 EVA 绩效水平也处于较低的水平。东中西三大区域电力企业 EVA 均值的巨大差异也反映出中国电力行业发展不均衡的特点,且总体呈现出由东南向西北发展水平递减的空间分布特征。

2. 公司属性异质性比较

本小节将对所选取的 57 个电力企业进行公司属性(所有制)的分类,按照所有制属性将其分为国营或国有控股企业、私营企业和中外合资企业。不同公司属性的 EVA 测算如表 6-4 所示。

表 6-4　　2010~2018 年不同公司属性电力行业企业 EVA 均值　单位:百万元

公司属性	企业数量(家)	2010 年	2011 年	2012 年	2013 年	2014 年
国有控股企业	49	-7300.00	-19628.00	30429.00	69377.00	86259.00
私营企业	6	5049.00	519.00	6976.00	7563.00	-8739.00
中外合资企业	2	-45107.00	-90977.00	5369.00	101872.00	90260.00

公司属性	企业数量(家)	2015 年	2016 年	2017 年	2018 年
国有控股企业	49	92660.00	34919.00	-23763.00	-8512.00
私营企业	6	2449.00	7597.00	2524.00	14927.00
中外合资企业	2	79291.00	14726.00	-49107.00	-64278.00

由表 6-4 的结果可以看出,国有控股企业的数量占据了所有电力企业的 86% 左右。作为国家经济命脉产业,电力行业长期处于相对垄断的状态下,国有企业拥有大部分的资源比重,在国有企业电力市场化的进程中,减排降耗仍然需要靠政府颁布强制措施来落实和推进。依靠着国家政策倾斜和扶持,国有电力企业在技术水平、装备质量、发展规模上都处于世界领先的地位,从表 6-4 中也可以看出,2010~2018 年国有控股电力企业的 EVA 均值是最高的,而且 EVA 水平也保持着相对稳定的局面,与现实情况一致。中外合资电力企业充分发挥了国外先进技术和国内资本融合的优势,因此也保持着不错的 EVA 均值,而且部分年份达到了 1000 左右,企业价值创造能力非常可观。但是也不难看出,中外合资企业的 EVA 波动较大,远远不如国有企业稳定,因为合资企业是一种内部冲突水平比较高的特殊企业形式,由于国内外社会、政治、法律不同,由此形成的经营理念、管理决策思维、企业行为方式存在较大差异,所以在合作过程中难免会出现管理冲突,引起企业盈利水平的震荡。私营企业的 EVA 均值

虽然不高，但是保持着稳中有升的态势，可以看出私营企业具有较强的发展潜力，未来的价值创造能力还有很大的提升空间。

6.3 电力行业企业价值创造影响因素分析

6.3.1 变量的选取和描述

中国电力上市公司整体创造价值能力是比较低下的，在考察的时间跨度内，57家样本公司每年的EVA总值要显著低于净利润总值。那到底是什么在影响EVA呢？本章的目的即在于寻找那些对EVA指标的变化起显著作用的指标，发掘其与EVA指标的数量关系，从而为电力企业提高EVA、最大限度地创造价值提供参考依据。

现实中对创值能力影响的因素有许多，而且不同国家、不同行业、不同时期，均会对公司的创值能力产生影响。在综合中国国情、借鉴前人研究成果的基础上，本章先剔除了那些与创值能力高度相关的因素，如NOPAT、WACC，选取了以下变量作为解释变量（见表6-5）。

表6-5　　　　电力上市公司绩效影响因素实证研究变量选取

考察角度	选取的解释变量	缩写
股本结构	国有股权	SOSP
公司规模	公司总资产的自然对数	lnA
偿债能力	短期偿债能力:速动比率	QR
	长期偿债能力:资产负债率	ALR
获利能力	主营业务利润率	CROA
营运能力	流动资产/总资产	RCATA

股本结构是指流通股、法人股、国有股各自在总股本中所占的比例。通过股本结构可以探询主流资金的动向，可以具体了解该股份公司的控股权掌握在哪些单位和个人手中，以及该公司的股份是否分散化。一个合理的股本结构对公司治理结构的效率有着积极的作用。股本结构通过影响公司决策行为、交易行为、投资行为和分配行为对公司绩效产生影响。由于前人的研究结论并不一致，本章选取SOSP，即国有股权指标（国有股/总股本）这项指标，考察当前国有股权对中国电力上市公司绩效的影响，希

望能够为解决国有股是否应该减持这个目前争议比较大的问题提供有效的建议。

公司规模不同,其经营难度即达到统一经营目标的难度是不同的,最后获得的报酬也是不同的。根据经济学经典理论,企业规模越大,越容易形成规模优势,有利于摊薄其生产成本,提高企业的净利润水平,同时,一般而言,规模大的公司抵抗风险的能力相对较强,有利于企业在危机中立于不败之地;另外,规模越大的企业,内部信息传递越容易出现障碍,进而造成企业经营效率低下,降低单位资产的创值能力,从而降低EVA。因此,公司的规模与EVA的变动方向是不确定的。本章选取lnA这项指标,意在考察国有资产的代表性企业电力企业的绩效水平与其企业规模的关系。

企业的偿债能力是指企业用其资产偿还长期债务与短期债务的能力。企业有无支付现金的能力和偿还债务能力,是企业能否生存和健康发展的关键。偿债能力分析有利于投资者进行正确的投资决策,同时也有利于企业经营者进行正确的经营决策。在偿债能力方面选取了两个指标:短期偿债能力选用速动比率作为指标,即速动资产/流动负债;长期偿债能力采用资产负债率指标,总负债/(总负债+股东权益市值)。本章设置这两个偿债能力指标,主要目的是考察电力企业短期偿债能力和长期偿债能力与其绩效水平的关系。

获利能力是指一个企业赚取利润的能力,它是衡量一个企业投资价值的重要标志之一,也是对企业进行财务分析的关键指标之一。获利能力为债权人提供债权保障,为股东提供获利报酬,也为企业提供了进一步成长的基本动力。企业的获利能力越强,则其给予股东的回报越高,企业价值越大。同时盈利能力越强,带来的现金流量越多,企业的偿债能力也越强。本章选取了主营业务利润率,即主营业务利润/主营业务收入这项指标来代表企业获利能力。国资委推行EVA的目的之一就在于引导企业关注资本利用率,抓好主营业务,本章设置此变量,意在检验电力行业的主营业务利润率是否确实对EVA指标有显著的影响。

企业营运能力主要指企业营运资产的效率与效益,是衡量企业组织、管理和营运整个资产的能力和效率。总资产营运能力是企业经营效率的重要影响因素。分析总资产周转率及其驱动因素,优化资产结构和提高各类资产利用率,是加强企业资产管理、提高资金利用效益的重要方法。有学者曾研究电力上市公司资产结构与绩效的关系,得出结论:电力上市公司的流动资产/固定资产比例与企业的经营性总资产收益率显著负相关,固定资产越多，越利于企业绩效。因此，本章设置流动资产/总资产该项指标，检验该结论是否适用于新时期的电力行业。

本章对变量进行描述性统计。以上所有指标数据均来自 Wind 数据库和 Choice 数据库，对所选指标数据进行描述性统计分析，结果如表6-6所示。

表6-6 各变量的描述性统计

变量	均值	标准差	最小值	最大值	观测值
EVA	246.075	1670.696	-6890.335	12581.280	513
SOSP	0.498	0.178	0.000	0.782	513
lnA	23.176	1.469	20.391	26.723	513
QR	0.893	1.559	0.085	12.785	513
ALR	0.607	0.189	0.012	1.556	513
CROA	0.100	0.181	-0.957	0.936	513
RCATA	0.228	0.167	0.017	0.939	513

资料来源：表中数据为本书计算得到。

从表6-6可以看出，2010~2018年57家样本电力上市公司的EVA均值为246.075，说明中国电力上市公司总体而言创造价值能力较差，且各企业间的差距较大，与本章前文结论相一致。

6.3.2 回归模型构建

本章所设计的基本计量模型为：

$$EVA = \alpha_0 + \beta_1 SOSP_{it} + \beta_2 lnA_{it} + \beta_3 QR_{it} + \beta_4 ALR_{it} + \beta_5 CROA_{it} + \beta_6 RCATA_{it} + \mu_{it} \quad (6-1)$$

式（6-1）中，EVA为经济增加值回报率，α_0表示常数项，$\beta_1 - \beta_6$为回归系数，μ_{it}为残差。

6.3.3 回归结果分析

对所选指标数据进行描述性统计分析，计算各变量之间的相关系数，结果见表6-7。

表6-7 各变量之间的相关系数

变量	EVA	SOSP	lnA	QR	ALR	CROA	RCATA
EVA	1.000						
SOSP	-0.012	1.000					
lnA	0.147	0.432	1.000				
QR	0.025	-0.211	-0.225	1.000			
ALR	-0.204	-0.104	0.320	-0.532	1.000		
CROA	0.783	0.093	0.139	0.262	-0.374	1.000	
RCATA	-0.141	-0.154	-0.430	0.262	-0.098	-0.170	1.000

资料来源：表中数据为本书计算得到。

观察表6-7中被解释指标和解释指标的相关系数，可以发现CROA、lnA与EVA的相关系数分别为0.783和0.147，有较强的正相关关系；ALR、RCATA与EVA的相关系数分别为-0.204和-0.141，有较强的负向关系；SOSP与EVA的负相关性近乎不存在；QR与EVA的相关系数为0.025，有微弱的正向关系。解释变量回归结果如表6-8所示。

表6-8 解释变量回归结果

变量	相关系数	标准误差	T值	P值
SOSP	-0.008	0.017	-0.460	0.646
lnA	0.001	0.000	0.000	0.996
QR	-0.004	0.002	-2.520	0.012
ALR	-0.004	0.013	-0.320	0.750
CROA	0.238	0.021	11.570	0.000
RCATA	0.019	0.017	1.090	0.277
C	-0.025	0.040	-0.610	0.545

回归结果显示：在5%的置信水平下，国有股权的P值为0.646，公司规模指标的P值为0.996、资产负债率的P值为0.750，流动资产/总资产的P值为0.277，并不能通过显著性检验。

剔除以上解释度不高的变量，继续做回归，结果如下：

由表6-9可知，速动比率的P值为0.023，主营业务利润率、FC、常数项的P值均为0.000，表明速动比率、主营业务利润率都通过了Z统计值的显著性检验，应该作为EVA的解释变量。

表6-9　　　　　　进一步 EVA 与 QR、CROA、FC 的回归结果

变量	相关系数	标准误差	T值	P值
QR	-0.004	0.002	-2.270	0.023
CROA	0.236	0.021	11.470	0.000
C	-0.023	0.003	-8.380	0.000

模型结果为：

$$EVA = -0.004QR + 0.236CROA - 0.023 \quad (6-2)$$

通过观察解释变量的系数，可以发现：

EVA 与速动比率呈负相关关系，速动比率越小，EVA 越大，企业绩效水平越高；EVA 与主营业务利润率呈正比，主营业务利润率高的企业，其 EVA 值越大，企业绩效越好；同时，主营业务利润率系数为 0.236，是两个解释变量里对 EVA 影响更大的那一个。

由实证结果可以看出中国电力行业当前的现状和问题。在影响电力行业绩效水平的影响因素中，国有股权、公司规模指标、资产负债率和流动资产/总资产并不显著，而电力行业公司绩效与速动比率呈负相关关系，与主营业务利润率呈正相关关系。

6.4　结论及启示

6.4.1　主要结论

通过上述理论和实证研究，可以得出如下结论：

（1）电力行业企业绩效受到速动比率的负面影响和主营业务利润率的正面影响。中国电力上市公司的整体价值创造能力较差，虽然创造利润的企业不少，但是创造价值的企业只约占样本的 1/2，EVA 总值显著低于净利润总值。电力行业的总体 EVA 水平在统计的年份中产生了较为剧烈的波动。2012～2015 年，中国电力市场较为繁荣，因此整个电力行业 EVA 均值逐年提升；而 2015 年后，因为处于中国电力改革的阵痛期，电力企业的 EVA 均值受到了较为严重的影响，开始逐年下降。从地区异质性来看，东部地区因为市场经济发达，电力行业技术先进，电源结构优化程度和用电转化率高，电力企业不仅数量多，而且 EVA 均值同样领先全国。反观中西部地区，因为经济落后，发电技术效率以及用电转化率较低，电

力产量不足，投入了大量的用电侧间接转移，严重影响了电力企业的 EVA 均值。从公司属性异质性来看，国有电力企业数量多，EVA 均值高，而且在很长时间内都保持着稳定发展的局面。中外合资企业发挥国外先进技术和国内资本融合的优势，也保持着相对较高的 EVA 水平，但是波动较为明显。私营企业虽然暂时 EVA 水平不高，但是稳中有升，发展潜力很大。

（2）主营业务利润率高，对于不同地区、不同属性的电力企业都有着较突出的正面影响。速动比率则对电力行业企业经营绩效产生负面的消极影响。国有股权（SOSP）、公司规模指标（lnA）、资产负债率（ALR）等因素对于企业经营绩效的影响并不显著，EVA 与传统财务业绩指标计算存在较大差异，它将企业权益资本的收益纳入了经营成本内，对投资者投资增值部分进行了具体测算，摒弃了过去财务报表将债务资本使用的有偿性和所有者资本使用的无偿性区别对待做法。电力行业企业一般为大型的国企或国有控股企业，承担着国民社会用电的命脉，提高其主营业务利润率，是企业自身和全国经济发展的共同要求。要提高主营业务利润率，必须在保持一定销售规模的基础上，加强成本费用的控制。因此电力企业应该加强研发投入，在电力行业实现电力的电气化、数字化、智能化，实现电能对终端化石能源的深度替代，以此降低电力生产成本，同时有利于中国环保事业的建设。

6.4.2 政策建议

基于上述结论，提出提升电力行业价值创造能力的建议如下：

（1）随着国有电力企业市场化改革的进行，中国电力行业的竞争主体正在向多元化发展，市场的竞争意识也逐步增强。但是，市场竞争产生的效益传导机制还没有完全形成，电力交易模式和电力定价机制仍然存在固化的问题，用电方的选择依然非常有限。因此，"国有股减持"和民营化应慎重对待，应在进一步深化国有企业改革的过程当中，注重保护外部投资者的利益，不断优化公司治理。

（2）中国正进入电力行业的用户时代，人民不仅是电力市场化改革的最终受益者，也是改革成功的关键。国有电力企业市场化改革除了将国有企业民营化之外，更需要对市场分类，解除市场禁入机制，打破核心电力部门的垄断性质，使电力行业"非垄断化"。另外，政府在市场化改革中要调整好角色，加快国有电力企业内涵转型。总之，对中国国有电力企业进行市场化改革可以促进中国电力行业健康、可持续的发展，对供电服务质量和电力企业绩效提升都有非常积极的意义。

（3）对于中国的电力上市公司而言，要想变毁灭价值为创造价值，须走"内涵式"增长道路，加强企业管理，建立完善的内部激励和约束机制。而实践中，中国的部分绩效水平低下的上市公司常通过频繁的资产重组等方式在短时间内扩大企业总资产规模，这种做法确实在短期内提高了公司的账面利润，但并未真正实现对股东的价值创造。中国电力上市公司须将主要注意力放在其主营业务上，加强短期偿债能力，努力提升资本利用效率，这与EVA绩效评价体系的目标也是吻合的。

（4）要深入推进电力行业质量、效率、动力三大变革。质量方面，要进一步明确电力行业可持续发展的战略方向和目标，推进跨区跨省市资源优化配置、电源集中与分散开发并举，鼓励多能互补和智慧能源发展。效率方面，要以电力交易为突破口，加快推进相关领域各个环节的重大改革。需进一步打破计划思维和体制的束缚，全方位推动电力体制改革，进一步释放改革红利和发展活力。动力方面，扎实推进先进技术的产业化、商业化进程，要积极引导和鼓励先进适用技术装备在发、输、配、用等环节的应用，加快探讨实施电力现货以及期货等金融产品和商业模式的创新和应用。

第7章 服务业企业价值创造研究

改革开放以来，中国经济高速发展，经济总量不断攀升，人民生活水平不断提高。然而，中国经济在高速发展的同时，也暴露出产业结构不合理、产业发展不平衡、多数企业发展空间集中在产业链的下游位置的问题。进入21世纪，随着国内外市场环境和要素条件不断变化，中国经济已处在转变发展方式、优化经济结构、转换增长动力的攻坚期。党的十九大报告中明确提出中国经济已经处在由高速增长阶段转向高质量发展阶段转型的关键时期。深化供给侧结构性改革、支持传统产业优化升级、加快发展现代服务业是经济高质量发展的必然要求。2017年，全国第三产业总产值和增加值占GDP的比重分别达到59.6%和51.6%，服务业对国民经济发展的贡献不断增强，在优化产业结构、促进就业、提升人民生活质量等诸多方面起着重要作用。然而，中国服务业的发展在规模和质量上与发达国家相比存在一定差距，服务业增加值占GDP的比重远落后于世界平均水平。因此，如何推动中国服务业大跨步向前发展，成为国内外学者的重要研究方向，针对服务业企业价值创造能力的研究也就更加重要。在此背景下，本章通过经济增加值（EVA）方法对服务业上市企业的经营绩效进行测评，依照行业、规模、地域三个维度对测评结果进行比较，并且实证研究影响服务业企业价值创造能力的关键因素，最后提出提高服务业企业价值创造能力的对策建议。希望通过这些研究内容，丰富服务业绩效评价和影响因素的相关成果，同时为政府监管者制定政策、企业管理者和市场投资者决策提供有力的依据。

7.1 服务业企业概况

7.1.1 服务业概念及特征

在1957年出版的《经济进步的条件》第三版中，克拉克认为"服务性行业"比"第三产业"更佳明确，因此以前者替代后者。克拉克这一对服务业的定义深远影响了后来服务业的分类工作及相关研究。按照克拉克的三次产业划分方法，第一产业是具有自然资源作用的、规模收益递减的特点的产业，包括农业、林业和渔业。第二产业是具有大规模地、连续地将原材料加工成可运输产品的特点的产业，即工业。第三产业为服务业，具有三个特点：首先，要求其生产与发展不依赖于自然资源；其次，其生产的产品无法被运输；最后，其规模较小，并且非资本密集，包括小规模的独立手工业生产、建筑、交通和贸易等。克拉克对服务业的定义具有明显的"排他式"色彩，即凡是不能划入农业和工业的产业部门，都可以纳入服务业的范畴。

在中国，直到1985年，才第一次明确地、系统地划分了三大产业，并将第三产业产值纳入国民生产总值的计算范围，这比发达国家晚了近90年。而在2000年党的十五届五中全会通过的"十五"计划建议中，才将第三产业改为"服务业"。早期，国家统计局执行了与辛格曼的四分法相似服务业分类方法。但是，随着技术进步与社会的发展，服务业也呈现新的变化，新兴的服务新业态和服务部门不断出现，因此，国家统计局多次调整了服务业的分类具体分类方法。在2003年5月出台的新的《三次产业划分界定》中，国家统计局将服务业分为包括交通运输、仓储和邮政业、金融业、计算机服务、房地产业等15大类。而志明、张斌将学术界对服务业较具代表性的两种界定进行了总结，其一，凡是生产和经营无形产品的产业即为服务业；其二，凡是不属于第一、第二产业的部门即为服务业。

孟潇、聂晓潞、纪若雷将现代服务业分为三类：第一类为包括文化、体育和娱乐业、教育、房地产业、批发零售业、旅游业和居民服务业在内的消费性现代服务业；第二类为包括金融业、交通运输、商务服务业、仓储和邮政业、计算机服务、信息传输和软件业在内的生产性现代服务业；第三类为包括水利、环境和公共设施管理业、技术服务、科学研究和地质勘查业在内的现代社会服务业。在国家统计局网站于2013年1月14日公布的《三次产业划分规定》的附件2——《〈三次产业划分规定〉修订说明》中，首次"明确第三产业即为服务业"，从而结束了国内学术界长达数年的关于服务业与第三产业的概念以及关系的讨论。

7.1.2 中国服务业发展现状

中华人民共和国成立70年以来，服务业的规模与发展水平逐步提高，越来越显著地影响着国民经济的各个领域，并且逐步成为中国国民经济的第一大产业，成为中国经济稳定增长的重要基础，在经济增长、就业、外资、外贸等方面发挥着日益重要的维稳作用。在改革开放以后，随着国民经济的飞速发展与城镇化、工业化的快速推进，企业、居民、政府等各部门对服务业有着日益旺盛的需求，服务业对经济增长的贡献率不断提升，且逐步成为中国吸纳就业最多的产业。在服务贸易方面，中国积极开展国际间经济、技术、学术、文化等合作交流，服务贸易规模快速提升。与此同时，服务业吸引外资能力大幅增强，在国民经济中的比重进一步提高，市场主体活力不断增强，新动能持续壮大，幸福产业蓬勃发展，服务业发展潜力不断释放，总体发展状况良好。

对服务业财务数据分析的结果见表7-1和图7-1。

表7-1　　　　　2010~2018年服务业企业主要财务指标　　　单位：亿元

年份	营业总收入	利润总额	净利润	固定资产净额	资产总额
2010	26302.45	10413.08	8091.79	6344.29	682617.51
2011	33784.67	12923.35	9994.48	7234.54	807405.32
2012	38755.38	14710.02	11417.11	8285.33	935646.22
2013	43921.72	17062.14	13223.20	9634.71	1040043.19
2014	50094.53	19157.76	14746.38	11040.75	1175552.05
2015	58128.09	21639.39	16643.46	12513.88	1347766.51
2016	64346.35	21351.05	16966.73	15116.03	1583731.05
2017	72906.70	22597.83	18168.53	16793.69	1701136.83
2018	86075.16	22432.97	18103.56	18744.83	1847442.65
总计	474315.05	162287.59	127355.24	105708.04	11121341.31

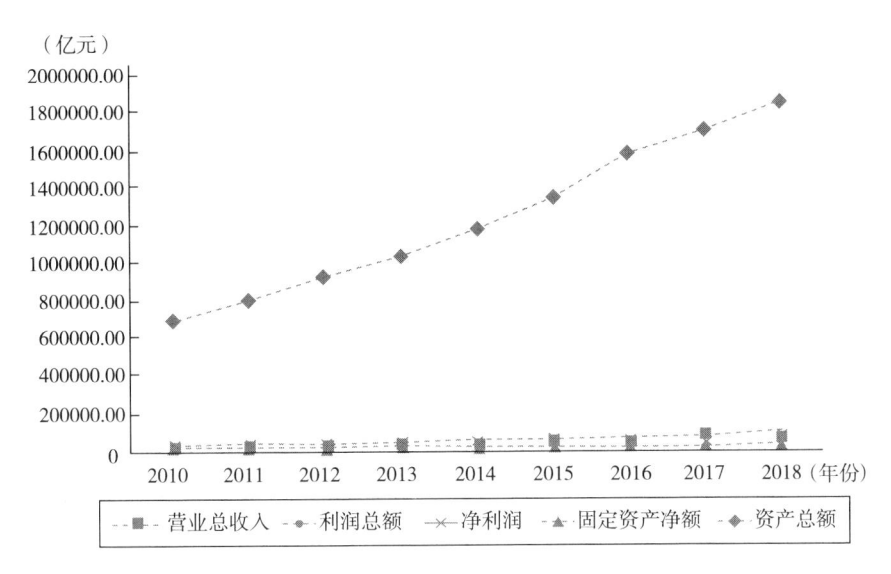

图 7-1　2010-2018 年服务业企业主要财务指标

2010~2018 年，中国服务业营业总收入增长为 59772.71 亿元，增长了 227%，且每年均保持平稳增长，各年增长率均在 10% 以上。2010~2018 年，利润总额增长为 12019.89 亿元，增长约 115%，净利润增长为 10011.77 亿元，增长约 124%；在 2011~2015 年增长强劲，各年增长率均在 12% 以上；2016~2018 年利润总额和净利润增长放缓，甚至出现负增长，这反映出中国服务业缺少高附加值、高利润的环节，另外这还可能与中国服务业发展滞后、无法满足国内日益增长的需求，从而使得需求外溢有关。2010~2018 年，服务业资产总额增长为 1164825.14 亿元，增长约 171%，且呈逐年增长趋势，行业整体处于扩张阶段，但在 2017~2018 年增长放缓，固定资产净额增长为 12400.54 亿元，增长约 195%，与资产总额基本保持同速增长。

然而，中国服务业尚存在许多问题：(1) 生产性服务业发展不足，从质到量与发达国家差距大。中国被称为"世界工厂"，某种意义上表明拥有强大的加工环节，但比较缺失"微笑曲线"两端利润更高的服务环节，如科学研究和技术服务业、软件和信息技术服务业、品牌策划和营销咨询服务业等发展极为不充分，严重制约制造业升级，同时，制造业产能过剩和服务业供给不足并存，缺少对农业、工业、贸易的升级与竞争力提升起到重要作用的、高附加值的、高利润的生产性服务提供商。(2) 服务业国际竞争力有待提高，品牌建设缺乏。服务业是中国贸易逆差的主要项目，相对于其他国家，中国服务业附加值小，服务种类、深度不够，整体水平发展滞后。因此，中国国内服务业供给品种和质量丰富与改善的速度，无法满足国内快速增长、升级的需求，导致需求外溢；同时，中国服务业顾客满意度情况不容乐观，直接影响到中国服务业的国际竞争力，限制了对外服务贸易发展，不仅阻碍了国内市场份额和企业"走出去"，也制约了中国服务业效益的提升。（3）服务业质量虽稳中有进，商贸、金融、旅游、物流等现代服务业明显改善，初步形成了覆盖一二三产业及社会事业领域的标准体系，较好地支撑了消费升级、产业结构优化和新经济发展，但是投诉比例居高不下。（4）新兴服务业态监管体系亟须构建。随着互联网、物联网（IOT）、信息通信（ICT）、人工智能（AI）等技术的发展，顾客参与服务、顾客与服务组织接触交互的时间、地点、方式、过程都发生了翻天覆地的变化，各种新兴服务业态风起云涌。互联网等新兴行业的快速发展，凸显了市场监管同步创新的必要性，服务业质量标准、监管法律法规制度体系需进一步完善。综上所述，中国服务业虽然发展稳健，但仍存在较多问题，需要积极谋求转型以缩小与其他国家的距离。

7.1.3 服务业相关研究基础

国内外很多学者围绕服务与服务业概念、服务业分类以及服务业发展开展了大量研究。例如，冯骏（2011）认为，服务是一种能够提供某种产品或者体验的行业，服务体系由行为、产品、组织、产业和社会等多个层级组成。贺兴东（2013）提出，服务业由提供服务产品生产和销售的企业组成，为除第一、第二产业外的其他产业的集合。孟潇、聂晓潞、纪若雷（2014）将现代服务业分为三类：第一类为消费性现代服务业，包括文化、体育和娱乐业、批发零售业、旅游业、教育、房地产业和居民服务业；第二类为生产性现代服务业，包括金融业、商务服务业、交通运输、仓储和邮政业、信息传输、计算机服务和软件业；第三类为现代社会服务业，包括水利、环境和公共设施管理业、科学研究、技术服务和地质勘查业。2013年1月14日，国家统计局网站上公布了《〈三次产业划分规定〉修订说明》，首次"明确第三产业即为服务业"，从而结束了国内学者若干年关于第三产业与服务业概念关系的讨论。大卫（David，2008）认为，服务业在现代市场经济体制中扮演着重要角色，其不仅能够促进国内经济的发展，更有助于加速世界经济一体化，特别是对于新兴国家和资源匮乏型国家而言，发展服务业能够为国家经济发展带来更多机遇和更大成效。高泽敏（2019）对新时代服务业转型升级的路径选择进行了探索，指出国内服务业要更好地发展，必须同时做到五个方面：一是不断深化改革，二是加大产业创新，三是注重人才引进，四是优化产业布局，五是扩大对外开放。并站在提高国内服务业在国际市场上竞争力的角度，对如何促进国内服务业更快转型升级提出了建议。

上述针对中国服务业的文献为本章的研究提供了较好的研究思路，但是仍然存在以下几点研究不足：第一，国内外现有关于服务业的研究主要集中在其定义、分类、特征、集群、转型等问题上，缺乏针对一般性的服务业经营绩效评价的研究，以及影响其发展的主要因素也尚不可知。第二，国内企业价值创造方面的研究对象主要集中于国有企业，之后对工业、创新型行业、新三板企业等类型的企业都有研究，但是关于服务业企业经营绩效方面的研究较少。第三，目前国内少部分关于服务业企业经营绩效和影响因素的研究，应用最多的是杜邦分析法、平衡计分卡和数据包络法。杜邦分析法是一种基于企业财务报表的绩效评价方法，能够反映企业财务状况的各种信息，但是对于非财务信息却无法反映。平衡计分卡是企业战略管理的一种重要方法，综合性较强，但工作量较大，增加了使用难度。相比之下，EVA 体系不仅能够准确地反映企业的经营状况，使用起来也简单易行。

本章在全书的贡献主要有以下三点：一是采用更加合理的 EVA 方法测算服务业行业企业增加值，弥补服务业行业价值创造研究的缺陷；二是围绕服务业企业的经营绩效按照行业、地域、规模三个维度进行分类比较，细化服务业行业的研究角度；三是基于行业、地域、规模三个维度针对服务业企业价值创造主要影响因素进行分组实证研究。

7.2 服务业企业价值创造能力评估及分类比较

7.2.1 样本选取与数据来源

服务业公司自股票市场开放以来就陆续上市，随着中国资本市场的不断壮大，服务业股票总数市场不断增长。本章选取 2010～2018 年连续在 A 股上海交易所及深圳交易所股票市场上市交易的企业作为样本，并按照以下条件进行筛选。

第一，剔除中途摘牌的企业：包括转板上市的企业、被兼并收购的企业、战略调整主动申请摘牌的企业、未按照证监会要求执行被强制停牌的企业。需要说明的是，由于 ST 和 *ST 企业的财务数据不能真实地反映企业的财务状况,因此将其剔除;第二,剔除强制退市个股;第三,剔除2010~2018年企业财务数据和公司治理相关信息缺失的企业。

基于以上三个准则,本书对2010~2018年连续在交易所交易的863家企业进行筛选,得到符合条件的615个企业作为本章的研究对象,共有5535个有效观测点。本章中所有服务业上市公司的绩效评价指标均来自Wind数据库,需要用到的报表包括资产负债表、利润表、损益表和报表附注。

7.2.2 总测算结果及分析

根据EVA测算模型,计算得出2010~2018年全国服务业上市企业EVA值。2010~2018年服务业企业的EVA中位数值和平均值如表7-2所示。

表7-2　　　　2010~2018年服务业上市企业经营绩效　　　单位:万元

测算指标		2010年	2011年	2012年	2013年	2014年	2015年	2016年	2017年	2018年
中位数	EVA	1680.97	3675.50	5670.03	7664.56	9659.09	24094.71	18880.00	25990.46	33100.920
	净利润	-38178.61	-18595.70	987.21	20570.12	40153.03	92824.90	115011.70	178356.91	241702.102
样本均值	EVA	19113.09	31034.86	42956.63	54878.40	66800.17	71222.83	24996.91	86072.35	147147.790
	净利润	116462.76	144143.77	171824.78	199505.79	227186.80	316448.38	333669.75	461525.44	589381.130

根据表7-2结果所示,传统以净利润为核心的财务评价指标高估了企业的价值创造能力,使得企业绩效评价的结果偏高;EVA值考虑了资本成本的作用,根据企业实际经营状况将研发支出、利息支出、股东权益等收入、成本会计科目进行调整,真实、客观地反映了服务业上市企业为股东创造的价值。由服务业上市公司EVA的测度结果可见,服务业企业总的EVA值较高,但年均值比净利润少40%,净利润为正的企业EVA值有可能为负,这体现了经济利润和会计利润的差异。并且,服务业企业EVA值都是逐年递增的,说明企业在着力改善经营绩效。此外,很多服务业企业的EVA值都为负值,一方面,是因为服务业挂牌企业多为大中型企业,行业内最优质的超大型企业逐渐形成品牌优势,客户集中度逐渐提高,后来者比如中型企业,投入研发能力较弱,规模较小,人均成本较高,资源整合能力相对较弱,较难形成规模优势,所以相较于大中型企业,盈利能力和价值创造能力还有待进一步提升;另一方面,2014年后,中国经济增长增速逐渐下降,居民消费意愿下滑,对企业盈利能力施加了不少压力。

7.2.3 服务业企业 EVA 分类对比

1. 行业异质性比较

服务业是继商业之后随着商品生产和商品交换的发展产生的一个行业。按照证监会 2018 年第四季度最新行业分类结果，将样本分为租赁和商务服务业、住宿和餐饮业信息传输、软件和信息技术服务业等 11 个行业，不同行业的测算结果如表 7-3 所示。

表 7-3　　　　　2010~2018 年不同行业 EVA 均值　　　　单位：万元

行业分类	2010年	2011年	2012年	2013年	2014年	2015年	2016年	2017年	2018年
房地产业	47922.32	33167.27	18412.22	3657.17	-11097.88	-35146.64	-30682.36	-37016.20	-43350.04
交通运输、仓储和邮政业	-93560.77	-73600.27	-53639.77	-33679.27	-13718.77	-16634.01	-25981.27	4626.10	35233.47
教育	-7297.43	-5381.18	-3464.93	-1548.68	367.57	-2470.46	-3213.23	-2372.43	-1531.63
科学研究和技术服务业	14336.51	11100.59	7864.67	4628.75	1392.83	2263.58	-1790.21	1529.11	4848.43
批发和零售业	14200.26	9639.25	5078.24	517.23	-4043.78	-14909.60	-9945.25	-5599.84	-1254.41
水利、环境和公共设施管理业	29264.32	23173.18	17082.04	10990.90	4899.76	7030.09	5446.46	10037.26	14628.06
卫生和社会工作	-2905.08	-865.89	1173.30	3212.49	5251.68	7894.48	17038.66	14032.41	11026.16
文化、体育和娱乐业	-184.60	3739.91	7664.42	11588.93	15513.44	17452.98	23161.07	21217.04	19273.01
信息传输、软件和信息技术服务业	-4343.57	-1496.82	1349.93	4196.68	7043.43	11660.09	7898.28	807.04	-6284.20
住宿和餐饮业	20412.44	13802.82	7193.20	583.58	-6026.04	-15662.73	-33825.35	-19581.25	-5337.15
租赁和商务服务业	13953.28	8225.89	2498.50	-3228.89	-8956.28	-10494.07	-9277.69	-27950.32	-46622.95

从表 7-3 的结果可以看出，文化、体育和娱乐业 6 年间的 EVA 均值最高。这说明中国消费对于 GDP 的拉动作用逐年提升，新一轮消费升级的浪潮正在席卷而来。而文化娱乐作为服务业的重要组成部分，在居民的日常消费中占有重要地位，随着中国居民消费观念的转变，文化娱乐消费占消费支出比重呈逐年增长态势。而卫生和社会工作的 EVA 均值次高，这与行业本身的性质有关。卫生和社会工作行业多是提供公共产品和服务的企业，由国家财政统一预算，资本成本相对较小，因而 EVA 值较高，企业整体经营状况较好。企业数量占比最大的信息传输、软件和信息技术服务业（以下简称信息服务业）EVA 值连续 9 年为正，说明信息服务业

整体发展水平较高。房地产业和批发零售业的 EVA 值均有连续 5 年为负，说明这两个行业企业的价值创造能力较小，企业利润不能弥补股东投资的机会成本。

2. 规模异质性比较

按照国家统计局企业规模最新划分标准，服务业挂牌企业按照从业人员、营业收入、资产总额等条件依次可划分为微型企业、小型企业、中型企业和大型企业。615 家样本企业中，小型企业共有 3 家，占 0.5%；中型企业共 123 家，占 20%；大型企业共有 490 家，占 70.5%；而服务业挂牌企业多为大中型企业，这与沪深交易所股票上市门槛有关。不同规模企业的 EVA 测算值如表 7-4 所示。

表 7-4　　　　2010~2018 年不同规模企业 EVA 均值　　　　单位：万元

规模分类	2010 年	2011 年	2012 年	2013 年	2014 年	2015 年	2016 年	2017 年	2018 年
小型企业	99797.00	71914.00	44031.00	16148.00	-11735.00	-15849.00	-16394.00	-8841.00	-1288.00
中型企业	14091.00	8894.00	3697.00	-1500.00	-6697.00	-11409.00	-7816.00	-7334.00	-6852.00
大型企业	-2114.00	-1874.00	-1634.00	-1394.00	-1154.00	-7708.00	-8753.00	-7320.00	-5887.00

由表 7-4 结果可以看出，2010~2018 年企业 EVA 均值整体走势为先降后升。其中，大型企业的平均 EVA 值显著大于其他企业，而小型企业 2014~2018 连续 4 年的 EVA 值均为负。由于大型企业拥有较大的资本总额和营业收入等优势，公司治理能力、盈利能力和抗风险能力等都比中小企业强，因此其综合绩效也比较高。相比之下，中小企业在资本累积、运营管理等方面处于劣势，故而 EVA 均值较低。从变动趋势来看，大型企业的 EVA 均值呈现出先上升后下降的趋势，而中小企业一直处于的增长变化速度比大型企业的快，可以看出沪深交易所的中小企业具有很强的发展潜力，而沪深交易所建立的目的之一正是帮助这些高成长性的企业发挥自身优势，不断壮大成长。

3. 地区异质性比较

不同地区企业发展与区域投资环境、地理位置有很大关系，一直以来长三角、珠三角以及环渤海地区的经济活跃度就高于中西部地区，企业发展更是如此。本章选取 2010 年以前挂牌的服务业企业，并以其 2018 年 EVA 的测算值来进行区域间对比研究，地理范围更加广泛。对 2010 年以前上市的 615 家企业按地区分类结果如表 7-5 所示，EVA 值为各地区服务业上市企业 2010~2018 年的均值。

表7-5　　　　　2010~2018年不同地区企业EVA均值　　　　单位：万元

东部地区	EVA	中部地区	EVA	西部地区	EVA
北京	-51518.00	山西	174924.00	重庆	-14159.00
天津	-36651.00	吉林	9045.00	四川	-589.00
河北	-2586.00	内蒙古	62744.00	贵州	-87507.00
辽宁	-3275.00	黑龙江	-28409.00	云南	-51264.00
上海	-7209.00	安徽	29000.00	西藏	-2323.00
江苏	18558.00	江西	10226.00	陕西	-23481.00
浙江	11320.00	河南	-3553.00	甘肃	7215.00
福建	-40239.00	湖北	2655.00	青海	-9309.00
山东	7292.00	湖南	-6577.00	宁夏	-38808.00
广东	25417.00	广西	-9101.00	新疆	-267103.00
海南	-84369.00				

从表7-5可以看出，内蒙古地区的平均EVA最大，但是该地只有一家公司，意义有限。公司较多的山西、广东的平均EVA较高，新疆、贵州和海南的平均EVA最小且为负值，北京、上海、湖北等试点较早的地区EVA均值处于中间水平。从表7-5中可知，2010年以前山西的服务业上市公司仅有4家，而其EVA均值却比全国其他地区都高，有可能是因为样本数量少极端数据不多造成的，但不容置疑的是，这4家企业的整体绩效水平都较高，盈利能力较强。内蒙古和青海的挂牌企业数分别为1家和2家，数量较少，因此均值并不能反映整个地区的平均水平，但挂牌企业数量和其EVA值又从侧面印证了这两个地区经济发展较为落后，企业的积极性不高。重庆地区的挂牌企业数量为12家，EVA均值也为负，说明这些企业的净利润并不能弥补权益资本的成本，企业实际处于一种"亏损"状态。北京、上海、浙江等发达地区，上市公司较多，上市时间较早，交易企业数量较多，但EVA均值并不是很高，反映了服务业上市公司良莠不齐的发展现状。

7.3 服务业企业经营绩效影响因素实证分析

从 EVA 的计算公式可以看出，企业绩效的大小主要取决于税后净营业利润和资本成本，影响企业经营绩效的因素众多。从宏观层面来讲，经济增长方式和增长速度会带动企业和居民生产、消费水平，通常情况下经济增长较快，社会需求自然增多，进而影响企业的经营方式和发展速度。产业结构在一定程度上也会加快企业的优胜劣汰速度，改变企业的生产方式，影响其经营绩效。此外，社会稳定程度、监管交易制度等都会间接影响企业的经营绩效，但这些因素是所有企业都面临的不可控外部因素。本章主要基于企业内部层面出发，着重分析影响企业绩效的内部因素。

7.3.1 变量与数据选取

EVA 可以很好地表征服务业企业的经营绩效，因此本章选取 EVA 作为经营绩效的度量指标。从 EVA 的计算公式 EVA = NOPAT － CC 可以看出，企业绩效 EVA 的值主要取决于税后净营业利润和资本成本，前者是企业财务信息的综合反映和传统绩效考核的主要指标；资本成本的大小则说明了权益资本的机会成本，是反映股东最低收益的主要指标。从本质上来说，影响企业财务绩效的因素同样会影响到企业 EVA 的结果。而 EVA 影响因素变量的选取，一方面要综合全面地反映企业的经营成果；另一方面也要具有代表性，避免内生性的产生。基于上述原则，本书从盈利能力、经营能力、发展能力、创新能力、公司治理、风险水平、每股指标和股利分配这八个方面分别选取净资产收益率、流动资产周转率、资本积累率、研发投入占营业收入比、股权集中度、经营杠杆、每股收益、收益留存率等八个变量表征影响服务业企业 EVA 的因素。

净资产收益率（ROE）是公司税后利润除以净资产比率的百分比，本章采用它来表征企业盈利水平；流动资产周转率（CR）是指企业一定时期主营业务收入净额同平均流动资产总额的比值，是分析流动资产运用效率的一个综合指标；资本积累率（RCA）是指企业本年所有者权益增长额同年初所有者权益的比率。资本积累率是企业当年所有者权益的增长率，反映了企业的发展潜力，体现了企业当年资本的积累能力，是企业扩大再生产的源泉；研发收入比（RD）表征服务业企业的业务创新能力；公司治理是关于企业组织方式、控制机制、利益分配的一系列机构、文化和制度安排，本章拟采用前十大股东持股比例的股权集中度（EC）作为衡量公司治理能力的间接指标；经营杠杆（DOL）反映销售和息税前盈利的杠杆关系；每股收益（EPS）通常被用来反映企业的经营成果，衡量普通股的获利水平及投资风险，是投资者等信息使用者据以评价企业盈利能；收益留存率（RE）被认为是企业可持续增长的重要指标之一。通常来说，新上市的公司、处于发展中的上市公司和外界认为日益进步的公司留存收益率较高。本章预期收益留存率与EVA值正向相关，且相关性高。

基于上述分析和讨论，本章选用的被解释变量和解释变量如表7-6所示：

表7-6　　　　　　　　　　变量定义与计算

变量	指标	计算方式	符号
经营绩效	经济增加值	NOPAT - CC	EVA
盈利能力	净资产收益率	税后利润/净资产×100%	ROE
经营能力	流动资产周转率	营业收入/应收账款平均占用额	CR
发展能力	资本积累率	（所有者权益合计本期期末值 - 所有者权益合计本期期初值）/所有者权益合计本期期初值×100%	RCA
创新能力	研发投入占营业收入比	研发投入/营业收入×100%	RD
公司治理	股权集中度	前十大股东持股/总股本×100%	EC
风险水平	经营杠杆	净利润 + 所得税费用 + 财务费用 + 固定资产折旧、油气资产折耗、生产性生物资产折旧 + 无形资产摊销 + 长期待摊费用摊销/净利润 + 所得税费用 + 财务费用	DOL
每股指标	每股收益	净利润本期值 / 实收资本本期期末值	EPS
股利分配	收益留存率	1 - 每股派息税前/净利润本期值/实收资本本期期末值	RE

以上所有指标数据均来自Wind数据库，对所选指标数据进行描述性统计分析，结果如表7-7所示。

表7-7　　　　　　　　　　变量的描述性统计

变量	平均值	最小值	最大值	标准差	观测值
EVA	0.182	-10.251	10.212	8.088	3075.000
CR	2.631	-5.132	40.386	3.860	3075.000
RCA	0.108	-9.563	8.154	0.567	3075.000
EPS	0.408	-6.860	17.534	0.906	3075.000
DOL	1.364	-342.110	960.035	80.134	3075.000
RE	0.734	-14.298	10.910	0.861	3075.000
RD	5.165	0.001	46.530	7.202	3075.000
EC	57.456	14.140	93.020	15.852	3075.000
ROE	0.216	-4.009	90.705	3.663	3075.000

7.3.2 回归模型构建

根据上述变量选取结果和数据的可得性，本章进一步采用面板数据的回归方法对样本企业EVA每年的影响因素进行分析，最终建立如下模型：

$$EVA_{it} = \alpha_0 + \beta_1 ROE_{it} + \beta_2 CR_{it} + \beta_3 RCA_{it} + \beta_4 RD_{it} + \beta_5 EC_{it} + \beta_6 DOL_{it} + \beta_7 EPS_{it} + \beta_8 RE_{it} + \mu_{it} \tag{7-1}$$

式（7-1）中，α_0为常数项，μ_{it}表示残差项，$\beta_1 \sim \beta_8$代表各变量的系数，i代表每个企业，t代表年份。

ROE代表净资产收益率，CR代表流动资产周转率，RCA代表资本积累率，RD代表研发投入占营业收入比，EC代表股权集中度，DOL代表经营杠杆，EPS代表每股收益，RE代表收益留存率。本章涉及的所有面板数据回归，均采用固定效应面板模型。

7.3.3 回归结果分析

服务业企业的总样本回归结果如表7-8所示。

表7-8　　　　　服务业企业EVA影响因素回归结果

变量	相关系数	标准误差	T值	P值
CR	0.074	0.042	1.770	0.077
RCA	1.530	0.619	2.470	0.014
EPS	3.949	0.353	11.190	0.000
DOL	-0.324	0.153	-2.118	0.025

续表

变量	相关系数	标准误差	T值	P值
RE	0.504	0.156	3.240	0.001
RD	0.242	0.026	9.370	0.000
EC	0.040	0.011	3.590	0.000
C	-3.847	0.716	-5.370	0.000

从回归结果可以看出，各解释变量的系数均通过了10%的显著性水平检验。具体结果分析如下：

企业的流动资产周转率（CR）的系数为0.074，且通过了10%的显著性水平检验。企业的经营能力每提高1个单位，企业的EVA值增加0.074个单位，即企业经营能力的提高有助于增加企业的经济增加值；企业的资本积累率（RCA）的系数为1.53，且通过了5%的显著性水平检验。企业的发展能力每提高1个单位，企业的EVA值增加1.53个单位，即企业发展能力有助于增加企业的经济增加值；企业的每股收益（EPS）的系数为3.949，且通过了1%的显著性水平检验。企业的每股指标每提高1个单位，企业的EVA值增加3.949个单位，即企业每股指标提高有助于增加企业的经济增加值；企业的经营杠杆（DOL）的系数为-0.324，且通过了5%的显著性水平检验。企业的风险水平每提高1个单位，企业的EVA值减少0.324个单位，即企业风险水平与企业的经济增加值呈负相关；企业的收益留存率（RE）的系数为0.504，且通过了1%的显著性水平检验。企业的股利分配每提高1个单位，企业的EVA值增加0.504个单位，即企业收益留存率与企业的经济增加值呈正相关；企业的研发收入比（RD）的系数为0.242，且通过了1%的显著性水平检验。企业的研发投入比每提高1个单位，企业的EVA值增加0.504个单位，即企业研发投入比的增长有助于增加企业的经济增加值；企业的股权集中度（EC）的系数为0.04，且通过了1%的显著性水平检验。企业的股权集中度每提高1个单位，企业的EVA值增加0.04个单位，即企业股权越集中，则越有助于增加企业的经济增加值。回归结果与预期一致。

此外，本章还充分考虑了EVA和选取的影响因素之间可能存在的内生性问题，因此为了控制内生性问题导致的计量结果偏差，本书选取EVA的滞后一期变量作为工具变量，使用系统GMM法分别对上文结果进行实证检验，具体结果见表7-9。

表7-9　　　内生性检验结果：选取EVA滞后一期工具变量

变量	相关系数	标准误差	T值	P值
EVA	0.600	0.022	27.400	0.000
CR	0.009	0.003	3.220	0.007
RCA	0.394	0.107	3.680	0.004
EPS	0.669	0.341	1.960	0.05
DOL	-0.263	0.142	-1.850	0.065
RE	0.224	0.145	1.550	0.122
RD	0.098	0.025	3.970	0.000
EC	0.020	0.010	1.890	0.059
C	-0.936	0.523	-1.790	0.063

从表7-9的结果来看，各变量的估计系数方向没有变化，仅存在个别变量显著性的差异，这表明本章的研究结果具有稳健性。

7.3.4　回归结果的异质性分析

1. 行业异质性

为了进一步检验选取的影响因素是否在各行业存在差异性，本书对影响因素分行业进行回归分析。其中，由于行业H和行业P的样本量太少，无法满足大样本条件，故在行业分类中剔除行业H和行业P，剩余样本为批发和零售业（F），交通运输、仓储和邮政业（G），信息传输、软件和信息技术服务业（I），房地产业（K），租赁和商务服务业（L），科学研究和技术服务业（M），水利、环境和公共设施管理业（N），卫生和社会工作（Q），文化、体育和娱乐业（R），回归结果见表7-10。

表7-10　　　各影响因素分行业回归结果

变量	F	G	I	K	L	M	N	Q	R
CR	0.007***	0.007***	0.003***	0.031	0.033**	0.032***	0.031**	0.008	0.003
	(3.584)	(3.055)	(5.724)	(1.499)	(2.224)	(2.681)	(2.162)	(1.621)	(1.311)
RCA	0.082**	0.549*	0.025*	0.063	0.018	0.079**	0.450***	0.019***	0.030***
	(2.321)	(1.714)	(1.945)	(0.496)	(0.477)	(2.479)	(4.701)	(3.477)	(4.286)
RD	0.005*	0.004	0.002***	0.008**	0.009***	0.014*	0.005**	0.021***	0.005***
	(1.788)	(0.293)	(4.355)	(3.597)	(3.695)	(1.693)	(2.943)	(3.276)	(3.328)
EC	0.001*	0.003***	0.001**	0.001**	0.002*	0.004***	0.003*	0.001**	0.001*
	(1.878)	(2.947)	(2.108)	(2.200)	(1.821)	(2.783)	(1.796)	(2.300)	(1.853)

续表

变量	F	G	I	K	L	M	N	Q	R
DOL	-0.025***	-0.003***	-0.000***	-0.014***	-0.003***	-0.112***	-0.105***	-0.114**	-0.008***
	(-3.555)	(-4.053)	(-3.196)	(-4.094)	(-3.219)	(-3.375)	(-4.504)	(-2.202)	(-3.517)
EPS	0.112***	0.083	0.046***	0.051*	0.014**	0.317***	0.112***	0.328*	0.103***
	(5.004)	(1.004)	(5.056)	(1.890)	(2.065)	(4.977)	(5.339)	(1.920)	(2.734)
RE	0.010**	0.071*	0.013***	0.104	0.169**	0.140**	0.113*	0.130**	0.077*
	(2.406)	(1.717)	(2.690)	(1.791)	(2.090)	(2.261)	(1.701)	(2.161)	(1.840)
C	1.954***	1.851***	2.030***	2.227***	1.892***	1.432***	1.903***	2.118***	2.191***
	(28.350)	(10.033)	(123.014)	(30.479)	(18.939)	(9.873)	(20.709)	(28.458)	(39.187)
R^2	0.276	0.199	0.166	0.324	0.180	0.474	0.480	0.487	0.282

注：括号中为t值；***、**、*分别表示1%、5%、10%的显著性水平

从表7-10的实证结果来看，影响EVA的因素在各行业中没有显著性差异，只存在系数大小的区别。流动资产周转率对租赁和商务服务业（L），科学研究和技术服务业（M），公共设施管理业（N）的影响力度较大，对批发和零售业（F），交通运输、仓储和邮政业（G），信息传输、软件和信息技术服务业（I）的影响较小，而在房地产业（K），卫生和社会工作（Q），文化、体育和娱乐业（R）未通过显著性检验；资本积累率对交通运输、仓储和邮政业EVA值影响力度在各行业中最大，而对卫生和社会工作的影响力度最小；研发收入比在各行业中系数都较小，差异性不大，而在交通运输、仓储和邮政业（G）中，研发收入比未通过显著性检验；股权集中度在各行业中均通过显著性检验，但系数都较低，差异性不大；经营杠杆对科学研究和技术服务业（M），公共设施管理业（N），卫生和社会工作（Q）EVA值影响力度相对较大，而其在其他行业中的系数较小，影响力度较小，差异性不大；每股收益对科学研究和技术服务业（M），卫生和社会工作（Q），批发和零售业（F），公共设施管理业（N），文化、体育和娱乐业（R）EVA的影响力度更大，而在其余行业中的系数都较小，差异性不大，影响力度较小；收益留存率对房地产业（K），租赁和商务服务业（L），科学研究和技术服务业（M），公共设施管理业（N），卫生和社会工作（Q）EVA的影响力度更大，而在其余行业中的系数都较小。

2. 规模异质性

为了进一步检验选取的影响因素是否在不同规模的企业间存在差异，同时考虑大样本需求，本书基于前文的基础将所有企业分为大型和中、小

型两类，结果见表7－11。

表7－11　　各影响因素分规模回归结果

变量	企业规模	
	大型	中、小型
CR	0.003***	0.001**
	(－4.515)	(－2.135)
RCA	0.024**	0.100***
	(－2.401)	(－4.255)
RD	0.002***	0.004***
	(－4.53)	(－2.942)
EC	0.001***	0.001**
	(－3.902)	(－2.125)
DOL	－0.016***	－0.020*
	(－3.276)	(－1.915)
EPS	0.027***	0.058***
	(－5.325)	(－2.821)
RE	0.013**	0.007**
	(－2.2)	(－2.163)
C	2.023***	2.046***
	(－108.079)	(－71.977)
R^2	0.102	0.406

注：括号中为t值；***、**、*分别表示1%、5%、10%的显著性水平。

从表7－11的结果可以看出，所有影响EVA的因素均通过了显著性检验，且在不同规模企业中没有显著性差异，只存在系数大小的区别。对于大型企业来说，流动资产的运用效率以及可持续发展能力对其至关重要。而对于中小企业来说，资本积累率代表的扩大再生产的能力、研发的投入力度、盈利能力以及抵御市场风险的能力是影响其发展的重要因素。其中资本积累率在大型企业的系数为0.024，而在中小型企业的系数为0.1，可见资本积累对于中小企业的发展更加重要。

3. 地区异质性

为了进一步检验选取的影响因素是否在不同地区的企业间存在差异，本书将企业所在省份进一步划分为东、中、西三部分进行回归，结果如表7－12所示。

表 7-12　　　　　　　　　各影响因素分规模回归结果

变量	地区		
	东部	中部	西部
CR	0.002**	0.003***	0.001
	(-2.094)	(-2.974)	(-0.419)
RCA	0.075**	0.018**	0.003**
	(-2.052)	(-1.988)	(-2.104)
RD	0.002*	0.002***	0.001**
	(-1.705)	(-5.752)	(-2.361)
EC	0.001*	0.001***	0.001*
	(-1.797)	(-5.087)	(-1.89)
DOL	-0.036***	-0.002**	-0.001**
	(-3.666)	(-2.339)	(-2.111)
EPS	0.126**	0.024***	0.033**
	(-2.486)	(-5.042)	(-2.002)
RE	0.001**	0.006**	0.015*
	(-2.012)	(-2.109)	(-1.769)
C	2.002***	2.018***	1.968***
	(-44.962)	(-159.965)	(-59.076)
R^2	0.256	0.111	0.037

注：括号中为 t 值；***、**、* 分别表示 1%、5%、10% 的显著性水平。

从表 7-12 的结果可以看出，所有影响 EVA 的因素均通过了显著性检验，且在不同地区的服务业企业中没有显著性差异，只存在系数大小的区别。从影响因素的系数大小来看，流动资产周转率、股权集中度和收益留存率在东部地区服务业企业中的影响力水平不如其在中西部地区的水平。而资本积累率、经营杠杆和每股收益这三个影响因素在东部地区服务业企业中的影响力度明显比其在中西部地区的力度要大许多。这说明，资本积累扩大再生产的能力、抵御市场风险的能力以及盈利能力是影响东部企业发展的重要因素。

7.4 结论及启示

7.4.1 主要结论

通过上述理论和实证研究，可以得出如下结论：

（1）服务业企业整体的价值创造能力亟待提高。2010～2018年服务业企业的平均净利润都为正，但是EVA值为负。这说明从客观的财务评价指标考量时，服务业整体都处于盈利状态。在考虑资本成本的情况下，服务业行业并没有实现股东财富的增值。但是从整体趋势上看，企业价值创造的能力正在逐步提升。

（2）规模较大的企业，东部地区企业以及文化、体育和娱乐业企业价值创造能力明显较强。大企业的EVA绝对值更高，是因为大型企业拥有规模效应，而且公司治理能力、盈利能力和抗风险能力都比中小企业强。相比之下，中小企业在资本累积、运营管理等方面处于劣势，故而EVA均值较低。但从变动趋势来看，大型企业的EVA均值呈现出先上升后下降的趋势，而中小企业的增长变化速度一直比大型企业的快，可以看出沪深交易所的中小企业具有很强的发展潜力。东部地区集各种资本、人力、技术等生产要素于一体，是企业发展最为理想的孵化器。而中西部地区主要依靠国家资金扶持，发展相对缓慢，所以EVA均值相对较低。文化、体育和娱乐业行业的经济增加值是所有服务行业最高的，这与消费转型升级有关。中国居民的消费观念正逐渐转变，在其日常消费中，文化娱乐消费占消费支出比重呈逐年增长态势。

（3）净资产收益率、流动资产周转率、资本积累率、股权集中度、研发投入占营业收入比、每股收益和收益留存率比等指标对服务业企业EVA值产生的作用是正向的，而经营杠杆对企业经营绩效造成了负面影响。虽然EVA模型考虑了资本成本，但与传统的财务评价相同的是，企业的盈利能力和自身发展能力很大程度上影响了经济增加值。同时，服务业的发展多以市场导向为主，这就要求企业既能够对市场需求和变化做出灵敏的反应，还要具备抵御市场风险的能力。股权集中有利于企业迅速对市场做出正确的反应，制定正确的发展战略。还有研发投入占比的增加同样能带来经营绩效的提升，说明目前服务业研发效率较高，能够及时转换为公司实际竞争力。然而，经营杠杆的增加会使企业的经营绩效越差。这说明服务业目前整体的资产规模已经处于较高的水平，对于企业经营者来说，对增加企业的资产投资规模应持有谨慎的态度。

（4）不同要素对于不同行业、不同规模和不同地区服务业企业的影响程度存在着明显差异。不同行业对各影响因素的敏感程度不同。批发零售业，科学研究和技术服务业，信息传输、软件和信息技术服务业，卫生和社会工作，文化、体育和娱乐业对每股收益的变化最为敏感；交通运输、仓储和邮政业，公共设施管理业对资本积累率的变化最为敏感；房地产业，租赁和商务服务业对收益留存率的变化最为敏感。大型企业的发展离不开流动资产的高效使用及其本身的可持续发展能力。而对于中小企业来说，资本积累率代表的扩大再生产的能力、研发的投入力度、盈利能力以及抵御市场风险的能力是影响其发展的重要因素。从地区上来说，积累足量资本、抵御市场风险以及盈利能力是影响东部企业发展的重要因素。

7.4.2 政策建议

发展服务业是中国产业结构优化升级的战略重点，然而就目前企业经营绩效表现来看，服务业市场仍然有很多问题，需要政府监管者、企业管理者以及市场投资者共同解决。基于此，提出建议如下：

（1）政府监管者在政策制定、体制完善等方面持续发力。首先，服务业在规模上发展迅速，已成为中国第一大产业。根据中国社会现状和服务业的发展情况，党和政府先后在规划和政府工作报告中提出提高服务业高质量发展。这说明服务业的发展离不开政策和体制的有序引导，政府应尊重市场规律，在起步、推广和市场应用等不同阶段出台不同的产业政策，同时要保持政策的稳定性和连续性。

（2）着力优化服务业空间布局。目前服务业挂牌企业多集中在广东、北京、上海和浙江这四个省市，中西部地区的企业数较少。这与中西部地区经济不发达，难以吸引投资有关。国家应通过加大资金扶持，发挥财政资金牵引作用，并鼓励产学研结合，帮助中西部地区服务业实现追赶超越。

（3）挖掘自身潜力，提高经营效率。根据实证结果，每股收益和资本积累率对服务业企业经营绩效影响最大。这说明企业自身应该在挖掘自身潜力，提高效率方面多下功夫，创造更多的剩余价值。同时，加大股权集中度，提高抵御市场风险的能力。

（4）重点提升公司管理、研发水平。服务业企业一般重视销售而忽略管理和研发，公司应重视管理水平，做好战略制定和方向调整，做好对市场的研究和判断，不能依赖政策扶持来提高经营效益。在研发创新方面，应积极吸取国外知名企业先进的技术和创新研发经验，开创服务业企业公司产品创新和管理模式创新齐头并进的新局面。

（5）市场投资者应全面评估企业绩效，理性投资。资本市场的一大功能在于价值发现，而企业价值体现的传统方式是财务报表，理性的市场投资者大多是基于财务报表做出投资决策。正如前文所言，基于财务报表的企业经营绩效忽略了资本成本的影响，高估了企业的价值创造能力，从而不能为投资者提供真实的市场信息。因此，在做投资决策之前，投资者应选用更加全面科学的评估方法如EVA，对企业的经营绩效进行考核，从而获取更高的投资收益，这样也有利于挂牌企业快速融资发展，资本市场形成良性的循环。

第3部分 专题篇

第8章 不同所有制企业价值创造研究

近年来，随着中国社会经济改革的不断深化，不管在改革的范围还是改革的深度上，都深深触及所有制这根神经，同时，对于公有制经济与私有制经济哪一个能更好地推动经济发展的大讨论从未平息。改革开放以来，在中国经济发展创造的奇迹中，国有企业中流砥柱的作用不可否认，而近些年越发活跃的非国有企业对经济的贡献也更加明显。《中共中央关于全面深化改革若干重大问题的决定》中，第一次将公有制经济与非公有制经济并列提出。这是否意味着未来中国所有制形式将由公有制经济向非公有制经济趋势转变呢？是否意味着当前条件下非公有制经济的效率优于公有制经济？不同所有制企业的获利与价值创造是否存在差距？存在着怎样的差异？影响的主要因素是什么？因此，本章以分析不同所有制企业的价值创造为基础，计算不同所有制企业的经营绩效，并分行业、分规模、分地区对 EVA 绩效进行对比研究，深入探讨所有制类型、企业规模、获利能力、所有权控制程度、偿债能力和运营能力等因素对不同行业、不同规模、不同地区企业 EVA 的影响机理，由此丰富不同所有制企业价值评估与管理的理论研究成果，为提升企业价值创造及核心竞争力提供科学建议，为企业管理者和市场投资者提供合理决策，为推动经济高质量发展提供有力依据。

8.1 不同所有制企业概况

8.1.1 中国不同所有制企业发展现状

一个国家内资本的所有制，决定着一个社会的基本性质。国家的资本所有制结构作为基本经济制度，是国家经济制度乃至政治制度的基础。任何国家和阶级都有代表自己利益集团属性的所有制结构。随着不断深化的改革开放和不断创新的经济发展形式,所有制类型更加复杂多元化,不同所有制经济的比例发生变化,并呈现出倾向于非公有制经济发展的趋势。当前阶段,根据不同的所有制结构,企业可分为国有、民营和外资三类。这些企业因所有制形式的不同,并出于适应外部经济环境的需要而产生了不同的经营模式,在经济中发挥着各自的作用。

在中华人民共和国成立初期至改革开放以前,经济形态是新民主主义特色的,经济成分多样,主次分明,社会性质相对明确,这一阶段的经济结构中,社会主义性质的经济居于绝对的主导地位,仅存在少量的个体经济等其他经济成分。而在改革开放以后,中国的经济政策发生了历史性的转变。

对不同所有制企业财务数据分析的结果见表8-1。可以看出,在2010年,国有经济无论是在资产、利润还是在营收方面都处于绝对领先地位,国有企业的规模大概是民营企业与外资企业规模之和的10倍。到2018年,国有企业规模与民营、外资企业规模的差距已有较明显的缩小。

表8-1 不同所有制企业2010~2018年主要财务指标 单位:亿元

年份	企业类型	营业总收入	利润总额	净利润	固定资产净额	资产总额
2010	国有企业	150779.28	19618.88	15402.38	55909.77	795136.66
	民营企业	13641.47	1707.92	1405.58	3076.94	36930.25
	外资企业	5496.44	767.54	623.98	1407.98	28165.94
2011	国有企业	190799.99	19618.88	17614.76	63058.36	934371.54
	民营企业	20779.57	1707.92	1929.68	4706.28	50191.64
	外资企业	7364.74	767.54	720.50	1747.89	43641.79
2012	国有企业	207556.31	23371.59	18012.36	70129.09	1069146.22
	民营企业	23641.10	2355.36	1891.31	6124.44	65981.85
	外资企业	8858.03	932.77	743.13	2132.44	53330.06
2013	国有企业	226104.80	26863.94	20799.08	77597.65	1189582.44
	民营企业	28744.50	2682.31	2146.78	7927.46	72662.45
	外资企业	9948.71	1207.24	953.41	2534.18	63686.25
2014	国有企业	236255.82	28258.08	21653.85	85067.44	1329629.40
	民营企业	33692.71	3263.04	2656.19	9534.82	90091.93
	外资企业	11589.93	1543.38	1205.67	3165.17	77484.85

续表

年份	企业类型	营业总收入	利润总额	净利润	固定资产净额	资产总额
2015	国有企业	230037.29	28173.65	21402.46	93959.80	1508271.66
	民营企业	40083.37	3993.07	3254.08	11471.90	111392.33
	外资企业	14117.52	2145.88	1610.10	3746.90	96268.92
2016	国有企业	244056.81	29275.71	22777.95	100464.53	1705170.04
	民营企业	51569.08	5486.12	4531.24	14523.25	149349.72
	外资企业	17392.62	2316.02	1802.53	4311.70	114931.85
2017	国有企业	287595.11	34494.38	27425.07	106663.01	1837976.85
	民营企业	68622.35	6495.57	5307.27	17550.88	175744.00
	外资企业	21462.96	3141.16	2450.11	4881.15	133127.44
2018	国有企业	330527.84	37499.49	29676.15	113815.03	1989126.49
	民营企业	78861.14	5096.57	3832.08	19997.98	194222.99
	外资企业	29328.02	3147.45	2375.66	5629.66	148842.77
总计	国有企业	2103713.26	250281.32	194764.07	766664.67	12358411.31
	民营企业	359635.29	33438.99	26954.22	94913.95	946567.16
	外资企业	125558.98	16113.95	12485.08	29557.06	759479.86

根据国家统计局的数据，截至2018年，按照各类不同成分进行控股的法人单位数来算，国有控股企业法人为325800个，集体控股企业法人为249946个，私人控股企业法人为16204143个，外资（含港澳台）控股企业法人为224731个。按登记注册类型划分的企业法人单位数来算：国有企业法人为133223个，民营（含集体、联营、合作和私营）企业法人为17123610个，外资企业（含港澳台）企业法人为267211个。从这些数据可以看出，中国经济市场已形成国有企业、民营企业和外资企业共同发展的局面。

对比图8-1、图8-2、图8-3可以看到，民营企业、外资企业的资产、利润、营收增速明显要快于国有企业，说明民营、外资企业得到了快速的发展。但同时我们观察到，相比与营业收入差距的较大缩小，资产方面国有企业依然遥遥领先，同时可以观察到民营企业的利润率近年来在降低，低于国有企业。这可能是因为在供给侧改革和去产能的背景下，民营企业承担了很大一部分去产能的指标。中国的上游行业多为国有企业，而在大力清理过剩产能后，上游原材料的市场需求逐渐旺盛，水泥、钢铁等原材料价格不断上涨，国有企业从中获得了大量利润，位于产业链下游的企业获利空间却受到压缩。

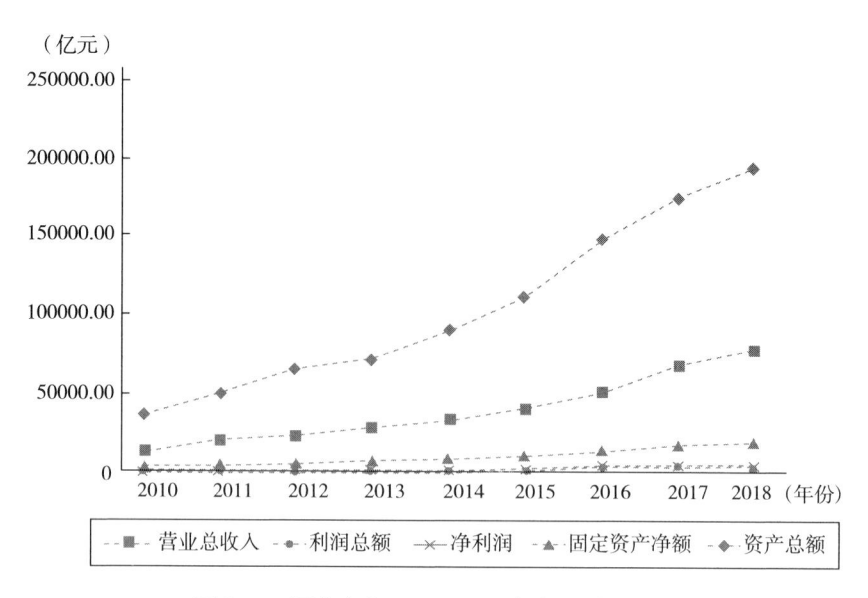

图 8-1 国有企业 2010~2018 年主要财务指标

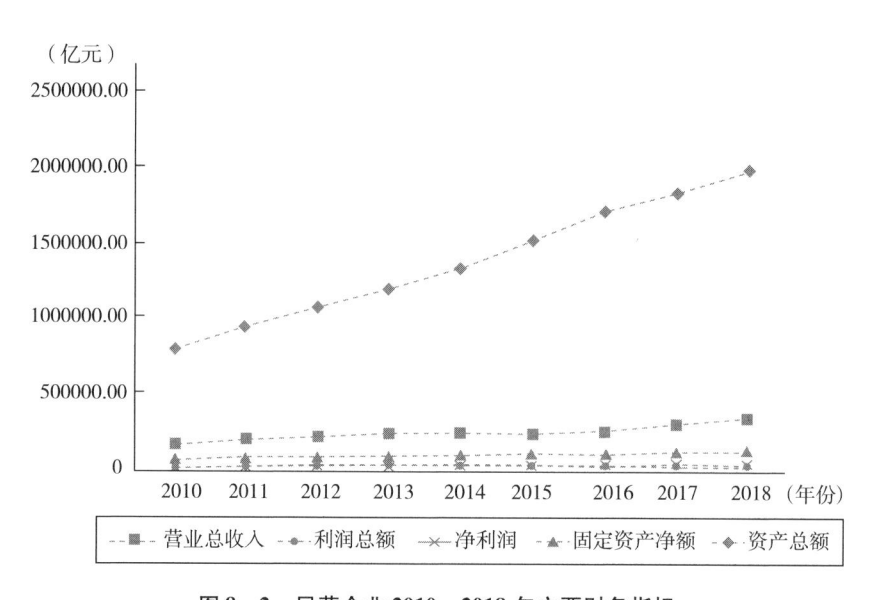

图 8-2 民营企业 2010~2018 年主要财务指标

综上所述，中国所有制结构模式需进一步改进。公有制的实现形式将会进一步多元化，多种所有制经济在竞争不断加剧的背景下，也将面临深刻的结构调整，外资的战略性投资将会增加，非国有经济将在一定程度上进入基础产业和基础设施部门。可以预见，中国经济市场将进入国有企业、民营企业和外资企业更加和谐发展的局面。

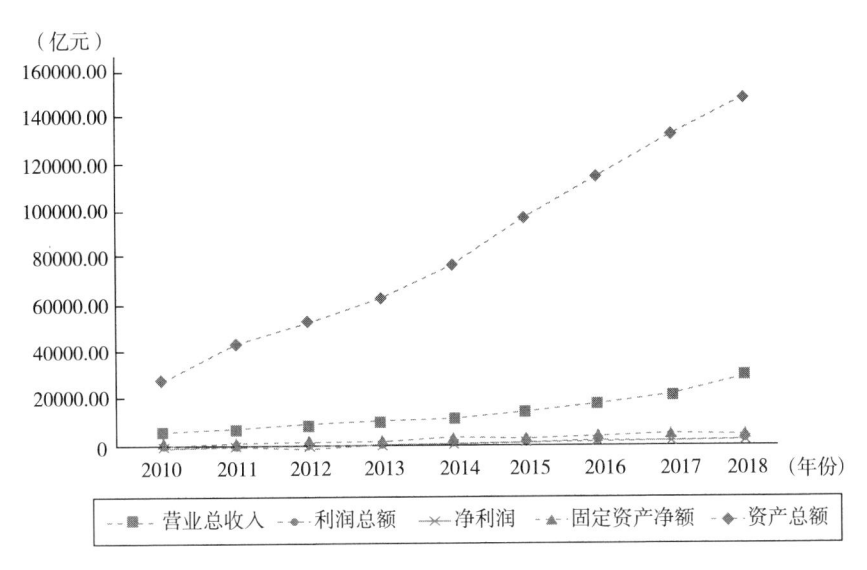

图 8-3 外资企业 2010~2018 年主要财务指标

8.1.2 对不同所有制企业的相关研究基础

目前已有很多学者对中国不同所有制结构以及股权结构经济进行了研究，从现有研究内容和研究成果中可以梳理出以下几个方面：一是分析中国经济所有制以及股权结构的特点和趋势。例如，王胜利（2013）基于马克思主义所有制多样性理论对中华人民共和国成立以来的公有制经济发展历程做了回顾，认为应该在坚持多样性所有制理论的基础上结合国情，推动中国特色公有制经济多样化改革和发展。赵岳阳（2013）认为在中国具有鲜明特色的社会主义市场经济中所有制方面的特点是：多种所有制经济形成的共生关系，这既可弥补各种所有制经济的不足，又能充分发挥多种所有制经济的优势。王文成（2011）通过对经济周期波动中各类所有制形式对经济增长的动态作用的研究，认为在中国经济的健康发展中，国有经济发挥着最为引领性的作用，并且认为未来发展应朝着混合所有制进行；应进一步加快集体企业改革，在对待"三资"方面，要加强监管，但也要着力提供良好投资环境。二是回归企业，分析不同所有制企业是否在企业绩效等方面存在差异。张军（2002）利用第三次全国工业普查数据进行研究后认为：致使企业盈利能力出现差异的最重要原因在于所有制的区别，进而提出重点在于企业的产权改革。张维迎（1996）认为企业所有权的归属即所有制形式的不同会导致不同的委托代理问题，因此不同所有制类型的企业绩效必然不同。这就为研究不同所有制类型对企业绩效的影响提供了必要性。三是收集相关数据分析企业的不同类型所有制对绩效等的具体影响。具体而言，刘小玄（2000）利用1995年全国工业企业普查数据的统计回归分析得出：不同所有制企业效率由低到高依次为国有企业、股份和集体企业、三资企业和私营个体企业。吴延兵（2012）利用《中国科技统计年鉴》给出的1998~2003年31个省份不同所有制企业数据建立模型，所得研究结果表明，私营企业在与外资企业在产品生产、创新方面的投入，产品与专利创新的有效性等方面具有明显的优势，国有企业则欠缺此类优势。王晓华、王昀（2013）则从企业所有制差异角度测算并比较了企业技术创新效率，认为内资企业在效率方面要低于三资企业，并认为各类企业中研发方面进行的投资（如人员、资金等）存在冗余。

上述研究为本章对不同所有制企业的价值创造能力的研究奠定了一定基础，但是也存在着一些不足之处：第一，目前中国将不同所有制企业作为研究对象的文献还较少，且大多数研究是以国有企业作为主要研究对象开展的。第二，目前少数关于中国不同所有制企业价值创造能力的研究对价值创造的衡量，大多使用的是杜邦分析法和平衡计分卡评价体系，而很少使用EVA方法，仅反映了企业短期的财务信息，而忽视了企业的长期信息以及非财务信息，无法有效衡量企业的真实价值创造能力。

8.2 不同所有制企业价值创造能力评估及分类比较

8.2.1 样本选取与数据来源

本章选取在中国A股上市的共3884家企业2010~2018年共9年的数据为研究对象，由于金融类企业的财务报表的不同，造成了财务数据核算和评价指标计算的差异，因此，本研究只关注了非金融行业的上市公司。

考虑到研究数据的可获得性、连续性、统一性，本书选取2010~2018年共9年的面板数据。在筛选样本时，首先筛选出9年中连续上市的企业1727家，其中不包括：

第一，金融类企业，由于此类企业的管理系统不同于一般的经贸企业，其EVA计算方法相异且更加复杂；第二，ST类和*ST类企业，该类企业财务报表不能真实反映企业的现实情况；第三，2010~2018年企业财务数据和公司治理相关信息缺失的企业。

根据上述条件筛选，本研究最后确定选取共1727家2010~2018年共

9年的平衡Panel Data。其中部分原始数据和财务指标来源于国泰安数据库和Wind数据库，其余数据均由笔者摘自各企业每年的公司年度报告和财务报表，并由笔者手算得出，其中企业年报来自国泰安数据库。

8.2.2 总测算结果及分析

2010～2018年的样本EVA中位数值和平均值如表8-2所示。

表8-2　　　　　　2010～2018年中国上市企业经营绩效　　　单位：万元

测算指标		2010年	2011年	2012年	2013年	2014年	2015年	2016年	2017年	2018年
中位数	EVA	23.33	15.30	2.04	-2.61	-5.72	-20.46	-18.06	7.31	-3.29
	净利润	93.93	100.96	91.08	101.99	107.37	112.87	148.93	193.33	191.37
样本均值	EVA	246.18	229.44	127.81	155.39	119.83	-57.05	-31.26	179.64	188.56
	净利润	528.09	559.38	500.27	574.66	564.94	484.12	590.23	809.95	869.03

根据表8-2中国上市企业EVA值与传统净利润对比结果所示，由于EVA考虑了资本成本，故其值远低于企业的净利润，能够更加真实科学地反映企业的营业绩效及所创造的价值。具体而言，虽然自2010年以来中国上市企业的净利润基本稳定在5亿元左右，且在2017年和2018年迅猛增长，达到了8亿元以上，但其EVA值远远低于其净利润水平，甚至在2015年和2016年达到了负值，不过与净利润的变化趋势相同，在2017年和2018年呈上升趋势，并在2018年达到了1.88亿元。这些数据说明，会计利润为正的企业并不一定能给股东带来价值增值，短期的会计利润并不能带来长期的价值增值，这与中国证券市场不够成熟、监管不够完善有一定关系。这说明中国上市企业应制定更加长远的目标，与增加短期利润相比，创造企业价值才能真正促使企业长远健康发展。

8.2.3 不同所有制企业EVA分类对比

1. 所有制异质性比较

如本章所述，中国企业按照其所有制归属可以分为国有企业、民营企业和外资企业，本章按照2010～2018年各年的EVA均值排名，将国有企业前十位和后十位、民营企业前十位和后十位以及外资企业前十位和后十位排列以表格的形式给出，如表8-3～表8-8所示。

表 8-3　沪深两市 869 家国有上市公司中 2010~2018 年 EVA 均值前十位

单位：百万元

最新公司名称	2010 年	2011 年	2012 年	2013 年	2014 年	2015 年	2016 年	2017 年	2018 年	均值
中国神华能源公司	30397.73	37929.78	40694.83	39651.38	30725.92	4101.24	9135.67	33284.60	34065.05	28776.24
中国石油化工公司	50664.74	45406.56	33868.75	35724.32	7595.21	-5035.32	10117.43	20962.54	29964.45	25474.30
上海汽车集团公司	17519.76	26089.42	23345.26	22785.86	22778.23	21981.98	23182.74	24954.06	23066.01	22855.92
中国石油天然气公司	96265.67	82905.95	61414.64	46084.57	34132.22	-46943.26	-60854.50	-49187.01	-10404.56	17045.97
万科企业公司	4690.85	6421.08	9382.35	10103.54	14091.21	15613.62	15744.37	24300.13	35742.69	15121.09
中国建筑公司	6506.38	9140.68	10576.88	15188.74	20280.69	15089.50	14524.43	19942.51	24190.81	15048.96
贵州茅台酒公司	4435.33	8050.40	12347.62	13698.88	13457.41	13093.98	13793.32	23817.00	31457.17	14905.68
珠海格力电器公司	1757.96	2854.69	5482.64	8570.20	11295.72	8867.08	11535.56	18554.73	21427.28	10038.43
安徽海螺水泥公司	4233.32	8855.68	2666.15	5822.65	7069.22	2362.87	3660.30	11114.28	24341.95	7791.82
大秦铁路公司	7135.30	8132.88	7532.74	8438.14	9757.83	8055.76	2199.23	7999.86	9731.21	7664.77

表 8-4　沪深两市 869 家国有上市公司中 2010~2018 年 EVA 均值后十位

单位：百万元

最新公司名称	2010 年	2011 年	2012 年	2013 年	2014 年	2015 年	2016 年	2017 年	2018 年	均值
中国冶金科工公司	191.58	-2392.97	-16195.11	-2833.56	167.86	459.11	-249.52	-165.65	1074.84	-2215.93
京东方科技集团公司	-4014.54	-1973.76	-2902.19	28.54	-944.50	-3535.68	-4925.09	1633.22	-4818.77	-2383.64
绿地控股集团公司	101.06	19.15	-127.74	-62.61	-529.90	-7014.24	-8173.19	-4468.04	-2480.51	-2526.22
中国船舶重工公司	332.97	1129.25	-1477.88	-1761.05	-2520.09	-8331.56	-4803.85	-4872.55	-6002.37	-3145.24

· 134 ·

续表

最新公司名称	2010年	2011年	2012年	2013年	2014年	2015年	2016年	2017年	2018年	均值
中远海运发展公司	2452.08	-4655.47	-2443.86	-4953.86	-1520.11	-5693.98	-4802.43	-3551.83	-3565.45	-3192.81
重庆钢铁公司	-543.60	-2213.22	-1596.36	-2775.83	-2379.81	-8820.04	-5509.79	-5805.51	808.62	-3203.75
中石化石油工程技术服务公司	815.00	353.34	-802.15	-1815.74	-1598.97	-1857.05	-17663.84	-11338.71	-838.88	-3860.77
中国铝业公司	-2979.77	-2797.75	-12638.55	-3777.31	-19990.69	-5825.82	-4105.52	-1896.81	-3322.43	-6370.52
中远海运控股公司	2329.79	-14953.96	-14101.72	-2622.41	-5213.69	-6714.37	-14359.80	385.48	-2957.85	-6467.61
中国联合网络通信公司	-8132.50	-7895.72	-5453.97	-2430.47	-1844.04	-10071.40	-12792.30	-11463.20	-7024.73	-7456.48

表8-5　沪深两市761家民营上市公司中2010~2018年EVA均值前十位

单位：百万元

最新公司全称	2010年	2011年	2012年	2013年	2014年	2015年	2016年	2017年	2018年	均值
河南双汇投资发展股份有限公司	1165.91	300.00	2245.71	3126.73	3162.91	3294.49	3394.45	3436.68	4130.79	2695.30
新希望六和股份有限公司	1445.77	2647.32	1399.10	1554.81	1407.59	1469.07	1490.29	1337.75	1036.04	1531.97
浙江正泰电器股份有限公司	538.62	649.67	1105.91	1378.98	1632.12	1475.86	1540.46	1768.06	2324.37	1379.34
荣盛房地产发展股份有限公司	506.93	900.43	1177.52	1667.90	1509.25	-133.29	650.80	1513.97	3693.02	1276.28
苏州金螳螂建筑装饰股份有限公司	347.19	620.56	888.24	1289.21	1512.33	1114.52	1095.51	1286.95	1454.26	1067.64

· 135 ·

续表

最新公司全称	2010年	2011年	2012年	2013年	2014年	2015年	2016年	2017年	2018年	均值
深圳信立泰药业股份有限公司	270.77	304.64	510.19	696.14	894.56	1176.45	1297.72	1386.21	1663.32	911.11
华东医药股份有限公司	292.32	398.42	488.27	583.51	779.24	948.82	1118.99	1412.83	1868.36	876.75
顺丰控股股份有限公司	-3.84	-6.59	-6.09	-20.33	-20.45	-18.70	1927.86	3127.84	2816.97	866.30
浙江大华技术股份有限公司	162.71	237.73	487.68	813.32	623.53	737.19	942.54	1795.44	1834.15	848.25
三安光电股份有限公司	115.20	243.70	219.49	387.40	650.30	618.85	944.91	2225.32	1952.39	817.51

表8-6 沪深两市761家民营上市公司中2010~2018年EVA均值后十位

单位：百万元

最新公司全称	2010年	2011年	2012年	2013年	2014年	2015年	2016年	2017年	2018年	均值
阳煤化工股份有限公司	-15.63	-44.56	14.32	-467.05	-644.68	-380.58	-1547.67	-334.60	-401.30	-424.64
雏鹰农牧集团股份有限公司	67.26	344.21	213.99	-49.02	-247.68	-91.83	520.39	-301.92	-4484.24	-447.65
安徽盛运环保(集团)股份有限公司	-2.81	-0.91	2.35	103.43	161.16	548.81	-206.46	-1574.62	-3202.21	-463.47
安徽华信国际控股股份有限公司	-180.66	-101.21	72.17	-50.06	-38.23	8.80	194.93	-3199.63	-1170.13	-496.00

· 136 ·

续表

最新公司全称	2010年	2011年	2012年	2013年	2014年	2015年	2016年	2017年	2018年	均值
协鑫集成科技股份有限公司	101.81	-223.53	-1860.82	-4840.49	1029.58	521.24	-262.71	-295.19	-183.12	-668.14
金科地产集团股份有限公司	-10.53	86.68	23.12	-669.47	-1362.87	-1375.08	-1388.83	-1725.64	-1386.21	-867.65
陕西坚瑞沃能股份有限公司	9.10	-14.41	-31.85	-22.21	-29.88	-14.30	34.77	-4216.49	-4128.55	-934.87
泰禾集团股份有限公司	124.56	34.21	-112.88	-264.45	-1228.11	-1521.14	-2481.99	-4382.49	-4657.26	-1609.95
泛海控股股份有限公司	-870.05	-791.90	-325.17	-491.67	-1137.86	-922.28	-2602.46	-3955.49	-7333.95	-2047.87
乐视网信息技术（北京）股份有限公司	39.50	97.58	146.17	189.69	234.61	230.74	-332.98	-18407.48	-5465.83	-2585.33

表8-7　沪深两市97家外资上市公司中2010~2018年EVA均值前十位

单位：百万元

最新公司全称	2010年	2011年	2012年	2013年	2014年	2015年	2016年	2017年	2018年	均值
分众传媒信息技术股份有限公司	-26.81	-88.54	-23.27	-153.07	-17.00	2738.85	3296.51	5422.01	5078.11	1802.98
福耀玻璃工业集团股份有限公司	1503.17	1137.37	1139.68	1424.66	1769.97	1820.88	2069.44	2013.07	2964.75	1760.33
海澜之家股份有限公司	-22.95	-4.37	-7.49	26.38	1815.30	2362.48	2495.24	2649.72	2692.27	1334.07

· 137 ·

续表

最新公司全称	2010年	2011年	2012年	2013年	2014年	2015年	2016年	2017年	2018年	均值
华新水泥股份有限公司	174.63	618.37	6.25	682.35	603.81	-593.92	-233.42	1191.15	4709.37	795.40
广东电力发展股份有限公司	-15.08	-559.38	1170.16	2728.19	2678.88	2756.74	-893.28	-855.37	-1150.62	651.14
浙江苏泊尔股份有限公司	279.84	340.91	316.69	407.71	521.22	694.99	818.67	1033.74	1351.91	640.63
上海世茂股份有限公司	331.45	109.31	26.49	369.27	893.08	927.64	257.61	990.42	1499.37	600.52
立讯精密工业股份有限公司	69.74	248.06	186.93	243.03	427.37	687.16	532.50	883.67	1781.29	562.19
乐普(北京)医疗器械股份有限公司	327.81	391.24	301.38	239.36	340.57	463.42	525.41	690.02	1012.36	476.84
恒力石化股份有限公司	-34.84	-95.75	-145.29	-91.82	-252.65	-309.45	624.80	2673.92	1904.29	474.80

表8-8　沪深两市97家外资上市公司中2010~2018年EVA均值后十位

单位：百万元

最新公司全称	2010年	2011年	2012年	2013年	2014年	2015年	2016年	2017年	2018年	均值
阳光新业地产股份有限公司	287.97	13.34	60.14	-120.58	-798.63	-186.82	-711.71	-58.90	-151.82	-185.22

· 138 ·

续表

最新公司全称	2010年	2011年	2012年	2013年	2014年	2015年	2016年	2017年	2018年	均值
广州珠江啤酒股份有限公司	−81.15	−117.95	−162.58	−141.33	−254.65	−267.65	−765.15	−197.01	−155.89	−238.15
珠海中富实业股份有限公司	48.49	−92.49	−358.62	−1294.89	−75.44	−126.40	−614.63	48.47	−13.92	−275.49
广东劲胜智能集团股份有限公司	31.60	4.41	33.42	56.75	−6.75	−666.75	−192.67	144.02	−3079.00	−408.33
深圳南山热电股份有限公司	−887.07	−1260.17	−1062.79	−690.75	−873.69	−1170.92	1187.80	−126.77	−134.95	−557.70
华映科技(集团)股份有限公司	263.62	248.66	109.80	232.02	59.00	−87.48	−129.43	−540.69	−5633.00	−608.61
大连天神娱乐股份有限公司	−7.25	−3.55	−13.33	−24.63	206.95	195.91	193.68	819.28	−7324.28	−661.92
云南云天化股份有限公司	−293.29	−277.97	−1048.20	160.07	−3105.00	−188.33	−4220.24	−296.27	−240.43	−1056.63
海润光伏科技股份有限公司	−42.08	83.87	−589.85	−414.89	−1061.01	−226.51	−1621.88	−2705.17	−7324.28	−1155.48
马鞍山钢铁股份有限公司	−854.86	−1696.44	−5674.29	−2117.23	−1685.01	−7098.99	−623.21	3093.66	−3821.79	−1318.72

国有企业 9 年 EVA 均值前十位的企业每年所创造的平均价值都在 76 亿元以上。其中，中国神华能源股份有限公司所创造的 EVA 均值最高，为 287 亿元以上，中国石油化工股份有限公司和上海汽车集团股份有限公司紧随其后，年均分别创造了 254 亿元和 228 亿元以上的价值。而排在第十位的大秦铁路股份有限公司 9 年 EVA 均值为 76 亿元，与前三位有较大的差距。由前十位企业所创造的价值数据也可以看出，中国国有企业的营业绩效存在很大的差异，EVA 值不高的国企可以选择学习 EVA 值排在前列的国企的管理方法等。

从以上国有企业 9 年 EVA 均值排名最后十位的企业数据中可以看出，这些企业平均每年造成的价值损失都在 22 亿元以上。其中，中国联合网络通信股份有限公司的价值毁损量最大，每年平均造成的价值毁损量约为 74.56 亿元，但从其每年具体的数据中可以看出，其负的 EVA 均值主要是由 2011~2013 年的巨额价值损失造成，近年来已有好转，在 2018 年创造了正的价值量。其他 9 个企业除重庆钢铁股份有限公司在 2018 年造成了价值毁损，其余公司需要在关注会计利润之余将重点放在 EVA 上，避免价值损失。

如表 8-5 所示，中国民营上市企业 9 年 EVA 均值排在前十位的企业平均每年创造的价值在 8 亿元以上。其中，价值创造最多的企业为河南双汇投资发展股份有限公司，其年均创造的价值约为 27 亿元，而排名第二位的新希望六和股份有限公司年均所创造的价值仅约为 15 亿元，表中其他数据也显示出民营企业所创造的价值差距较大。

如表 8-6 数据所示，中国民营企业 9 年 EVA 均值排在最后十位的企业的 EVA 均值都为负数，说明总体来说这些企业 9 年来在毁损价值而不是在创造价值。乐视网信息技术（北京）股份有限公司所造成的年均价值损失最多，约为 26 亿元，2010~2015 年，该公司创造了价值增值，但 2016 年以后，尤其是 2017 年，乐视网由于决策错误等原因，造成了巨额损失，由此导致了企业价值的减少。其中，价值损失较少的企业是阳煤化工股份有限公司，其年均价值损失约为 4 亿元。

中国外资企业 9 年 EVA 均值排在前十位的企业数据如表 8-7 所示，其中分众传媒信息技术股份有限公司所创造的价值增值量最大，约为 18 亿元左右。

中国外资企业 9 年 EVA 均值排在后十位的企业数据如表 8-8 所示，这十个企业近年来的 EVA 均值为负数，说明其近年来均造成了价值毁损。其中，价值损失量最大的企业为马鞍山钢铁股份有限公司，其造成了约 13 亿元的价值损失。

如表 8-3~表 8-8 所示，从价值创造量来看，中国国有企业 9 年 EVA 均值前十位企业年均所创造的价值均在 76 亿元以上，而民营企业和外资企业前十位企业年均所创造的价值分别仅为 8 亿元和 4 亿元以上，与国有企业均具有较大的差距。通过 9 年 EVA 均值后十位企业的相关数据可以分析中国上市企业的价值损失量，中国国有企业后十位企业年均造成 22 亿元以上的价值损失，而民营企业和外资企业后十位企业则年均分别造成 4 亿元和 1 亿元以上的价值损失。从表 8-9 中可以看出，中国国有企业 EVA 均值基本上远远高于民营企业和外资企业，虽然 2015 年和 2016 年 EVA 均值为负，但其绝对值也远高于民营企业和外资企业。由此可见，中国国有企业是价值创造量最大的企业，同时也是价值毁损量最大的企业。外资企业的价值创造量和价值毁损量最小。

表 8-9　　　　　2010~2018 年不同所有制企业 EVA 均值　　　　单位：百万元

所有制结构	2010 年	2011 年	2012 年	2013 年	2014 年	2015 年	2016 年	2017 年	2018 年
国有企业	409.26	378.35	214.61	258.47	190.69	-124.63	-89.16	288.97	402.28
民营企业	65.43	59.59	32.90	37.62	46.89	25.73	49.34	61.71	40.53
外资企业	85.63	93.62	16.27	92.71	25.37	-0.84	-14.73	220.82	35.87

2. 行业异质性比较

本章将上市企业分为房地产、工业、公用事业、商业和综合五个行业，从表 8-10 中的结果可以看出，房地产、工业行业的 EVA 均值最高，这个结果可以用这些行业的性质来解释，在中国，房地产业和工业的利润率较高，即使扣除资本成本，其仍能创造较大的企业价值。而公用事业和商业的 9 年 EVA 均值均略小于零，说明其会计利润刚好可以弥补资本成本，没有创造企业价值增值，也没有造成企业价值损失。从变化趋势来看，虽然近年来房地产业由于各种相关政策的出台，EVA 值波动较大，但随着中国城市化进程的加快，总体趋势是 EVA 值不断增长，并在 2018 年达到最高值 6 亿元。2010~2018 年工业企业的 EVA 值变化趋势呈现 U 形，在 2015 年下降到最低水平后又出现回升，直到 2018 年增长至 2.43 亿元，这种变化趋势与中国正在进行的产业结构优化升级有关。而 2010 年以来公共事业和商业的 EVA 值波动较大，但没有较明显的规律。

表 8-10　　　　　2010~2018 年不同行业企业 EVA 均值　　　　单位：百万元

行业分类	2010 年	2011 年	2012 年	2013 年	2014 年	2015 年	2016 年	2017 年	2018 年	均值
房地产	236.13	227.82	133.40	297.24	370.12	173.75	167.08	400.56	605.87	290.22
工业	302.82	301.62	178.93	199.03	132.63	-89.11	-51.01	198.93	242.57	157.38
公用事业	128.91	6.18	-37.68	-8.71	15.11	-14.72	-48.56	63.50	-115.19	-1.24
商业	115.07	152.84	75.81	64.16	18.48	-90.21	13.32	79.58	162.15	65.69
综合	40.01	50.02	6.20	-8.42	41.26	-57.46	-16.78	-50.44	-91.54	-9.68

8.3　不同所有制企业价值创造的影响因素实证分析

8.3.1　变量与数据选取

首先，本章选定了经济增加值 EVA 作为企业绩效的考核指标，因此，被解释变量为 EVA。在选取解释变量方面，依照本章的研究思路，所有制类型是首要选择的解释变量之一，但是上市公司的所有制类型没有特别的数据纲量，所以本章在依据控股股东的所有制类型划分企业所有制类型后设置成 GOC（government owned corporation）和 FOC（foreign owned corporation）两个虚拟变量来表示；

$$GOC = \begin{cases} 1 & 国有企业 \\ 0 & 非国有企业 \end{cases} \quad FOC = \begin{cases} 1 & 外资企业 \\ 0 & 非外资企业 \end{cases}$$

因为本章将样本企业分为三类所有制类型，因此在利用样本数据时由两个虚拟变量相结合用来表示三类所有制企业类型，如表 8-11 所示。

表 8-11　　　　　　　　　所有制类型变量的表示

GOC	FOC	企业类型
1	0	国有企业
0	0	民营企业
0	1	外资企业

其次，除所有制类型影响因素外，在借鉴前人研究成果的基础上，考察一些财务指标所反映的影响绩效的因素。

（1）企业规模因素（TA）。因为企业的规模效应普遍存在于各个行业的企业，本章主要讨论各所有制类别企业的绩效问题，尤其在国有企业行列,企业的规模效应相比其他企业尤为突出,因此,影响企业绩效的因素不得不考虑企业规模因素。本章中采用企业总资产(TA)作为考量企业规模的变量。

(2)获利能力角度(CROA)。从企业获利能力角度考察影响绩效的因素,本章采用主营业务利润率(Core ROA)作为解释变量。CROA = 主营业务利润/主营业务收入。利用EVA考查企业绩效的初衷是突出资本利用率,而有研究显示企业资本利用率与企业重视主营业务的程度成正比。

(3)所有权控制程度角度(股权集中度)。由于大多数国有企业的控股权都掌握在国资委,其控股比例高达50%以上,而大多数民营企业和外资企业的控股股东虽然为自然人或者民间组织,但是其控股比例却只占不到1/3,其余股东中甚至还有国有持股成分。因此,本章采用股权集中度指标来衡量控股比例及股份混合程度对企业绩效的影响。股权集中度指标采用前五大股东持股比例(FIVE)。

(4)偿债能力角度(ALR)。从偿债能力角度选取资产负债率作为衡量偿债能力的指标。资产负债率(ALR)=总负债/总资产。

(5)运营能力角度(RCATA)。从运营能力角度采用流动资产与总资产(ratio of current assets to total assets)的比率来衡量,因为大多数行业的经验显示固定资产比例越大,企业绩效越大;即RCATA与企业绩效可能会有负相关关系。

综上所述,本章在做实证分析时所采用的变量类型如表8-12所示。

表8-12　　　　　　　　　变量类型及说明

被解释变量	影响因素		
	考察角度	解释变量	符号
EVA	所有制类型角度	虚拟变量	GOC,FOC
	企业规模角度	总资产的自然对数	TA
	获利能力角度	主营业务利润率	CROA
	所有权控制角度	股权集中度	FIVE
	偿债能力角度	资产负债率	ALR
	运营能力角度	流动资产/总资产	RCATA

8.3.2　回归模型构建

1. 平稳性检验

依据实证研究的常规做法,为了防止虚拟回归或伪回归并保证实证分析的可靠性，在做回归分析前首先对变量应用单整分析方法做平稳性检验。确保所有变量都是同阶单整的，以保证变量的平稳性，只有符合平稳性检验原则的变量才能够进行下一步的实证分析，否则需要剔除出去。本研究首先对所选取的除虚拟变量外的其他所有变量进行平稳性检验，结果如表8-13所示。

表8-13　　　　　　　模型非虚拟变量的平稳性检验结果

变量	LLC	IPS	ADF	PP-ADF
EVA	-65.280***	-37.960***	1970.260***	2256.060***
TA	-176.400***	-37.330***	4670.740***	2768.010
ALR	-144.050***	-23.420***	4477.060***	3165.030***
CROA	-647.630***	-60.731***	5311.753***	4261.821***
RCATA	-116.179***	-21.541***	4409.843***	2883.822**
FIVE	-57.417***	-3.204***	3148.861***	3420.000***

注：*、**、***表示变量在10%、5%、1%的显著性水平下通过检验。

检验变量的平稳性要求对各变量进行单位根检验的P值都小于5%，而从表8-13的统计结果可以看出，只有表示企业规模的变量TA无法通过PP-ADF检验，但是可以通过其余三类检验方法的检验，因此认为通过单位根平稳性检验。检验结果除了表示运营能力的变量RCATA在5%以下，其余检验结果都在1%以下，因此所有变量都能够通过平稳性检验。所有变量均可以进入下一步的实证分析。

2. 模型建立

本章针对所验证的问题，初步设定基本模型为：

$$EVA_{it} = \alpha_0 + \beta_1 TA_{it} + \beta_2 ALR_{it} + \beta_3 CROA_{it} + \beta_4 CATA_{it} + \beta_5 FIVE_{it} + \beta_6 GOC_{it} + \beta_7 FOC_{it} + \mu_{it} \tag{8-1}$$

式（8-1）中，α_0表示常数项，μ_{it}代表残差项，$\beta_1 - \beta_7$表示各变量系数，i代表每个企业，t代表年份。GOC、FOC是控制所有制类型的虚拟变量，GOC=1、FOC=0时表示国有企业，GOC=0、FOC=1时表示外资企业，GOC=0、FOC=0时表示民营企业。

8.3.3　回归结果分析

利用中国2010~2018年沪深两市A股9年中连续上市的1727家企业的财务数据和整理计算的EVA数据进行第一次回归。回归结果如表8-14所示。

表 8-14　　　　　　　　　　模型的第一次回归结果

变量	相关系数	标准误差	T 值	P 值
TA	0.204	0.020	10.204	0.000
ALR	0.490	0.110	4.455	0.000
RCATA	-0.208	0.105	-1.979	0.048
CROA	0.007	0.014	0.504	0.614
FIVE	0.016	0.001	16.007	0.000
GOC	0.453	0.046	9.832	0.000
FOC	0.010	0.088	0.114	0.910
C	12.398	0.459	27.010	0.000

模型的回归结果显示：在5%的置信水平下，所有变量中代表控制外资企业和民营企业类型的虚拟变量 FOC 和代表获利能力的 CROA 无法通过检验，虚拟变量 FOC 的 P 值为 0.910，CROA 的 P 值为 0.614。代表企业规模的变量 TA、代表企业偿债能力的变量 ALR、代表企业运营能力的变量 RCATA、代表股权集中度的变量 FIVE 和区别国有企业的虚拟变量 GOC 均能够在5%的置信水平下通过检验。

依据此结果，区分国有企业与非国有企业的变量 GOC 对企业绩效的影响显著，系数为 0.453。这显示国有企业在实际绩效方面具有明显的优势。区分外资企业与非外资企业的变量 FOC 对企业实际绩效的影响不显著，即外资企业与非外资的企业实际绩效没有显著差别。同时，两个变量相结合所表示的民营与非民营企业类别对企业实际绩效的影响也不显著。

为了进一步分析国有企业与非国有企业的差别对企业绩效的影响，得到关于影响企业绩效因素的更加准确的回归结果，剔除模型中不显著的变量 FOC 和 CROA 再次进行回归分析。

对模型做第二次回归，结果如表 8-15 所示。

表 8-15　　　　　　　　　　模型的第二次回归结果

变量	相关系数	标准误差	T 值	P 值
TA	0.196	0.019	10.316	0.000
ALR	0.485	0.110	4.414	0.000
RCATA	-0.208	0.105	-1.979	0.048
FIVE	0.016	0.001	16.002	0.000
GOC	0.454	0.045	10.072	0.000
C	12.563	0.457	27.503	0.000

从以上第二次剔除变量 FOC 和 CROA 后的回归结果中可以看到：所有解释变量和常数项的 P 值都小于 0.05。说明模型中的变量在 5% 的显著性水平下都能够通过检验，对企业绩效的影响都是显著的。代表企业的运营能力角度的变量 RCATA 与企业绩效呈负相关关系，与理论预期相符。代表企业规模角度的变量 TA、代表企业所有权控制角度的变量 FIVE、代表企业偿债能力角度的变量 ALR 和代表企业的国有性质的虚拟变量 GOC 都与企业绩效正相关。其中 ALR 与 GOC 的相关系数分别为 0.485 和 0.454，显示出企业的偿债能力与企业的国有性质对企业绩效有显著正向影响。

8.4 结论及启示

8.4.1 主要结论

本章以 2010~2018 年中国沪深两市 A 股 9 年中连续上市的 1727 家企业为研究对象，选取基于 EVA 的绩效考核指标体系对这些上市公司的绩效评价，并且将 1727 家上市公司按照实际控制人划分为国有、民营、外资三类所有制类别，从所有制、行业的角度对样本企业的净利润与经济增加值 EVA 做了对比分析。最后以代表企业价值创造能力的 EVA 为被解释变量，以代表企业所有制类型、企业规模、所有权控制情况、企业运营能力、企业偿债能力和获利能力等角度的各项指标为解释变量分析影响企业价值创造能力的因素，并建立回归模型进行实证分析。最后得出以下结论：

（1）是否为国有企业对企业价值创造能力的影响有显著差别。通过实证分析可知，回归模型中变量 GOC 显著且系数为 0.454，即企业的国有性质对该企业的绩效有显著的正相关影响。

（2）民营企业与外资企业对企业价值创造能力的影响无显著差别。第一次回归中 FOC 没有通过检验，说明控制民营企业与外资企业差别的变量不显著，即民营企业和外资企业的所有制类别对价值创造能力没有显著影响。

（3）企业总资产规模、股权集中度、偿债能力等变量对企业价值创造具有正向促进作用。说明拥有适度集中的股权占比、扩大企业规模、提升偿债能力的企业具有更加强大的价值创造能力。这符合现在市场经济的现状和国资委强调用 EVA 考核央企等国有企业的初衷。代表企业运营能力的变量——流动资产/总资产，对企业价值创造具有负面影响。大多数行业的经验显示固定资产比例越大，企业绩效越大，结果与理论预期相符。

（4）企业获利与价值创造差距大，国有经济起主导作用。根据对不同所有制类型企业的净利润和 EVA 值的对比分析，各企业的净利润值与 EVA 值相差都是很大的，其中在 2017 年和 2018 年三类所有制企业平均获利较多，与净利润的变化趋势相同，在 2017 年和 2018 年均呈向上增长趋势，并在 2018 年达到了 18856 万元。同时，不管是获利方面还是价值创造方面，国有企业的绝对量在三类企业中都占有绝对主导地位。国有企业净利润均值远远高出全国企业净利润均值，国有企业 EVA 均值也起到拉动全国 EVA 均值的主导作用。因此，国有企业对中国经济发展的主导作用是毋庸置疑的。

8.4.2 政策建议

通过对不同所有制企业价值创造的分析，本章就存在的问题为政府和企业经营者提出相关建议：

（1）重视国有企业在三类企业中的绝对主导地位。国有企业净利润均值远远高出全国企业净利润均值，国有企业 EVA 均值也起到拉动全国 EVA 均值的主导作用。因此，在获利方面和价值创造方面，国有企业都发挥着主导作用。

（2）提高企业价值创造能力，须提升企业偿债能力。企业短期偿债过多会占用大量的资金，导致资本相对增加，不利于资本的有效利用。因此，企业应该在保证长期偿债能力的条件下适度减低短期偿债。偿债能力的提升有利于企业的持续经营，因此企业提升偿债能力有助于创造更多价值。

（3）提高企业价值创造能力，同时也应注重提升企业规模和企业运营能力。扩大企业规模有利于企业创造更多的价值。增加固定资本的比例，保证良好的运营能力，也有助于提高价值创造能力。

（4）应当保持相对集中的股权分布情况。适度集中的股权占比对企业的经济价值创造能力具有提升作用。企业股权应该尽量避免高度集中和全面分散。相同所有制类型的股权尤其是国有股权，大都具有连带或者互相持股的渗透关系，有"一脉子嗣"之嫌。因此，为避免出现股权高度集中的情况，鼓励不同所有制混合的混合所有制类型股权，有利于企业的经济价值创造能力。

（5）政府监管者在政策制定、体制完善等方面应持续发力。因不同所有制企业在价值创造中的特点和侧重点不同，根据中国社会现状，党和政府先后在规划和政府工作报告中提出公有制经济和非公有制经济都是社会主义市场经济的重要组成部分，这说明不同所有制企业的发展离不开政策和体制的有序引导，应尊重市场规律，在不同阶段出台不同的产业政策，同时要保持政策的稳定性和连续性。

第9章 国有上市企业价值创造研究

改革开放 40 多年以来，中国经济发展取得了举世瞩目的成就。然而，随着劳动力成本上升、投资收益率下降，中国经济出现增长逐步放缓的势头，经济发展逐渐步入新常态。对此，习近平主席在 2013 年指出，新常态是重要战略机遇期，应从当前中国经济发展的阶段性特征出发，适应新常态，保持战略上的平常心态。在这样的背景下，如何抓住机遇，深化经济体制改革，增强市场在资源配置中的主导作用，进一步激发市场活力，为经济增长提供新的动力，成为新常态下维持经济稳定增长的积极探索的问题之一。基于此，本章将在现有研究成果的基础上，对国有上市企业价值创造的发展现状和研究现状进行梳理。选取 2010~2018 年在沪深两市上市的 483 家国有企业的财报数据和公司治理数据为研究样本，基于经济增加值（EVA）方法测算国有上市企业的经营绩效水平，并分行业和分规模对 EVA 绩效对比研究，多维度剖析中国国有上市企业价值创造能力，进一步以上市国企 EVA 为被解释变量，以政府参与深度（即政府控股比例）为解释变量，将机构持股比例、前十大股东持股比例等作为控制变量，实证分析政府参与深度与企业经营绩效之间的影响机理，最后提出提升国有上市企业价值创造能力的方法，从而促进中国经济高质量发展的建议。

9.1 国有上市企业概况

9.1.1 国有企业概念及特征

根据《中共中央国务院关于深化国有企业改革的指导意见》有关要求，立足国有资本的战略定位和发展目标，结合不同国有企业在经济社会发展中的现状、需要和作用，根据主营业务和核心业务范围，将国有企业界定为商业类和公益类两大类。

商业类国有企业在市场化的要求下，实行商业化运作，依法独立自主开展生产经营活动，具体以增强国有经济活力、实现国有资产保值增值、放大国有资本功能为主要目标，实现优胜劣汰、有序进退。商业类国企分为两类：（1）商业一类国企：主业处于市场焦点、热点、竞争重点行业和领域的商业类国有企业，比如普通制造、服务企业等；（2）商业二类国企：主业处于维护国家安全关键领域、关乎国民经济命脉的重要行业，主要承担国家战略规划中重大专项任务的商业类国有企业，这类企业主要指国有行业垄断性央企。其中，主业处于维护国家安全关键领域、关乎国民经济命脉的重要行业，主要承担国家战略规划中重大专项任务的商业类国有企业，要以保障国家安全稳定发展和国民经济平稳运行为目标，重点发展战略性、前瞻性关键核心产业，实现经济效益、社会效益与安全效益的有机统一。

公益类国有企业以服务社会、保障民生、以相对较低的价格提供公共产品和服务为主要目标，必要的产品或服务价格可以由政府调控。公益类国企分为三类：（1）较少依靠财政扶持的公益性国有企业，比如供电网络、电厂建设等；（2）很大程度依靠财政扶持的公益性国有企业，比如公交地铁等；（2）几乎完全依靠财政扶持的公益性国有企业，比如环卫、城市建设等。对于公益类国有企业的发展，要积极引入市场机制，不断提高公共服务效率和能力。

9.1.2 中国国有企业改革

在中国，国有企业改革一直是中国经济体制改革的核心问题之一，在整个渐进式的经济变革过程中也一直扮演着重要的角色。在中国经济步入新常态这一时代背景下，国有企业改革也逐渐步入深水区，正在实现由治标向治本转变。同时，政企不分等体制性瓶颈急需突破，继续深化改革迫在眉睫。改革开放以来的国有企业改革取得了一系列的成果，大多数国企已经建立起多元化的产权结构。但实际上，政府一直牢牢控制着国有企业的命脉，绝大多数上市国企的控制权一直牢牢掌握在政府手中，政府对国有企业的干预现象仍然较为严重。国有企业经营中，政府的控制到底是促进国有企业发展的"援助之手"还是参与瓜分企业红利的"掠夺之手"？国有企业经营中政府控制影响企业绩效的作用机理是什么？政府参与深度与企业经营业绩之间有无必然联系？这些问题在中国目前经济转型大背景下显得尤为重要，在经济学理论界也引起了持续且广泛的讨论。党的十八届三中全会后,中共中央在《中共中央关于全面深化改革若干重大问题的决定》(简称《决定》)中指出,"经济体制改革是全面深化改革的重点,核心问题是处理好政府和市场的关系,使市场在资源配置中起决定性作用和更好发挥政府作用"。《决定》中明确规定了市场是资源配置的基础,并且对资源配置的过程具有决定性作用,为国有企业改革中处理政府与市场的关系指明了方向。

国有企业改革在目前中国全面深化经济体制改革的背景下的重要性不言而喻,而改革即为理顺企业经营中各种错综复杂的关系的过程,其最终目的是提高国有企业的经营业绩与经营效率。在目前经济转型的大背景下,如何理顺政府干预与市场调节在资源配置中的作用,是经济体制改革的一个重要命题。本章正是基于这样的背景,对国有企业经营中政府参与深度和国有企业经营业绩进行深入分析,力图通过理论分析与实证研究的方法,分析政府参与和上市国有企业经营业绩之间的内在联系,进而得出国有企业中政府参与深度的界限与国有企业改革的方向,从而为国有企业改革提供理论依据和政策建议,提高国有企业的经营效率,为新常态下保持经济稳定增长增添动力。

9.1.3 中国国有企业发展现状

2018年是全面贯彻十九大精神的开局之年,要求国有企业以深化企业改革、推动高质量发展、做优做大国有资本等为根本遵循,地方国资国企改革在方案制订和路径选择上更加聚焦主业、实业,告别"铺摊子",专注"上台阶",以质量变革、效率变革、动力变革"三轮驱动",夯实"稳"的基础、增强"进"的势头。立足国企改革全局,2018年地方国资国企改革要以"三去一降一补"为重点内容的供给侧结构性改革为一条清晰主线。在"1+N"政策体系搭建完成、十项改革试点多点开花、混合所有制改革加速推进、公司制改制全面转换、国有资本授权经营机制取得重大突破等现实基础上,直面"两类公司"试点扩围、处僵治困攻坚收尾、"双百行动"综合改革等多项重任,沿着深改轨道步步为营。2018年的另一层特殊意义在于,国资国企改革进入高质量发展"元年",优化产业结构布局、加速新旧推动力转换、深挖创新驱动改革潜力等多重任务叠加,深化改革与转型升级相互交织,时间紧、任务重、压力大。紧抓窗口机遇期,不断冲击更高的标准、更高的质量,新时代国资国企改革亟待主动突围,动真碰硬。在改革质量方面,地方国有经济以国有资本保值增值成效衡量改革路径和举措,在复杂多变的外部经济环境中实现了稳中有进，破题高质量发展。如表9-1所示，以安徽、江西、辽宁等为例，其省属企业2018年利润总额同比分别增长54.3%、33%、40.4%。以2018年地方国企整体利润增幅13.2%为基准线进行比较，这些区域率先成为脱颖而出的改革黑马。改革下半场，所谓"动真碰硬"就集中表现为要打赢企业处僵治困、解决历史遗留问题等攻坚战。当前，国有企业改革已处于一个行动胜过一切纲领的关键阶段。应当透视地方改革脉络，汇聚基层创新力量，同频共振，共同谱写未来国资国企改革新篇章。

表9-1　　　　　　2018年全国部分地区国有企业经营状况

省份	资产总额（亿元）	营业收入（亿元）	增幅(%)	利润（亿元）	增幅(%)
山东	73921.00	23082.00	14.00	1556.00	18.00
四川	94000.00	17000.00	14.50	780.00	19.80
北京	50000.00	15500.00	10.10	949.40	7.50
福建	47614.00	14274.00	13.90	591.00	3.00
浙江	41685.00	13399.00	14.00	613.00	11.30
陕西	45200.00	1300.00	11.80	391.40	15.60
江苏	—	8345.00	11.65	891.00	12.53
安徽	15648.60	8339.40	12.40	737.20	54.30
广西	30448.40	6884.70	14.40	365.80	20.30
江西	—	4876.50	10.80	246.10	33.00
贵州	—	4347.40	10.00	619.50	25.40
辽宁	—	4243.10	10.70	216.60	40.40
湖北	32042.25	3322.66	7.90	298.68	25.00
海南	5733.18	—		26.30	
广东	16900.00	—		332.68	6.80
宁夏	—	1003.76	10.40	72.00	1.30
山西	29200.00	—		300.90	0.54

对国有企业2010~2018年财务数据分析的结果见表9-2和图9-1。2010~2018年，中国国有企业营业总收入增长为17.97万亿元，同比增长119%，整体呈现波动中增长的趋势，2014~2016年增速较缓，甚至出现负增长，但2017~2018年增速逐渐回升，保持15%以上的增长率，这两年也正是国资国企改革进入高质量发展时期，数据反映出国家推动高质量发展、深化国企改革、做优做大国有资本已显成效。2010~2018年，利润

总额增长为17880.61亿元,增长约91%,净利润增长为14273.77亿元,增长约93%,利润总额与净利润增长趋势与营业总收入基本一致,也呈现波动中增长,且在2017年后增长大大加快。2010~2018年,国有企业资产总额增长为1193989.83亿元,增长约150%,各年增长率较为稳定,行业整体处于扩张阶段,固定资产净额增长为57905.26亿元,增长约104%,与资产总额基本保持同步增长。

表9-2　　　　　　2010~2018年国有上市企业主要财务指标　　　　单位:亿元

年份	营业总收入	利润总额	净利润	固定资产净额	资产总额
2010	150779.28	19618.88	15402.38	55909.77	795136.66
2011	190799.99	22725.59	17614.76	63058.36	934371.54
2012	207556.31	23371.59	18012.36	70129.09	1069146.22
2013	226104.80	26863.94	20799.08	77597.65	1189582.44
2014	236255.82	28258.08	21653.85	85067.44	1329629.40
2015	230037.29	28173.65	21402.46	93959.80	1508271.66
2016	244056.81	29275.71	22777.95	100464.53	1705170.04
2017	287595.11	34494.38	27425.07	106663.01	1837976.85
2018	330527.84	37499.49	29676.15	113815.03	1989126.49
总计	2103713.26	250281.32	194764.07	766664.67	12358411.31

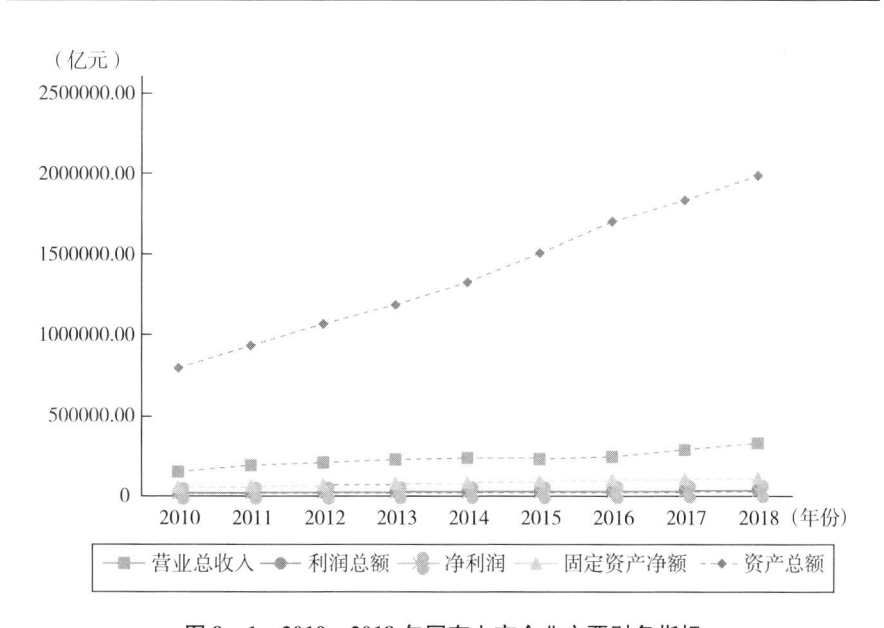

图9-1　2010~2018年国有上市企业主要财务指标

综上所述，在国家深化国企改革、做优做大国有资本的背景下，国有上市企业实现了高质量发展，未来其发展动力将更加强劲。

9.1.4 国有上市企业相关研究基础

现有研究中，由于对政府控制和企业绩效的衡量指标选取的差异，目前对于政府参与深度与企业绩效之间的关系产生了三种截然不同的结论。

第一种结论是政府参与深度和企业绩效具有负相关关系，认为随着政府参与深度的增加，企业绩效随之下降。詹科夫和缪尔（Djankov and Muird，2002）研究了企业所有权结构与上市公司经营绩效之间的关系，研究发现，政府控制的国有企业经济绩效明显低于非政府控制企业。拉波尔塔（LaPorta，1999）等通过研究指出，在东亚和西欧的大多数国家中，政府多作为上市公司的最终控制人，并且这些政府控制的企业绩效要明显差于非政府控制企业。范和王（Fan and Wang，2002）也在研究中指出，政府控制的上市公司的绩效要明显差于非国有企业。周开国和李涛（2006）研究发现，企业中国有控股比例会损害上市公司的经营绩效，并且公司价值越高，其负面影响越大。夏立军和方轶强（2005）对政府控制、治理环境与公司价值三者之间的关系进行了研究，研究发现，政府控制会对公司价值造成不良影响，尤其是市县级政府的控制明显对公司价值造成了一定程度上的损害。胡国柳（2015）等研究了政府控制与企业并购绩效的关系，发现非政府控制的企业并购绩效较好。

第二种结论是政府参与深度和企业绩效是正相关的，认为政府控制的增加，可以有效提高国有企业的经营绩效。原因在于国有企业中存在的委托代理问题使政府的援助之手发挥作用，并且可以有效降低政治恶意掠夺。刘春苗（2012）研究发现，高管的政治联系对于提高企业绩效有正面影响。孙岩（2012）研究了政府控制权与国有上市公司的关系，发现在中央控制的国有上市公司中，政府控制能明显增加企业的公司价值。

第三种结论是政府参与深度与企业绩效之间的关系并不能简单地用"正相关"或"负相关"来描述，呈现出U形和倒U形两种更为复杂、影响因素更多的曲线关系。魏等（Wei et al.，2000）研究发现，国有股权比例与以托宾Q表征的公司价值之间呈现U形曲线关系。田利辉（2005）

以国有控股比例为切入点，发现国有控股比例与企业绩效之间存在左高右低的非对称 U 形关系。朱松（2006）通过研究发现，最终控制人和公司价值之间不是单纯的线性关系，而是呈正 U 形，最终控制人的性质显著影响着公司价值，具体表现为最终控制人为政府的企业其公司价值明显不如其他公司。孙等（Sun et al., 2002）通过研究发现，国有股权比例与企业绩效之间呈倒 U 形关系。逯东和李玉银等（2012）以政府控制权、股权制衡与公司价值之间的关系为切入点，通过研究发现，政府控制权比例与公司价值之间存在着显著的倒 U 形关系，而政府做出干预的意愿强弱会导致这一倒 U 形关系发生变化。杨典（2013）研究了国有股比例与企业绩效的关系，发现国有股比例与企业绩效存在显著的倒 U 形关系。

可以看出，现有对政府参与国有企业治理的研究可分为三个层面，政府控股单位的行政级别、政治关联程度以及政府控制程度。对于以上指标的研究，大多处于设置政府参与虚拟变量的形式，并未设置连续性的量化指标衡量政府的参与深度，也就无法衡量出政府在国有企业治理中具体的控制力，从而无法量化表征政府在国有企业治理中的话语权。正是基于这样的考量，本章将国有企业中国有股权的比例设定为衡量政府参与深度的指标，设定从 0 到 100 的连续性变量，衡量政府参与深度对国有企业 EVA 的影响。

在当前中国经济步入新常态、经济体制改革进入攻坚期、国有企业改革步入深水区的时代背景下，研究政府参与和国有企业经营绩效之间的关系具有特殊的时代意义与理论价值。本章对全书的贡献主要有以下四点：一是以政府参与深度来表征国企治理中的政府参与，相对于传统研究构建 0－1 的虚拟变量，用国有企业股权结构中国有控股的多少来表示政府的参与深度，更加贴近现实，具有较大的理论价值和现实意义；二是使用 EVA 指标来考核上市国企，相比于传统的净利润等财务指标来说，能够体现企业的真实经营状况，更具有现实意义；三是理顺政府参与深度与国企经营绩效的关系，政府应在国有企业治理中发挥多大作用，市场应如何发挥决定性作用，具体边界如何，尚无明确定义，因此，研究政府参与深度与国企经营绩效的关系，有助于理顺政府与市场的关系，提高国有企业的经营效率；四是研究政府参与深度与不同行业中国有企业经营绩效的关系，本章通过研究政府在不同行业中国企经营的参与行为及对经营绩效的影响结果，进而探讨不同行业间政府在国企治理中应秉持的态度和应采取的行为。

9.2 国有上市企业价值创造能力评估及分类比较

9.2.1 数据样本来源及选择

为研究政府参与深度与国有企业绩效的关系，本章选择 2010~2018 年连续在沪深两市上市的企业进行研究，并对企业进行了以下筛选：

（1）根据上市公司实际控制人的不同，首先在本书研究的样本中剔除实际控制人为个人、外资企业以及实际控制人不明的企业，保留国家、省级、市县级等国资委控股的上市公司。

（2）由于银行、证券等金融类企业财务报表与其他企业的不同，故剔除证监会行业分类中为金融行业的企业。

（3）剔除 2010~2018 年财务或公司治理相关数据缺失的上市公司。

（4）由于 ST 和 *ST 企业的财务数据不能真实地反映企业的财务状况，剔除 2010~2018 年被 ST 或 *ST 的企业。

（5）剔除存在其他异常导致数据不完整或数据缺失的公司。

基于以上筛选及处理过程，共得到 2010~2018 年共 9 年的 483 家上市公司的平衡 Panel Data，共计 4347 个有效观测点。

本章中国有企业绩效指标数据和公司治理数据均来自 Wind 数据库。其中以 EVA 表示的财务数据指标由 Wind 数据库中企业财报数据直接获得，以政府或国企控股比例表征的政府参与深度数据由公司治理中十大股东持股比例手工计算而得。

9.2.2 EVA 测算结果

根据 EVA 测度模型计算得出中国 2010~2018 年国有上市公司 EVA 值如表 9-3 所示。

表9-3　　　　2010~2018年中国部分国有上市公司EVA值

单位：万元

企业名称	2010年	2011年	2012年	2013年	2014年	2015年	2016年	2017年	2018年
全聚德	5691.59	9763.20	10773.36	6603.71	7087.11	6303.71	6479.43	6130.62	5781.81
深高速	-6433.39	10929.39	-7791.69	-4027.13	32067.74	40488.59	17252.58	32597.23	47941.88
深圳能源	6849.48	-21442.86	-38537.62	20523.65	88127.67	44612.40	-19279.11	-43072.75	-66866.39
建投能源	-23769.04	-21130.62	-6812.42	81036.05	212918.47	187061.39	100606.08	-68719.58	-238045.24
佛山照明	11582.33	14257.03	24108.98	3744.87	9380.18	-20228.28	77974.66	47046.30	16117.94
格力电器	175796.47	285468.88	548263.72	857020.18	1129572.14	886707.59	1153556.32	1855472.86	2557389.4
广电网络	1952.28	5284.21	6474.55	6041.87	4658.15	3110.48	-1314.04	-1093.61	-873.18
大悦城	2733.83	2411.55	-11549.77	683.40	-36622.26	-53331.73	-24513.14	31629.09	87771.32
云南城投	-16308.38	-38865.61	-78537.84	-36037.21	-36207.49	-140339.95	-188660.01	-118618.19	-48576.37
祁连山	30803.85	8985.97	-11841.10	15784.55	12703.83	-27967.17	-26748.31	14370.52	55489.35
山东药玻	8090.00	2176.03	916.14	712.54	574.71	2254.88	4153.88	8755.72	13357.56
曲江文旅	-978.23	-1803.51	3974.30	4306.46	-3569.08	-1399.72	-1973.22	418.65	2810.52
中国国航	776882.39	187528.74	-87095.12	-234443.79	-251634.28	8507.26	78575.71	219141.37	359707.03

· 157 ·

续表

企业名称	2010年	2011年	2012年	2013年	2014年	2015年	2016年	2017年	2018年
中信特钢	40840.92	35393.29	215.92	3185.92	7267.17	4323.23	7550.16	16239.89	24929.62
两面针	-19034.14	-14405.22	-10213.30	-12901.35	-15933.72	-36389.00	-13670.66	-26571.32	-39471.98
中科三环	13735.02	80526.60	57672.49	14307.49	9623.87	6287.70	10600.87	6143.88	1686.89
惠泉啤酒	-1403.05	-3790.63	-13761.45	-4407.48	-3654.86	-4116.18	-6140.82	-3768.39	-1395.96
合肥百货	27990.64	44374.05	26955.02	27031.83	22892.11	10080.00	12638.43	5353.37	-1931.69
首旅酒店	15743.43	4653.21	6378.27	5861.86	4828.47	2779.84	-390.55	826.81	2044.17
浪潮软件	-852.80	-1908.51	1638.00	-3591.54	3039.26	6184.20	3671.71	1155.29	-1361.13
中国医药	16907.64	24647.56	32339.08	42294.82	44249.64	48445.52	81321.01	119268.74	157216.47
小商品城	42717.95	32480.51	30081.89	17482.74	-6191.34	27133.77	39274.12	70777.79	102281.46
中国铁建	33567.10	313930.90	312653.78	481841.96	529597.99	526430.41	421777.58	565237.61	708697.64
瀚蓝环境	4008.14	5855.02	7984.99	10185.88	11864.05	13565.93	8706.33	24691.01	40675.69
招商轮船	-3122.56	-57655.83	-80817.82	-307018.90	-117474.60	15690.10	9489.81	-88705.04	-186899.89
博瑞传播	25140.58	31760.73	15849.90	18646.22	8029.47	-20832.40	-25006.10	-19293.41	-13580.72

注：为简洁起见，仅列出2008～2017年各行业代表性上市公司的EVA值。

从上市国企 EVA 的测度结果可以看出，以净利润为代表的传统财务考核指标为正值的企业，在 EVA 方法下有可能出现为负值的情况。这体现出了会计利润与经济利润的不同。而在企业的经营中，为实现企业价值最大化的长期目标，应该从 EVA 的角度去考虑问题，制定适合企业发展的战略决策。

9.2.3 传统财务评价指标与 EVA 的结果对比分析

与传统财务评价指标相比，EVA 能够更加真实地反映企业的经营状况。本章选取净利润以及净利润率作为传统会计利润的评价指标，EVA 作为绩效评价体系的评价指标，对比分析同一样本的绩效考核结果。

通过计算得到 2010~2018 年 483 家上市国企的平均净利润、净利润均值、EVA 均值如表 9-4 所示。

表 9-4　　　　　　　　2010~2018 年会计指标与 EVA 指标

年份	净利润（百万元）	净利润率	EVA（百万元）
2010	962.35	0.04	458.55
2011	974.05	0.06	408.28
2012	908.12	0.04	245.57
2013	1038.79	0.04	298.35
2014	931.14	0.03	196.45
2015	744.82	0.02	-113.61
2016	886.39	0.03	-70.88
2017	1256.32	0.04	295.38
2018	1626.25	0.05	661.64

数据计算结果表明，针对 2010~2018 年，每年的平均净利润值均高于 EVA 值，说明以净利润为考核指标的企业绩效评价体系在准确地反映企业的盈利能力的同时，高估了企业的价值创造能力，说明从价值创造的角度评价企业绩效，企业实际上是"亏损"的。

9.2.4　不同行业间国有企业 EVA 对比分析

为了分析上市国企 EVA 的行业差异，按照证监会 2019 年第四季度最新上市公司行业分类结果对 483 家上市国企进行了行业分类。按照证监会的分类方法，可分为（1）农林牧渔业；（2）采矿业；（3）制造业；（4）电力、热力、燃气及水的生产和供应业；（5）建筑业；（6）批发和零售业；（7）交通运输、仓储和邮政业；（8）住宿和餐饮业；（9）信息传输、软件和信息技术服务业；（10）房地产业；（11）租赁和商务服务业；（12）科学研究和技术服务业；（13）水利、环境和公共设施管理业；（14）文化体育和娱乐业等共计14个门类。为统计及分类方便，将住宿和餐饮业，租赁和商务服务业，科学技术服务业，水利、环境和公共设施管理业，文化体育和娱乐业合并为居民生活服务业，其他类别也用相应的简称分别代替，从而得到上市国企分类如表9-5所示。

表9-5　　　　　　上市公司行业分类及各行业国企数量　　　　　单位：家

行业分类	上市国企数量	行业分类	上市国企数量
农业	5	批发零售业	36
采矿业	32	交通运输业	43
制造业	240	居民生活服务业	26
电力热力生产	33	信息技术产业	16
建筑业	14	房地产业	38

可以看出，国有上市公司中，制造业占据了最大比例，说明中国作为一个制造业大国，政府在最为基础的制造行业中做出了较大努力，贡献出很大力量。同时，也从一个侧面说明，中国政府牢牢掌握着中国经济的命脉，具有很强的控制能力。

从各行业的国有企业的数量来看，中国政府在农业中控制力较弱，这与中国农业长期以来家庭作坊式的农业生产方式有关，农业在中国尚未形成集约化、规模化生产形式，较少采取公司制的形式进行农业生产，也是造成农业类的国有上市公司较少的原因之一。电力、热力及水生产行业中，上市国企占据了很大比例，这与相关行业在中国属于垄断行业有关系，体现了政府在相关行业的控制力。在批发零售、交通运输以及房地产业中，上市国企的数量相当，而在信息技术产业中国有企业数量较少，这与中国信息产业尚处于萌芽阶段有较大关系。

接下来，按照行业分类对各行业2010~2018年EVA均值进行对比分析。

表9-6中各行业每年的EVA均值，由行业内所有上市国企EVA测算结果的简单平均得出。

表9-6　　　　　　　　　2010~2018年各行业EVA均值

行业分类	2010年	2011年	2012年	2013年	2014年	2015年	2016年	2017年	2018年
农业	-53.61	-118.96	-169.87	-213.89	-78.64	-75.85	-251.120	17.59	286.300
采矿业	6671.73	6496.18	5047.94	3778.10	1982.53	-2529.16	-2307.690	282.00	2871.690
制造业	302.44	353.95	5.52	161.19	55.42	-212.10	92.706	695.41	1298.114
电力热力生产	-39.80	-198.14	494.19	1141.96	1385.58	1423.38	537.020	-234.22	-1005.460
建筑业	432.89	499.39	230.32	351.84	681.32	612.52	354.390	725.72	1097.050
批发零售	148.19	231.50	99.75	104.65	92.37	-94.41	96.810	251.54	406.270
交通运输业	874.91	53.78	-219.18	-233.66	-60.93	-162.36	-392.380	518.79	1429.960
居民生活服务	80.31	107.15	105.30	105.31	54.90	23.25	-5.520	16.13	37.780
信息技术产业	-463.53	-426.85	-275.98	-60.26	-49.53	-487.68	-666.320	-520.54	-374.760
房地产业	178.41	142.05	139.42	157.37	190.06	28.33	57.650	190.23	322.810

从表9-6可以看出，国有上市公司中，采矿业的EVA均值最高，这与采矿业的特殊性质有关，作为资源开采类行业，资本投入相对制造业等行业较低，导致资本成本相对较低，而EVA＝税后净利润－资本成本，进而造成了采矿业EVA水平高于其他行业的现象。信息技术产业平均EVA水平较低，并且9年内EVA全为负值，这与中国目前信息技术产业发展尚处于萌芽阶段、还未形成成熟的产业形态有关，并且信息技术产业EVA值波动幅度较大，也从侧面印证了这一点。

大多数行业的EVA均值变化情况与所有行业均值的变化相符，符合先增长后下降的趋势，其中，信息技术产业由于目前在中国发展尚不成熟，EVA均值波动较大。分行业来看，采矿业的EVA均值远远高于其他行业，与资本成本相对较低有关。其他行业EVA均值基本在1亿元上下浮动。2010~2018年9年间建筑业和房地产业EVA均值均为正值，并且符合先增长后下降再增长的波浪形增长趋势。电力、热力及水生产行业的均值相对其他行业较高，2010~2015年一直稳中有升，并于2013年实现突破10亿元大关。制造业也呈现出先增长后下降再增长的趋势。批发零售业、居民生活服务业以及房地产业均稳中有升，逐渐增长至2013年1亿元以上的水平。

9.3 政府参与深度对国有企业价值创造的影响机制研究

9.3.1 理论研究

1. 机制分析

目前理论界对于政府参与对国企经营绩效的影响，主要有委托代理理论及制度经济学理论两种观点。

产权理论认为，国有企业存在的最大问题为"委托—代理"问题。国有企业的所有者及实际控制人为政府，而政府往往无法亲自管理企业，而将管理权委托给企业管理层，由于信息不对称与激励不相容等问题的存在，便产生了代理问题：国有企业的管理者在提供的激励不足够的情况下，大多没有主动意愿去尽可能地提高企业的盈利能力，导致企业无法实现效益最大化的目标。另外，政府对于国有企业存在着较为普遍的政治干预以及所谓的"掠夺之手"。在目前的国有企业治理中，政府往往凭借手中持有的股份而享有控制权和表决权，并凭借这两大决定性权力干预国有企业的经营管理，而政治干预往往会导致企业利益受到一定损害。因此，在现在的代理理论经济学家之中，政府参与是国有企业经营的绊脚石这一点达成了广泛共识，因为政府参与可能不可避免地导致权力寻租、腐败以及资源配置不合理等破坏市场的行为，而相对自由的市场环境是市场经济高效运转的基本保障。

相反，持新制度经济学理论以及发展性国家理论观点的经济学家则认为，像中国这种转型市场经济中的国有企业大多是工业化的后进者，政府的"扶持之手"为这类国企赶上世界发展潮流提供了坚实的基础与充分的保障。发展型国家理论认为，政府的"扶持之手"有效资源调配、抑制恶性竞争、提供资金支持等积极功效，可以给本国国有企业发展提供助力。

大多持有政府参与企业经营不利于企业提高经营业绩的论证基于单一所有制企业，比如国有独资企业或全资民营企业等，通过现有研究发现，国有独资可能并不利于企业发展。然而，在现实中，经过多年的经济体制改革和国企改革，大多数国有企业已经不再是国有独资，而是国有资本、民营资本以及外资共同控制的集合体，成为混合所有制企业。在当前产权多元化的新制度背景下，各种类型的股东共同影响着企业的行为。尽管在大多数上市国企中，政府是最大股东，但个人股东和外资股东对企业也有着相当大的影响力，不具备控制权的私人股东和外资股东也对掌握企业控制权的政府或国有资本有着较强的监督和约束力。

从整体上看，国有企业代理成本的降低、政府的正面干预以及扶持、私人股东和外资股东的制约与监督以及上市国企管理的逐步透明化，使得国有控股对公司绩效的提高有一定的正向作用。但一些研究也表明，政府参与深度与企业经营绩效之间的关系却并非简单的线性正相关关系。杨典认为，政府参与对企业绩效的影响主要由三个方面的因素决定，分别为：进行政治干预所需要付出的成本、"扶持之手"给企业带来的额外收益以及委托代理的成本。当政府的"扶持之手"带来的收益不抵政治干预的成本和代理成本的总和时，政府控股将会带来负面影响，相反，则政府控股的影响为正值。而政治干预、政府扶持力度以及委托代理的成本的大小随着政府参与深度即国有控股比例的变化而变化。政府对国有企业的扶持力度会随着国有股权比例的增加而增加，政治干预所造成的成本也会随着国有股权比例的增加而增加，而在低于某一临界值时，代理成本则由于产权多元化带来的监督机制与权力制衡而降低，因此，在低于某一临界值时，企业经营业绩会随着政府参与深度的增加而不断提高。而当国有控股比例上升到一定量级之后，企业会得到越来越强有力的国家扶持，但增长幅度随之开始放缓，政治干预却需要付出更多的成本，与此同时，代理成本由于很难对企业管理人员进行到位的监督与制衡而大幅增长，这意味着如果政府过度参与企业的经营与治理，企业绩效将会随国有股权比例的增加而降低。国有比例最高的例子即为国有独资企业，政府对其的扶持力度达到最大，对企业经营的干预程度也达到最大，但是极其高昂的代理成本则使政府对企业绩效的净影响值为负。

总而言之，政府参与深度会在一定临界范围内对企业经营绩效有正面积极作用，并且这种正面作用会随着政府参与深度的增加而增加；当政府参与深度超过临界范围后，政府参与对企业经营的正面影响将会逐渐减弱，直到影响作用为负。即政府参与深度与企业绩效之间呈现倒 U 形关系。

2. 数理模型

为了更加形象具体地描述政府参与给国有企业经营带来的正面和负面影响，本章构建以下数学模型对两者的关系进行简单分析。

首先，构建企业绩效的政府参与函数：

$$P(x) = P_0 + V(x) - C(x) \quad (9-1)$$

式（9-1）中，$P(x)$ 表示企业经营绩效，P_0 表示在完全市场化程度下，即政府参与深度为0的情况下企业的经营绩效，V(x)表示政府参与企业经营给企业带来的正面效应，C(x)表示政治干预的成本和代理成本，其中x为政府参与深度。

式（9-1）中，V(x)为增函数，因为随着政府在企业的参与深度增加，政府对企业的扶持力度越来越大，当x较小时，V(x)的增长速度较快，当x达到一定值后，政府的扶持力度会相对减弱，因而V(x)是一个边际效应递减的增函数。

$$\lim_{x \to 0} \frac{\partial V(x)}{\partial x} > 0, \lim_{x \to 1} \frac{\partial V(x)}{\partial x} = 0, \frac{\partial^2 V(x)}{\partial x^2} < 0 \quad (9-2)$$

C(x)也是一个增函数，随着政府参与深度的增加，政府对企业的干预行为越来越显著，两权分离造成的代理成本也越来越大。随着x的增加，政府的参与深度越来越大，控制权也越来越大，导致政府对企业的干预行为的成本越来越大，因而C(x)是一个边际效应递增的增函数。

$$\lim_{x \to 0} \frac{\partial C(x)}{\partial x} = 0, \lim_{x \to 1} \frac{\partial C(x)}{\partial x} > 0, \frac{\partial^2 C(x)}{\partial x^2} > 0 \quad (9-3)$$

对式（9-2）进行求导，得到：

$$\frac{\partial P(x)}{\partial (x)} = \frac{\partial V(x)}{\partial (x)} - \frac{\partial C(x)}{\partial (x)} \quad (9-4)$$

将式（9-3）和式（9-4）代入式（9-2）可得：

$$\lim_{x \to 0} \frac{\partial P(x)}{\partial x} > 0, \lim_{x \to 1} \frac{\partial P(x)}{\partial x} < 0, \frac{\partial^2 P(x)}{\partial x^2} < 0 \quad (9-5)$$

通过式（9-5）可以看出，企业绩效P(x)会随着政府参与深度x的增大先增加后降低，存在一个拐点，呈现出开口向下的倒U形关系（见图9-2）。

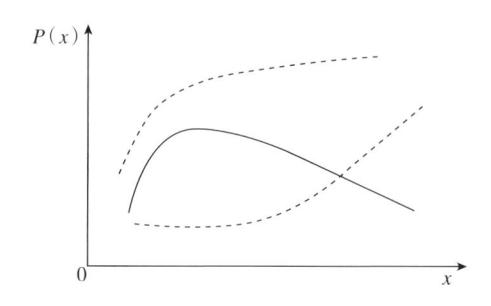

图9-2 政府参与深度x与企业经营绩效P(x)的关系

因此，基于上文的理论分析和模型推断结果，提出本章的研究假设：

政府参与深度与国有企业经营绩效之间呈倒 U 形关系。

9.3.2 上市国企政府参与深度水平测度

与夏立军、方轶强（2005）等通过衡量控制国有上市公司的政府单位的行政级别来测度政府控制程度所不同的是，本章使用上市国企公司治理数据——十大股东明细中国有股权比例来度量政府参与深度。国有股权包括：（1）国家直接持股（国有股）；（2）国有企业持股（国有法人股）；（3）政府机构及政府下属法人机构持股。

十大股东明细数据来源于 Wind 数据库，2010～2018 年共计 9 年 483 个样本的国有股权数据根据股权性质手工计算而得，整理得到共计 4347 个样本观测点。其中部分行业政府参与深度均值与整体均值的结果如表 9-7 所示。

表 9-7 　　　　各行业国有企业政府参与深度水平　　　　单位：%

行业分类	2010年	2011年	2012年	2013年	2014年	2015年	2016年	2017年	2018年
农业	37.52	40.53	41.61	41.16	40.98	40.31	40.18	40.56	40.94
采矿业	51.23	51.75	54.58	55.15	55.22	55.25	56.74	56.27	55.80
制造业	44.53	44.22	44.86	43.06	42.46	42.58	42.47	42.91	43.35
电力热力行业	50.12	51.08	51.43	52.80	52.42	52.40	52.68	52.75	52.82
建筑业	43.87	44.10	42.44	42.95	42.86	45.70	43.03	44.03	45.03
批发零售业	38.53	38.55	38.46	38.10	38.84	39.03	39.15	39.77	40.39
交通运输业	52.06	52.54	51.91	51.40	51.64	51.98	51.93	52.02	52.11
居民生活服务业	39.34	39.99	39.54	40.40	41.71	42.64	42.06	41.93	41.80
信息技术业	43.89	43.34	44.38	43.83	43.37	43.55	43.67	43.79	43.91
房地产业	41.33	43.16	43.13	43.40	43.68	43.72	43.44	43.22	43.00
均值	44.58	44.75	45.15	44.29	44.09	44.30	44.23	44.89	45.55

对各行业中国有上市公司的政府参与深度进行算术平均，进而得到行业的政府参与深度值。

根据各行业政府参与深度均值可以看出，采矿业、电力热力与水生产和交通运输业中政府参与深度较高，多年平均值高于 50%；批发零售业、居民生活服务业和农业的政府参与深度较低，均值接近 40%；其他行业均值均在 40%～50%。根据杨典（2013）的研究，政府参与深度在 46% 时，企业绩效水平最高，而中国大多数行业的政府治理处于合理区间，对于提高企业绩效有积极推动作用。

分行业进行观察，大多数行业与整体趋势相同，呈现出稳中有降的态势，而采矿业和居民生活服务业则呈现出先短暂下降后缓慢增长的态势，体现出政府在采矿行业和事关居民生活的相关行业中的态度。这些变化与政府在关乎人民生活和人民生命财产的行业中所秉承的态度有关。

通过对历年企业的政府参与深度进行算术平均，得到历年上市公司治理中政府参与深度平均值。可以看出，自2005年起，整体上中国政府在上市国企中的参与深度呈现逐渐下降的趋势，从2005年的52.54%逐渐下降至2010年后的44%左右，这也与从企业绩效考虑的政府最佳参与深度相差无几，体现出政府在市场化改革和提高企业绩效中所做出的努力。随着中国市场化改革进程的不断推进，市场逐渐在国企经营和资源配置中起决定性作用，政府越来越多地扮演"守夜人"的角色，为上市国企提高经营绩效打好基础，铺平道路。

9.3.3 政府参与深度与上市国企EVA关系

根据本章计算得到的表征企业经营绩效的中国上市国企EVA指标与政府参与深度指标，构建模型对政府参与深度与上市国企EVA的关系进行实证分析，验证前文对政府参与深度与国企绩效存在倒U形关系的假设。

1. 模型构建

根据本书理论基础以及假设，构建回归模型如下：

$$EVA_{it} = \alpha_0 + \beta_1 GOV_{it} + \beta_2 GOVEq_{it} + \beta_3 CEN_{it} + \beta_4 HI_{it} + \beta_5 INS_{it} + \lambda_i + \delta_t + \mu_{it} \quad (9-6)$$

式（9-6）中，α_0表示常数项，$\beta_1 \sim \beta_5$表示各变量系数，λ_i表示在t年公司层面的异质性，δ_t表示在i公司的在时间序列的异质性。

式（9-6）中各变量的定义如表9-8所示。

表9-8　　　　　　　　　　各变量定义

变量		定义
被解释变量	EVA	表示i公司在t年的EVA值。在模型中表征企业经营绩效
核心解释变量	GOV	表示i公司在t年的政府控股比例。用来表征政府参与深度
	GOVEq	i公司在t年的政府控股比例的平方值

续表

变量		定义
控制变量	CEN	是否为央企控股虚拟变量,其中央企控股为1。目的为区分央企控股与地方政府控股的国有上市公司的EVA差异
	HI	前十大股东持股比例。衡量企业的股权集中度
	INS	机构持股比例。衡量上市国企股权结构中机构持股的比例

2. 描述性统计

表9-9给出了模型中各个主要变量的描述性统计值,从分析结果看,变量EVA的最小值与最大值相比较其均值和标准差有较大差距,考虑存在连续变量的极端值问题,故对其进行左右5% Winsorize处理,以消除极端值对模型回归的影响。衡量政府参与深度的Gov平均值为0.445,说明政府对上市国企的控制力依旧很强,前十大股东持股比例(HI)以及机构持股比例均具有一定的变异性。

表9-9　　　　　　　　主要变量的描述性统计

变量	样本数	平均值	标准误差	最小值	最大值
EVA	4347	0.750	2.907	-15.808	22.306
GOV	4347	0.445	0.147	0.022	0.971
GOVEq	4347	0.220	0.134	0.001	0.824
CEN	4347	0.293	0.455	0.000	1.000
HI	4347	0.547	0.140	0.145	0.960
INS	4347	0.334	0.243	0.000	0.943

从表9-10各相关变量相关系数矩阵中可以看出,EVA与GOV存在显著的相关关系。由于Gov与GoVEq为平方关系,也存在显著相关关系。

表9-10　　　　　　　　各变量相关系数矩阵

变量	EVA	Gov	Govsq	Cen	HI	Ins
EVA	1					
GOV	-0.102***	1				
GOVEq	-0.105***	0.979***	1			
CEN	0.012	0.010	0.003	1		
HI	-0.189***	0.186***	0.178***	0.013	1	
INS	-0.273***	0.118***	0.109***	-0.011	0.266***	1

注:***、**、*分别表示通过1%、5%、10%显著性检验。

3. 回归结果分析

在进行回归分析之前,为了消除 EVA 变量中极端值的影响,对 EVA 做了 5% Winsorize 处理。

本章的研究数据为 2010~2018 年 483 家国有上市公司的平衡面板数据。在进行回归分析前,需要选择并检验合适的估计方法。

首先,判断使用固定效应还是混合回归模型。进行 F 检验,得到 $F(482,4660) = 6.09$,P 值为 0,检验结果拒绝混合回归模型。

然后,利用豪斯曼检验的方法判断回归分析应当使用固定效应模型还是随机效应模型。χ^2 统计量为 43.15,P 值为 0,强烈拒绝原假设"H_0:u_i 与 x_i,z_i 不相关",所以应选择使用固定效应模型。

此外,由于每个上市公司的具体情况不同,可能存在与时间无关的遗漏变量,使用固定效应能够控制无法观察的个体效应,缓解模型中的内生性问题,所以相对而言,固定效应模型是较优的。

综合以上分析,选取个体固定效应的估计方法进行回归分析。估计结果如表 9-11 所示。

表 9-11　　　　　　　　　回归模型估计结果

变量	相关系数	标准误差	T 值	P 值
GOV	4.008***	1.241	3.230	0.001
GOVEq	-3.515***	1.316	-2.670	0.008
CEN	-1.023**	0.507	-2.016	0.039
HI	-1.814***	0.368	-4.930	0.000
INS	-1.140***	0.120	-9.530	0.000
样本数量	4380			

注:***、**、* 分别表示通过 1%、5%、10% 显著性检验。

根据模型估计的结果可以看到,GOV 系数显著为正值,GOVEq 系数显著为负值,说明政府参与深度与上市国企 EVA 显著正相关,政府参与深度平方与上市国企 EVA 显著负相关,政府参与深度与上市国企 EVA 之间存在显著的倒 U 形关系。模型回归的结果验证了本书第 3 章的假设,即政府参与深度与国有企业经营绩效之间呈倒 U 形关系。

模型回归估计结果除了得出上市国企 EVA 与政府参与深度存在倒 U 形关系外,对控制变量与被解释变量的关系也做出了分析。股权集中度与 EVA 之间存在显著负相关关系,机构持股比例与 EVA 也存在负相关关系,这一点与杨典等的研究结果不一致。

根据回归结果,可以得到上市国企 EVA 与政府参与深度的倒 U 形关系的拐点为 0.57。随着政府参与深度的不断扩大,国企 EVA 值随之扩大,当政府参与深度达到 57% 时,国企 EVA 值达到顶点,随后随着政府参与深度的不断扩大而降低,到达拐点后,随着政府控股比例的不断增加,股权集中度也随之增加,导致右端国有企业 EVA 的递减速度明显高于左端的增长速度,所以两者呈现出如图 9-3 所示的不完全对称的倒 U 形关系。由于受股权集中度与上市国企 EVA 的显著负相关关系的影响,政府参与深度与 EVA 之间倒 U 形关系的曲线形状与假设有所不同,呈现左端较缓、右端相对较陡的不对称关系。

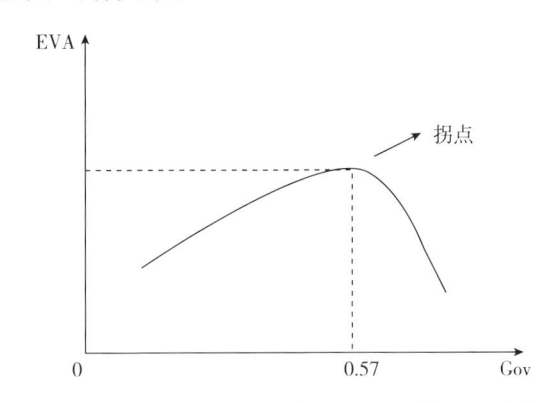

图 9-3 政府参与深度与上市国企 EVA 的倒 U 形关系

9.3.4 行业异质性回归结果

以证监会最新的行业分类结果为基础对行业进行重新归类,将所有上市公司分为 10 个行业,研究不同行业中政府参与深度与上市国企 EVA 的关系,并探寻行业与整体的区别与联系,为政府部门在不同行业中国有企业治理及改革提供参考依据。

分行业的描述性分析已经在上文中有所体现,为简洁起见,各行业中相关变量的描述性统计值在本章中不再予以单独列出。为消除极端值的影响,仍旧对 EVA 变量进行 5% Winsorize 处理。

针对小样本对各变量进行相关系数分析结果与样本整体情况基本保持一致。上市国企 EVA 与 Gov 之间存在显著相关关系,控制变量央企持股与各变量之间关系不能通过显著性检验。

采用整体样本研究中构建的个体固定效应模型来进行测度,得到回归结果如表9-12所示。

表9-12　　　　　　　　　分行业回归估计结果

行业	GOV	GOVEq	HI	INS	R^2	F值	样本数
农业	2.160	-3.580	0.066	-0.801***	0.170	4.960***	45
采矿业	23.101**	-24.540*	-2.270***	-0.160	0.370	6.980***	288
制造业	4.280***	-2.903**	-1.704***	-1.102***	0.440	29.180***	2160
电力热力行业	-3.710	2.560	-0.550	-0.440	0.260	1.020	297
建筑业	19.302*	-26.530**	-1.030	-4.602***	0.420	6.210***	126
批发零售业	4.580**	-5.560**	-2.160**	-1.320**	0.210	10.560***	324
交通运输业	21.180**	-18.920**	-1.850	-0.064	0.310	3.910**	387
居民生活服务	1.530**	-3.310**	-3.710***	-1.440***	0.250	8.560***	234
信息技术业	-3.960	2.690	1.280	-1.460	0.330	7.730	144
房地产业	7.603***	-7.490**	-1.180*	-0.750*	0.390	4.770**	342

注：***、**、*分别表示通过1%、5%、10%显著性检验。

通过对不同行业中上市国企EVA与政府参与深度的分析,可以看出大多数行业中上市国企EVA与政府参与深度的关系与整体趋势相同,呈现显著的倒U形关系。其中农业、电力热力及水生产行业以及信息技术行业中两者关系与整体不相符合,甚至呈现正U形曲线关系,并且不能通过显著性检验。为探寻上市国企绩效与政府参与深度两者之间关系,对三个行业中两者进行线性回归,发现均不存在线性关系。采矿业、制造业等与整体趋势相同的行业,均能通过10%显著性检验,大多能通过5%显著性检验,部分能通过1%显著性检验。各变量系数整体显著不为零。与全样本相同,各行业中上市国企股权集中度和机构持股比例两个参数与EVA之间存在显著的负相关关系。呈现倒U形关系的各行业中,EVA达到最高点时的政府参与深度略有不同。如表9-13所示,采矿业上市国企EVA在政府参与深度为47.07%时达到最高点,制造业拐点为73.79%,建筑业的拐点为36.37%,批发零售业EVA在政府参与深度超过41.19%时开始逐渐下降,交通运输业拐点为55.97%,房地产业在政府参与深度为50.73%时,企业绩效达到最高点。

表 9-13　　　　　　　　不同行业倒 U 形曲线拐点值

行业	拐点值(%)
采矿业	47.07
制造业	73.79
建筑业	36.37
批发零售业	41.19
交通运输业	55.97
居民生活服务业	23.11
房地产业	50.73
样本整体	57.01

根据分行业进行模型回归估计，从而计算得到的不同行业拐点值与行业现有政府参与深度水平进行比较，可以得出政府在不同行业中应采取的态度。为实现上市国企经济增加值最大化，政府应逐步降低在采矿业、建筑业以及居民生活服务业中的参与深度，适当提高在制造业、批发零售业、交通运输业以及房地产业的政府参与深度水平。

在采矿业、建筑业以及居民生活服务业等行业中，政府进行政治干预的成本和国企委托代理成本已经高于政府的扶持之手所带来的收益，导致 EVA 会随政府参与深度的进一步增加而不断降低，为保持行业中国有企业的经营绩效，应逐步降低政府在各公司股权结构中所占比例，进一步发挥市场在资源配置中的基础性和决定性作用，释放企业的经营活力。

在制造业、批发零售业、交通运输业以及房地产业中的上市国企中，政府参与所带来的扶持作用还未完全体现，政府参与深度的增加仍旧会带来正面效应的增长，但考虑到长期国企经营环境以及降低依赖性的考虑，应适当提高政府参与深度水平，以发展的眼光，长期、逐步、稳定地提高行业中国有企业的经营绩效。

9.4　结论及启示

9.4.1　主要结论

本章选取 2010~2018 年在沪深两市连续上市的 483 家国有企业的财

报数据和公司治理数据组成平衡面板，构建个体固定效应模型，以上市国企 EVA 为被解释变量，以政府参与深度（即政府控股比例）为解释变量，将机构持股比例、前十大股东持股比例等作为控制变量，实证分析政府参与深度与企业经营绩效之间的关系，并通过研究得到以下结论：

(1) 从整体上看，国企经营绩效与政府参与深度存在显著的非对称倒 U 形关系。通过数理分析与数理模型推导得出本书研究假设：国企经营绩效与政府参与深度之间存在显著的倒 U 形关系。通过对 483 家公司的实证研究，结果验证了本书的假设，认为两者之间存在显著的倒 U 形关系。

(2) 当政府参与深度水平达到 57% 时，国企经营绩效达到拐点。从所有行业整体来看，当行业均值达到 57%，政府参与深度增加所导致的政府扶持所带来的正面效应与政府干预成本和代理成本所产生的效应之差为 0，因此为保证国有企业的经营绩效，应保持适当的政府参与深度。

(3) 分行业来看，不同行业中政府参与深度与国有企业经营绩效之间的关系不尽相同。其中农业、电力热力及水生产业以及信息技术产业中的回归结果显示两者之间并不存在显著的倒 U 形关系或者线性关系，其余七个行业均存在较为显著的倒 U 形关系。不同行业中倒 U 形曲线的拐点也不尽相同，采矿业上市国企 EVA 在政府参与深度为 47.07% 时达到最高点，制造业拐点为 73.79%，建筑业的拐点为 36.37%，批发零售业 EVA 在政府参与深度超过 41.19% 时开始逐渐下降，交通运输业拐点为 55.97%，房地产业在政府参与深度为 50.73% 时，企业绩效达到最高点。因此在不同行业中，政府应根据实际情况制定适宜的政府参与深度。

9.4.2 政策建议

根据上述分析结论，提出如下建议：

(1) 对国有资产监管机构的职能进行明确与转变。一是准确定位把握国有资产监管机构的职责范围。作为政府直属特设机构，国有资产监管机构根据授权，代表本级人民政府对监管企业依法履行出资人职责，科学合理地界定国有资产出资人监管范围的边界，不干预企业自主经营权，不行使政府公共管理职能，专司国有资产监管。以资本管理为主，重点负责国有资本布局、维护资本安全、规范资本运作、提高资本回报，实现保值增值，更好地为国家战略目标服务。注重国有资产监管机构所拥有的专业化监管优势，逐步推进完全覆盖所有国有资产出资人的监管体系。二是对国有资产监管重点进行进一步明确。加强战略引领规划，改进管理监管企业主要经营业务界定和投资并购的方式，规范调整存量，科学配置增量，遵循市场机制,加快对国有资本布局进行结构性优化。注重加强监管企业财务状况及监管国有资本运营质量,强化对国有产权流通运转环节的监管,加大国有产权进场交易力度。以国有企业的类别和功能界定为标准,实行分类监管。三是推进转变国有资产监管机构的职能。围绕提高监管企业的效率和活力,聚焦监管内容,在管理职责范围内的要科学管理、绝不缺位,超出管理范围的要依法放权、绝不越位。将依法应由企业自主经营决策的事项归位于企业;将延伸到子企业的管理事项原则上归位于一级企业,由一级企业依法依规决策,加强对企业集团的整体监管;将国有资产监管机构行使的出资人权利进行合理授权,将投资计划、部分产权管理和重大事项决策等,交由国有资本投资、运营公司和其他直接监管的企业行使;将相关政府部门和单位本应承担的由国有资产监管机构配合承担的公共管理职能进行归位。四是对国有资产监管方式和手段进行改进。以依法监管为核心和基本原则,着力创新监管方式和手段。按照事前规范制度、事中加强监控、事后强化问责的思路,更多运用市场化、法治化、现代化的监管方式,对行政化管理方式进行变革,切实减少出资人审批核准事项。在"一企一策"的原则下制定公司章程、规范董事会运作、严格选派和管理股东代表和董事监事,在公司治理结构中,有效体现国有出资人意志。

(2)对国有资本授权经营体制进行改革。一是对国有资本投资、运营公司进行改组或组建。以提升国有资本运营效率、提高国有资本回报为主要目标,主要通过国有资本经营预算注资组建,以及划拨现有商业类国有企业的国有股权,通过价值管理、股权运作、有序进退等方式,实现保值增值,对国有资本合理流动起促进作用;或以服务国家战略、提升产业竞争力为主要目标,改组设立具备一定条件的国有独资企业集团,在关系国家安全、国民经济命脉的重要行业和关键领域,通过开展投资融资、产业培育和资本整合等,优化国有资本布局结构,推动产业集聚和转型升级。二是对国有资本投资、运营公司与国有资产监管机构关系进行明确。政府授权国有资产监管机构依法以出资人的身份对国有资本投资、运营公司进行监管,履行相应职责。国有资产监管机构按照"一企一策"原则,依法落实国有资本投资、运营公司董事会职权,明确对国有资本投资、运营公司授权的内容、范围和方式。作为国有资本市场化运作的专业平台,国有资本投资、运营公司对授权范围内的国有资本履行出资人职责,依法自主开展国有资本运作,对所出资企业行使股东职责,维护股东合法权益,按照责权对应原则切实承担起国有资产保值增值责任。三是界定国有资本投资、运营公司与所出资企业关系。国有资本投资、运营公司依据公司法等相关法律法规，对所出资企业依法行使股东权利，以出资额为限承担有限责任。以财务性持股为主，建立财务管控模式，重点关注国有资本流动和增值状况；或以对战略性核心业务控股为主，建立以战略目标和财务效益为主的管控模式，重点关注所出资企业执行公司战略和资本回报状况。

（3）对国有资本配置和运营效率进行优化。一是建立健全国有资本布局和结构调整机制。政府有关部门根据经济发展需要制定和完善经济社会发展规划、产业政策和国有资本收益管理规则。国有资产监管机构根据政府宏观政策和有关管理要求，建立健全国有资本进退机制，制定国有资本投资负面清单，推动国有资本更多投向关系国家安全、国民经济命脉和国计民生的关键领域和重要行业。二是对国有资本进行优化重组。坚持企业的主体身份和市场的导向地位，有进有退、有所为有所不为，对国有资本布局结构进行优化，增强国有经济整体功能和提升效率，提高国有资本流动性。在调整国有资本布局结构的要求下，加快推动国有资本向关键行业、重要领域、必要基础设施集中，向战略性前瞻性产业集中，向价值链高端领域和产业链核心环节集中，向具有核心竞争力的优势企业集中。三是建立健全国有资本收益管理制度。政府财政部门同国有资产监管机构等部门一道，建立分级管理的国有资本经营预算管理制度并确保覆盖全部国有企业，以国家宏观调控和国有资本布局结构调整要求为基准，对国有资本收益上缴比例提出建议，上报国务院批准后执行。在对国有资本投资、运营公司进行改组、组建以及实施国有企业重组过程中，国家根据需要将部分国有股权划转社会保障基金管理机构持有，这部分股权的分红和转让收益用于弥补养老等社会保障资金缺口。

（4）协同对相关配套进行改革。首先，完善有关法律法规。做好相关法律法规的立改废释工作，对国有资产监管法律法规体系进行进一步完善。按照立法程序，抓紧对企业国有资产法规展开修订工作，出台相关配套法规，为完善国有资产管理体制夯实法律基础。时刻关注国有企业公司制改革的进展情况，推动适时废止全民所有制工业企业法。统一国有资产管理规则，研究起草企业国有资产基础管理条例。其次，推进政府职能转变。进一步简化办事流程，减少行政审批事项，大幅度削减政府通过国有企业行政性配置资源的相关手续，区分国有资产出资人管理职能与政府公共管理职能，为国有资产管理体制改革完善创造良好的环境条件。推进自然垄断行业改革，实行特许经营、网运分开。严格规范政府定价行为，完善市场发现、形成价格的机制，加快推进价格机制改革。充分发挥社会监督作用，推进行政性垄断行业经营透明、成本公开。再次，落实相关配套政策。明确国有企业改制重组过程中涉及的债权债务承接主体和责任，落实和完善国有企业重组整合涉及的资产评估增值、土地变更登记和国有资产无偿划转等方面的税收优惠政策；依法妥善处理劳动关系调整和社会保险关系接续等相关问题，切实完善国有企业退出的相关政策。最后，妥善解决历史遗留问题。加快剥离企业办社会职能，结合实际制定统筹规范、分类施策的措施，用以针对"三供一业"（供水、供电、供热和物业管理）、离退休人员社会化管理、厂办大集体改革等亟待解决的历史问题，建立政府和国有企业合理分担成本的机制。国有资本经营预算支出优先用于解决国有企业历史遗留问题。

第10章 新三板企业价值创造研究

以中小企业为主体的民营企业是推进供给侧结构性改革、推动高质量发展、建设现代化经济体系的重要主体。为提升中小企业的市场价值，中国在2006年就创立了中小企业股份转让系统（俗称新三板），旨在为具有成长性的高科技、高新技术企业提供融资服务，进而为创业板市场和中小板市场输送优质企业上市，起到了蓄水池或孵化器的作用。新三板运行十多年来是否已经起到最初设立的目的？在新三板挂牌的不同行业、不同规模、不同地区的企业经营绩效是否得到提升？存在着怎样的差异？影响它们的主要因素是什么？上述问题的回答，对助力中小企业发展、增强企业核心竞争力以及激活经济发展新动力都有着重要的意义。因此，本章以分析在新三板挂牌上市企业的价值创造为基础，选用经济增加值（EVA）方法在剔除资本成本对实际经营绩效的影响后计算新三板挂牌企业的经营绩效，并分行业、分规模、分地区以及分挂牌前后对EVA绩效进行对比研究，深入探讨股权集中度、研发创新投入、人力资本结构和激励机制等企业管理层面的因素对不同行业、不同规模、不同地区企业EVA的影响机理，由此丰富中小企业价值评估与管理的理论研究成果，为提升中小企业价值创造及核心竞争力提供科学建议，为企业管理者和市场投资者提供决策依据，以至为推动经济高质量发展与建设现代化经济体系提供借鉴。

10.1 新三板企业概况

10.1.1 新三板概念及特征

新三板市场在2006年成立，在2013年进行了扩容，现已成为中国发展历史最短、发展速度最快的全国OTC市场。近年来，新三板上市公司的数量激增，市场价值、总资本存量、股票发行和交易量随之大幅增加，为中国多层次资本市场体系建设做出了重要贡献。

新三板市场以中小微企业为主，上市企业的规模指数明显低于沪深主板、中小板和创业板。2017年，在新三板上市公司的平均总资产只有2.74亿元，相当于上海证券交易所主板的0.21%以及深圳主板市场的0.91%，占中小板的3.62%和创业板的10.02%。2017年，新三板上市公司的平均总收入为8400万元，相当于创业板上市公司的12.49%。然而，从市场融资角度来看，新三板市场的融资功能日益突出。2017年，2508家新三板上市企业共发行2725支新股，募集资金1336.25亿元，全年共有328家上市公司披露收购报告336份，交易金额476.41亿元，同比分别增长16.16%和36.85%，均创历史新高。随着市场规模的快速发展，新三板市场出现了新政策，机制建设迅速推进，继2016年推出市场分层机制和私募股权机构做市提议后，2017年陆续推出新交易、信息披露和分层制度，市场交易体系和交易机制不断完善。

总之，新三板市场是中国多层次资本市场体系中的重要组成部分，改变了中国长期以来只有场内市场的格局，优化了中国多层次资本市场体系，具有承上启下的重要作用。第一，可以帮助企业向上转板上市，可以向下接受全国股权转让系统非公开转让企业挂牌；第二，既与场内交易的高度标准化产品相类似，又与场外各种非标准化交易对象相衔接；第三，既与其他市场板块有竞争，又与其他板块相互补。

10.1.2 新三板发展现状

2013年全国扩容前，新三板的发展较为平缓，每年新增挂牌企业不超过200家；扩容后的新三板呈现井喷式发展，仅2015年一年的时间，挂牌企业就由1572家上升为5129家，增加3557家，总市值达24584.42亿元，共融资1216.17亿元。结合表10-1以及图10-1，2014~2016年，新三板的各项财务数据得到快速增长。从市场规模来看，2018年三板企业较2010年扩大了很多，营业收入增长超200倍，利润总额增长超100倍，资产总额增长近30倍。实行做市转让交易制度后，市场上做市转让的股本与日俱增，截至2016年末，新三板系统中做市转让股本1550.16亿股，占市场总股本的26.49%，比2014年的9.39%提高了17.1个百分点。

表 10-1　　　　　新三板企业 2010~2018 年主要财务指标　　　　单位：亿元

年份	营业总收入	利润总额	净利润	固定资产净额	资产总额
2010	89.47	12.08	10.44	12.90	103.10
2011	124.42	15.45	13.23	17.69	148.09
2012	192.80	20.13	16.91	29.05	242.60
2013	714.19	65.62	54.76	154.13	1025.74
2014	3186.73	274.63	228.56	790.58	4555.33
2015	11659.96	1118.64	906.94	2949.25	19963.28
2016	18100.32	1434.63	1154.85	4357.84	28571.84
2017	20307.14	1410.29	1113.84	4377.93	28297.61
2018	20510.21	1424.39	1124.97	4421.70	28580.59
总计	54545.84	4373.64	3518.93	12724.34	83103.50

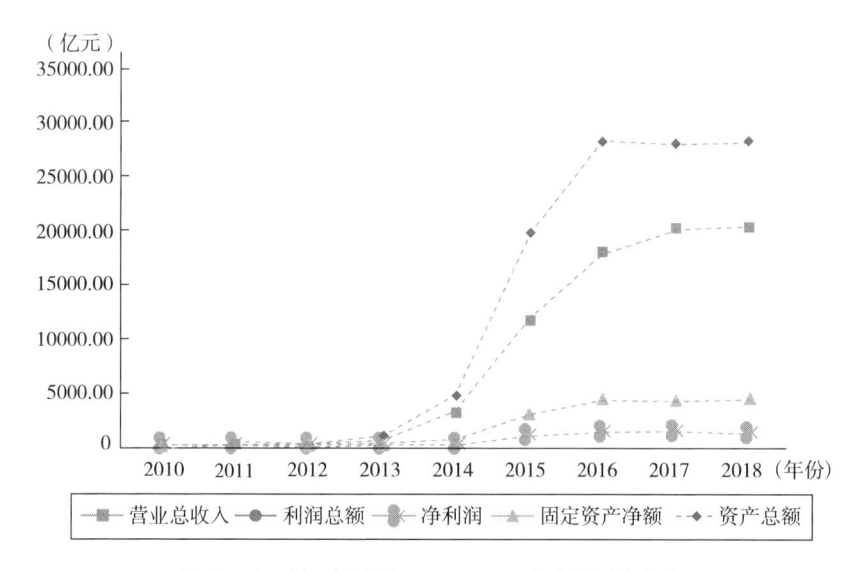

图 10-1　新三板企业 2010~2018 年主要财务指标

新三板挂牌企业的股本规模方面，2014 年末，总股本在 10000 万股以上的企业有 89 家，占挂牌总数的 5.66%；2015 年，该比例已上升至 10.37%，增加 4.71 个百分点。2015 年总股本超过 5000 的企业占比已达 33.94%，显示了新三板惊人的发展速度。

观察表 10-1 还可以发现，2010~2018 年新三板企业的净利润率与净资产收益率在不断下降，说明新三板服务对象以及新三板服务对象所属的行业性质在发生变化，从行业分布来看，不同于主板市场，新三板服务于目前盈利水平不高但具有成长潜力的高新技术、高科技中小企业，旨在为初创期的小公司提供直接融资渠道，规范公司治理。目前，新三板挂牌企业已广泛覆盖制造业、信息服务业、金融业等多个领域，并且覆盖范围在逐年扩大。行业分布方面，制造业、信息服务业依然是占比最大的两个行业，但其他行业的挂牌企业正在渐渐增多。未来，新三板会逐步发展为具有市场丰富性、高成长性的证券市场。

从地域分布来看，2006年新三板刚成立时，只在中关村科技园区进行试点，2012年，国务院将新三板扩展至上海等地，直到2013年才开始在全国范围内运行。目前，北京依然是新三板挂牌企业最多的地区，2016年末总数达1535家，中关村科技园也是全国各大园区中挂牌企业最多的，共有523家，总股本达3498471.6649万股。挂牌企业集中在长三角、珠三角和环渤海地区，这些地方发达的经济体制和成熟的投资环境为广大中小企业提供了良好的孵化器，激励企业发展壮大。相比而言，中西部地区受限于地理位置和资源限制，挂牌企业较少，市场活跃度不高。北京中关村、武汉东湖、成都高新区、上海张江、西安高新区、深圳高新区、济南高新区、长沙高新区、郑州高新区依次是新三板挂牌企业最多的前十大科技园区。

从法律制度来看，新三板的服务宗旨不同于主板和创业板，包容性较强，对企业的准入条件、信息披露等要求较低，适合资金能力较弱、抗风险能力较差的中小企业融资。新三板和主板（中小板）、创业板在市场准入、投资条件等方面的对比如下：新三板对挂牌企业的财务和规模几乎没有要求，准入门槛比较低，但是在督导监管方面，新三板要求主券商对企业进行持续督导，终身监管，这与主板和创业板2~3年的要求大不相同，说明了新三板在提高企业管理和盈利能力方面的长期要求。另外，关于投资者进入市场的条件，新三板比创业板限制更加严格，创业板对投资者的资金和经验都无限制，而新三板则要求各类投资者尤其是自然人不仅需要有资金上的支持，还要有专业技术的保障，这与新三板宽松的融资条件互补。

综上，新三板提高投资者的门槛，一方面规避了散户的投资风险，降低了市场的运作风险；另一方面，有利于形成理性投资、价值投资为主的市场环境。目前新三板还开设了精选层，流动性进一步得到提高，新三板将得到快速稳健的发展。

10.1.3 新三板企业相关研究基础

全国中小企业股份转让系统的成立不仅为中小企业提供了筹资融资的途径，为投资机构和个人增加了新的投资渠道，也完善了中国的资本市场体系，增加了市场的多元化。因此，从成立之日起国内外学者就对新三板开展了如火如荼的研究。国内很多学者就围绕其市场规范、交易制度、市场集中度等问题开展了研究。例如，林安霁（2012）从融资模式创新角度分析，认为新三板的发展应依托资本市场，强化融资功能，完善配套政策，推动制度创新。宋晓刚（2015）总结了新三板市场的运行特征和发展动因，认为新三板是支撑具有发展潜力的创新创业型中小微企业的通道。田娟娟（2014）重点分析新三板市场流动性风险的成因，认为全国新三板市场流动性风险较大且流动性低于主板市场。吕劲松（2015）针对中小企业融资难、融资贵的问题进行分析，并提出相应的解决方案。上述这些研究结论为本书开展有关新三板市场的研究提供了良好的理论基础，但是新三板市场成立以来的运行状况是否达到其预期设立的目的亟待检验，这方面的研究成果也有待完善。

检验新三板成立以来对其挂牌企业的帮助效果如何，可以通过在其挂牌上市公司的价值创造来分析，这就需要进行企业经营绩效测算工作。对比杜邦分析体系、BSC 和 EVA 评价方法可以发现，EVA 是评价中国新三板企业绩效最合适的方法。首先，企业绩效评价是一个复杂、综合的过程，杜邦分析体系仅对企业的财务信息做了分析，而其他诸如管理、文化等对企业绩效有重大影响的因素未被考虑，因此，使用杜邦分析体系评价的企业绩效比较片面。其次，BSC 考量了企业财务、顾客、内部流程、学习成长等多方面的指标，理论上得到的是比较完善、真实的企业绩效，但该方法实际操作起来难度较大，且需耗费大量的人力和时间，成本较高。最后，杜邦分析体系和平衡计分卡均未考虑企业的资本成本，因此这两种方法计算出的股东收益并不真实。EVA 在结合上述两种方法优点的基础上，加入了对资本成本的考量，相比而言更加全面、真实。因此，本书选择 EVA 作为评价中国新三板企业经营绩效的方法。

本章在全书的贡献主要有以下三点：一是以新三板挂牌上市企业的价值创造为基础，采用 EVA 评估新三板企业的实际运营效果，扩展了 EVA 的应用研究；二是以企业异质性为切入点，比较不同行业、不同规模、不同地区的企业经营绩效，丰富了中小企业价值评估与管理研究；三是基于企业宏观管理视角分析新三板挂牌企业经营绩效水平的主要影响因素，为制定中小企业价值创造的差异化提升路径提供了理论依据。

10.2 新三板企业价值创造能力评估及分类比较

10.2.1 样本选取与数据来源

新三板于 2006 年正式在中关村试点，此后一段时间挂牌企业数量较少，市场活跃度不高。2012 年，新三板迎来第一次扩容并在 2013 年扩容至全国，市场规模呈井喷式增长。因此，本章选取 2013~2018 年连续在新三板挂牌交易的企业作为样本，并按照以下原则进行筛选：

第一，剔除中途摘牌的企业，包含转板上市的企业、被兼并收购的企业、战略调整主动申请摘牌的企业、未按照证监会要求执行被强制停牌的企业。由于 ST 和 *ST 企业的财务数据不能真实地反映企业的财务状况，故剔除 2013~2018 年被 ST 或 *ST 的企业。第二，由于银行、证券等金融类企业财务报表与其他企业不同，故剔除证监会行业分类中隶属于金融行业的企业。第三，剔除 2013~2018 年企业财务数据和公司治理相关信息缺失的企业。

基于以上三个原则，本章对 2013~2018 年连续在新三板挂牌交易的 200 多家企业进行筛选，得到符合条件的 187 个企业作为本书的研究样本，共计 1122 个有效观测点。企业绩效评价指标来自东方财富 Choice 数据库和 Wind 数据库，所需报表包括资产负债表、利润表、损益表和报表附注等。

10.2.2 总测算结果及分析

根据第 1 部分第 3 章所示的 EVA 测算模型，计算得出 2013~2018 年全国新三板挂牌企业 EVA 值。2013~2018 年新三板企业的 EVA 中位数值和平均值如表 10-2 所示。

表 10-2　　　　2013~2018 年新三板挂牌企业经营绩效　　　　单位：万元

	测算指标	2013 年	2014 年	2015 年	2016 年	2017 年	2018 年
中位数	EVA	62.37	121.45	155.10	192.68	268.39	344.10
	净利润	184.95	145.90	432.05	532.03	689.29	846.55
样本均值	EVA	828.41	974.57	1364.53	1510.28	1728.18	1946.08
	净利润	1699.79	1787.01	1840.03	1869.37	1938.25	2007.13

根据表10-2结果所示，新三板企业EVA值与传统净利润的结果对比可见，EVA在考虑了资本成本的作用下，对企业会计科目的调整使EVA结果明显低于企业的净利润，更能真实客观地反映企业为股东创造的价值。进一步分析，新三板企业的EVA值呈逐年递增趋势，表明企业盈利能力和价值创造能力在逐步提升，企业具有很大的发展空间和发展潜力。然而，新三板企业总体的EVA值较低，每一年均值比净利润低40%，有些净利润为正的企业EVA值却为负，表明在账面上创造了会计利润的企业未必能给股东带来价值增值，大部分新三板企业并不能实现股东财富的增值。这与新三板企业多是处于初创期的中小型企业，盈利能力和公司治理能力相对较弱有很大关系，同时新三板较低的准入门槛和不完善的监管制度也是这一现象的诱因。另外，从结果还可以看出，对新三板企业实行EVA评价有利于促使企业不仅关注短期利润，还会把经营目标放在更长远的公司价值提升上。

10.2.3 新三板企业EVA分类对比

1. 行业异质性比较

新三板成立初期是为解决具有高成长性的中小型企业融资难的问题而设立的，全国扩容以来，新三板基本已覆盖所有行业。按照证监会2018年第四季度最新行业分类，将样本分为制造业、信息技术产业、采矿业等13个行业，不同行业的测算结果如表10-3所示。

表10-3　　　　2013~2018年不同行业EVA均值　　　　单位：万元

行业分类	2013年	2014年	2015年	2016年	2017年	2018年
采矿业	382.31	-330.04	1091.03	128.36	-96.03	-320.42
电、热、燃气及水生产和供应业	126.35	-566.55	-555.49	-531.20	-468.74	-406.28
房地产业	423.51	-1881.09	359.70	368.27	-183.68	-735.63
建筑业	591.47	1442.42	1053.08	1068.26	1735.49	2402.72
居民服务、修理和其他服务业	-1175.14	-151.96	375.60	383.24	530.61	677.98
科学研究和技术服务业	-946.57	254.52	667.96	717.28	823.18	929.08
批发和零售业	993.39	1605.07	1862.36	1892.36	1907.56	1922.76
水利、环境和公共设施管理业	2211.62	2748.33	4323.57	5823.69	6218.27	6612.85
卫生和社会工作	1754.05	2312.09	3941.72	4018.36	4332.09	4645.82

续表

行业分类	2013年	2014年	2015年	2016年	2017年	2018年
文化、体育和娱乐业	222.35	608.57	811.71	930.27	1816.32	2702.37
信息传输、软件和信息技术服务业	-129.75	-140.53	-12.15	-11.36	-8.78	-6.20
制造业	-240.56	-519.72	-1717.90	-1838.12	-1896.04	-1953.96
租赁和商务服务业	1063.75	1308.70	1046.20	1123.08	1096.25	1069.42

从表10-3的结果可以看出，水利、环境和公共设施管理业的EVA均值最高，这与该行业的性质有关，这些行业多是提供公共产品和服务的企业，由国家财政统一预算，资本成本相对较小，因而企业整体经营状况较好。企业数量占比最大的信息传输、软件和信息技术服务业以及制造业的EVA值连续多年为负，说明这两个行业企业的价值创造能力较小，企业利润无法弥补股东投资的机会成本。从变化趋势来看，信息服务业和电力行业的EVA值变动不明显；制造业和采矿业的EVA值连续下降，且下降幅度较大，这与环境治理、产能过剩及产业结构调整有一定关系；科研服务业、建筑业、文化娱乐业等EVA均值增长明显，表明这些企业的产学研转换能力不断增强，基础设施建设规模空前，人民大众的生活水平在不断提高；房地产业EVA值波动幅度非常大，这可能与近几年不断调整的房地产政策有关。

2. 规模异质性比较

按照国家统计局企业规模最新划分标准，新三板挂牌企业按照从业人员、营业收入、资产总额等条件可划分为微型企业、小型企业、中型企业和大型企业四类，其中60%为小微企业，这与新三板的市场定位相一致。不同规模企业的EVA测算值如表10-4所示。

表10-4　　　　2013~2018年不同规模企业EVA均值　　　　单位：万元

规模分类	2013年	2014年	2015年	2016年	2017年	2018年
微型企业	-180.62	-222.48	-149.76	-131.28	-129.33	-127.38
小型企业	460.40	368.29	671.20	713.22	731.17	749.12
中型企业	1237.72	1609.36	2282.49	2369.75	2569.36	2768.97
大型企业	3948.50	5635.04	4801.99	4910.03	5037.23	5164.43

由表10-4结果可以看出，2013~2018年企业EVA均值随企业规模

的增大而上升，大型企业的平均EVA值显著大于其他企业，而且增长速度更快，而微型企业连续6年的EVA值为负。由于大型企业拥有较大的资本总额和营业收入等优势，公司治理能力、盈利能力和抗风险能力等都比中小微企业强，所以其综合绩效比较高。相比之下，中小微企业在资本累积、运营管理等方面处于劣势，EVA均值较低。但是从变动趋势来看，大型企业的EVA均值呈现出波动的趋势，而中小微企业一直处于增长的上升趋势，可以看出新三板挂牌的中小企业具有很强的发展潜力，新三板建立的初衷正是帮助这些高成长性的企业发挥自身优势进而不断壮大成长。

3. 地区异质性比较

长期以来中国地域间发展差距比较明显，企业发展状况与区域投资环境、地理位置有很大的关系。由于长三角、珠三角以及环渤海地区的经济活跃度明显高于中西部地区，企业数量最多的是北京，江苏、上海、广东紧随其后。不同地区2013~2018年EVA均值如表10-5所示。

表10-5　　　　　2013~2018年不同地区企业EVA均值　　　　单位：万元

东部地区	EVA	中部地区	EVA	西部地区	EVA
北京	903.91	山西	726.29	重庆	-333.13
天津	1974.94	吉林	1051.23	四川	800.94
河北	1647.96	内蒙古	-749.37	贵州	1839.35
辽宁	1805.48	黑龙江	1348.91	云南	2386.11
上海	1125.69	安徽	1091.94	陕西	1802.65
江苏	1072.17	江西	3134.96	西藏	1718.44
浙江	1251.50	河南	655.24	甘肃	1862.36
福建	554.44	湖北	948.37	青海	-248.83
山东	1216.29	湖南	1339.45	宁夏	1484.70
广东	937.88	广西	1923.55	新疆	1974.89
海南	1759.21				

从表10-5可以看出，江西地区的平均EVA值最大，内蒙古、重庆和青海的平均EVA最小且为负值，北京、上海、湖北等试点较早的地区EVA均值处于中间水平。其中，江西在新三板挂牌的企业仅有13家，而其EVA均值却比全国其他地区都高。这可能是由于样本数量少极端数据多造成的，但依然说明这13家企业的整体绩效水平较高，盈利能力较强。

内蒙古和青海的挂牌企业数分别为3家和1家，因此均值并不能反映整个地区的平均水平，但挂牌企业数量和EVA值又从侧面印证了这两个地区经济发展相对落后，企业的积极性不高，发展不理想。重庆市的挂牌企业数量为20家，但是EVA均值为负，说明这些企业的净利润不能弥补权益资本的成本，企业实际处于"亏损"状态。北京、上海等地试点时间较早，挂牌企业数量较多，但EVA均值处于中游水平，反映出新三板企业良莠不齐的发展现状。

4. 挂牌前后企业EVA比较

本书以2013年在新三板挂牌的153家企业为样本，将其挂牌前2011年和2012年的EVA值和挂牌后2014～2018年的EVA值进行对比分析，考察挂牌新三板对企业绩效的影响。

从表10-6中的中位数和均值的总体趋势来看，挂牌后企业EVA均值显著高于挂牌前，且2014～2016年增长速度均高于挂牌前，可见新三板挂牌有助于企业的长远发展和价值创造。但是2017年出现下降趋势，这与个别企业的特殊情况有关。一方面，新三板拓宽了中小企业的融资途径，短期内解决了制约企业发展的资金问题，规范了企业的治理方式，整体上提高了企业的经营绩效；另一方面，挂牌新三板需要的各项费用增加了成本，而且挂牌意味着企业在经营治理、信息披露等方面都要按照证监会、股转系统的要求执行，这些额外的成本和要求是企业短期内无法承担的，另外挂牌之后新股东的介入可能会改变企业原有的经营模式和方向，导致企业经营绩效下降。

表10-6　　　　　挂牌前后EVA中位数和均值对比　　　　　单位：万元

EVA	挂牌前		挂牌后				
	2011年	2012年	2014年	2015年	2016年	2017年	2018年
中位数	129.62	86.26	131.27	716.67	803.29	791.30	779.31
均值	577.51	598.42	685.16	1059.05	1503.28	1236.63	969.98

10.3　新三板企业价值创造能力影响因素实证分析

从EVA的计算公式可以看出，企业绩效的大小主要取决于税后净营业利润和资本成本，同时新三板挂牌的多为技术密集和资本密集型企业，因此本章以企业的宏观管理层面的要素为切入点，考察公司结构、创新能力、人力资本结构和激励机制四个方面对企业经营绩效的影响情况。

10.3.1 变量与数据选取

股权集中度是企业股权分布的鸟瞰图，处于不同发展阶段的企业适用不同的股权集中度。股权过于集中会造成一家独大的局面，企业决策往往过于片面极端，不利于监督作用的发挥；股权过于分散使得股东的话语权减弱，股东与管理者之间的"委托—代理"问题加剧。因此，股权集中度在很大程度上会对企业经营绩效产生影响。新三板企业大多为个人、家庭控股的中小私有企业，股权集中度较高，若采用主板上市公司惯用的前十大股东控股比例表征股权结构，会使得其股权集中度过高，影响实证结果，因此本章选用第一大股东持股比例表征股权集中度。创新投入是所有企业尤其是高科技企业赖以生存的关键，企业绩效的提高往往是创新投入推动的结果，缺乏创新能力的企业终究会被市场淘汰，退出历史舞台。新三板企业大多处于发展初期，业务规模较小，前期研发投入较大，本章采用研发支出占营业收入的比例表征新三板企业的创新投入。人才是企业持续发展的不竭动力，企业经营绩效的提高归根结底是人才的溢出效应，处于初创期的新三板企业更需要人才的大力扶持。本章选用本科以上员工人数占比反映企业的人力资本结构。在未实施股权激励的新三板企业中，薪酬的高低能够直接决定员工工作的认真程度和积极性，进而影响企业的经营绩效，因而本章选用员工人均薪酬作为薪酬激励机制的指标。

基于上述分析和讨论，本章选用的被解释变量和解释变量如表 10 - 7 所示。

表 10 - 7   变量定义与计算

变量	指标	计算方式	符号
经营绩效	EVA	NOPAT - CC	EVA
公司结构	股权集中度	第一大股东持股/总股本 ×100%	COV
创新能力	研发收入比	研发支出/营业收入×100%	BIA
人力资本结构	本科以上员工占比	本科以上人数/总人数×100%	HCS
激励机制	人均薪酬	总薪酬/总人数	AAS

以上所有指标数据均来自 Wind 数据库和 Choice 数据库，对所选指标数据进行描述性统计分析，结果如表 10 - 8 所示。

表 10-8　　　　　　　　　　　变量的描述性统计

变量	均值	中位数	最大值	最小值	标准差	观测值
EVA	1120.280	577.180	32082.920	-34903.320	4007.560	1122
COV	51.660	46.500	98.220	8.170	21.590	1122
BIA	17.510	9.170	1427.630	0.030	77.730	1122
HCS	43.150	40.410	100.000	2.660	24.080	1122
AAS	9.480	8.830	52.510	1.710	4.640	1122

10.3.2　回归模型构建

根据上述变量选取结果和数据的可得性，本章进一步采用面板数据的回归方法对样本企业 EVA 的影响因素进行分析，最终建立如下模型：

$$\mathrm{EVA}_{it} = \alpha_0 + \beta_1 \mathrm{COV}_{it} + \beta_2 \mathrm{BIA}_{it} + \beta_3 \mathrm{HCS}_{it} + \beta_4 \mathrm{AAS}_{it} + \mu_{it} \quad (10-1)$$

式（10-1）中，α_0 表示常数项，μ_{it} 代表残差项，$\beta_1 \sim \beta_4$ 表示各变量系数，i 代表企业，t 代表年份。

10.3.3　回归结果分析

本章的总样本回归结果如表 10-9 所示。

表 10-9　　　　　　新三板企业 EVA 影响因素回归结果

变量	相关系数	标准误差	T 值	P 值
COV	-1.128	0.634	-1.778	0.077
BIA	-1.530	0.619	-2.470	0.014
HCS	3.268	0.628	5.198	0.001
AAS	0.328	0.105	3.112	0.005
C	-3.825	0.759	-5.038	0.002

从回归结果可以看出，各解释变量的系数均通过了 10% 的显著性水平检验。具体结果分析如下：

股权集中度 COV 的系数为负，说明第一大股东持股比例越高，企业的经营绩效越差，即第一大股东持股比例每上升 1 个单位，EVA 便会下降 1.128 个单位。一般来说，大股东控股比例在 50% 以上即为股权高度集中，这里的样本企业股权集中度均值为 51%，说明大股东拥有绝对的话语权,监督机制很难发挥作用。新三板企业大多是个人、家庭控股的私营单位,股东人数较少,大股东控股比例较高,且控股股东与企业管理者基本一致,企业决策往往集中在一人之手,极有可能出现决策片面极端的情况,从而降低企业的整体绩效。研发收入比 BIA 的系数为负,说明企业的研发投入越多,经营绩效越差,这与理论预期是不一致的。究其原因,可能在于新三板企业大多是处于初创期的高新技术企业,研发投入较多,而营业收入较少,过大的研发支出比例导致企业的负债过重,且部分项目研发周期较长,资本回收较慢,因此导致企业短期内经营绩效下降。但长期来看,研发成果能够开始投产,则会带动企业经营绩效的提高。本科以上员工占比 HCS 的系数为正,说明高学历员工占比越大,企业的经营绩效越高,即本科以上员工占比每增加 1 个单位,EVA 便会上升 3.949 个单位,这与理论预期是相符的。高新技术企业的经营核心在于市场不可替代的研发水平和专利技术,而这些都需要大量的高学历、高素质人才作为基础。人均薪酬 AAS 的回归系数为正,说明企业的激励机制与 EVA 呈正相关关系,即人均薪酬越高,企业的 EVA 值越大。由此可见,新三板企业采用薪酬激励的办法可以极大限度地调动员工的工作积极性,从而提高企业的价值创造能力。

此外,考虑到 EVA 和选取的影响因素之间可能存在的内生性问题,为了控制内生性问题导致的计量结果偏差,选取 EVA 的滞后一期变量、EVA 中位数、EVA 平均数作为工具变量,使用系统 GMM 法分别对上文结果进行实证检验,具体的结果见表 10 - 10、表 10 - 11 和表 10 - 12。

表 10 - 10　　　　内生性检验结果:选取 EVA 滞后一期工具变量

变量	相关系数	标准误差	T 值	P 值
EVA_{t-1}	0.623	0.084	7.420	0.001
COV	-0.019	0.006	-3.321	0.007
BIA	-0.396	0.109	-3.618	0.004
HCS	0.668	0.342	1.956	0.053
AAS	0.163	0.089	1.835	0.063
C	-0.836	0.465	-1.796	0.065

表 10-11　　　　内生性检验结果：选取 EVA 中位数工具变量

变量	相关系数	标准误差	T 值	P 值
EVAmed	0.093	0.042	2.220	0.037
COV	-0.172	0.074	-2.321	0.023
BIA	-0.103	0.061	-1.698	0.068
HCS	0.327	0.197	1.656	0.084
AAS	0.052	0.030	1.735	0.053
C	-0.637	0.168	-3.796	0.003

表 10-12　　　　内生性检验结果：选取 EVA 平均数工具变量

变量	相关系数	标准误差	T 值	P 值
EVAave	0.143	0.046	3.129	0.002
COV	-0.108	0.062	-1.737	0.069
BIA	-0.085	0.029	-2.931	0.009
HCS	0.230	0.103	2.231	0.035
AAS	0.097	0.058	1.675	0.072
C	-0.332	0.150	-2.209	0.043

从表 10-10、表 10-11 和表 10-12 的结果来看，各变量的估计系数方向没有变化，仅存在个别变量显著性的差异，这表明研究结果具有稳健性。

10.3.4　异质性分析

1. 行业异质性

为了进一步检验选取的影响因素是否在各行业间存在差异，本章对影响因素分行业进行回归分析。首先，剔除无法满足大样本条件的行业后，剩余样本为建筑业（F）、制造业（G）、信息传输、软件和信息技术服务业（I）、房地产业（K）、租赁和商务服务业（L）、科学研究和技术服务业（M）、公共设施管理业（N）、卫生和社会工作（Q）、文化、体育和娱乐业（R），回归结果见表 10-13。

表 10-13　　　　　　　　　各影响因素分行业回归结果

变量	F	G	I	K	L	M	N	Q	R
COV	0.017	-0.037 *	-0.013 ***	0.131	0.233	-0.132 **	0.331	0.728	0.032
	(0.573)	(-1.655)	(-5.724)	(1.499)	(1.224)	(-2.381)	(1.162)	(1.021)	(1.311)
BIA	0.082	0.509 *	0.025 *	0.063	0.018	0.079 **	0.453	0.118	0.036 ***
	(0.365)	(1.714)	(1.945)	(0.496)	(0.477)	(2.479)	(0.701)	(1.477)	(4.286)
HCS	0.235 **	0.134 **	0.102 ***	0.228 ***	0.389 ***	0.814 *	0.295 ***	0.442 ***	0.635 ***
	(2.188)	(2.293)	(4.355)	(3.597)	(3.695)	(1.693)	(3.943)	(3.576)	(3.128)
AAS	0.031 *	0.783 ***	0.231 **	0.251 **	0.342 *	0.334 ***	0.433 *	0.361 **	0.451 *
	(1.878)	(2.947)	(2.108)	(2.236)	(1.831)	(3.783)	(1.796)	(2.367)	(1.853)
C	1.862 ***	1.359 ***	2.037 ***	2.027 ***	1.672 ***	1.532 ***	1.693 ***	2.728 ***	2.199 ***
	(8.350)	(6.033)	(3.014)	(3.479)	(8.939)	(7.673)	(3.709)	(8.428)	(3.187)
R^2	0.276	0.199	0.266	0.328	0.189	0.473	0.481	0.489	0.282

注：括号中为 t 值；***、**、* 分别表示 1%、5%、10% 的显著性水平。

从表 10-13 的结果来看，完善激励机制和提高人力资本结构对于提升企业经营绩效是最为有效的。在所有行业样本中，本科学历员工占比和人均薪酬都与 EVA 均值成正比。公司结构和创新能力对不同行业的影响结果则有很大差异。股权集中度对制造业、信息传输、软件和信息技术服务业、科学研究和技术服务业有着显著的负面影响，说明大股东控股比例越高，对资本密集型和技术密集型产业的价值创造阻碍越大。而更多的创新投入则对制造业、信息传输、软件和信息技术服务业、科学研究和技术服务业及文化产业的价值创造有明显的帮助。

2. 规模异质性

为了进一步检验选取的影响因素是否在不同规模的企业间存在差异，同时考虑大样本需求，将所有企业分为大、中型和小、微型两类，结果见表 10-14。

表 10-14　　　　　　　　　各影响因素分规模回归结果

变量	企业规模	
	大、中型	小、微型
COV	-0.023 ***	-0.151 **
	(-4.518)	(-2.137)
BIA	0.024 **	0.124
	(2.431)	(0.248)

续表

变量	企业规模	
	大、中型	小、微型
HCS	0.032***	0.234
	(4.533)	(0.962)
AAS	2.023	2.046***
	(0.079)	(7.977)
C	-0.016***	-0.020*
	(-3.276)	(-1.915)
R^2	0.302	0.406

注：括号中为t值；***、**、*分别表示1%、5%、10%的显著性水平。

从表10-14的结果可以看出，股权集中度过高，对不同规模的企业都产生了负面影响。创新投入和人力资本结构对规模更大的企业有着积极的促进作用，对规模偏小的企业则起到了负面作用，这主要是因为规模偏小的企业难以承担高昂的研发费用，研发活动很少，同时更多的优质人才也多选择前往大、中型企业就业。人均薪酬的提高对于小、微企业的经营绩效和价值创造的提高效果更为明显，这也说明提高收入水平可以为规模偏小的企业吸引更多优质人才。

3. 地区异质性

为了进一步检验选取的影响因素是否在不同地区的企业间存在差异，将企业所在省份进一步划分为东部、中部、西部三部分进行分类回归，结果如表10-15所示。

表10-15　　　　　各影响因素分规模回归结果

变量	地区		
	东部	中部	西部
COV	-0.792**	-0.423***	-0.652***
	(-2.096)	(-3.974)	(-3.419)
BIA	0.575**	-0.018**	0.053
	(2.052)	(-1.989)	(0.104)
HCS	0.532*	0.352***	0.451
	(1.705)	(5.752)	(0.361)

续表

变量	地区		
	东部	中部	西部
AAS	0.223*	0.931***	0.321*
	(1.787)	(5.737)	(1.720)
R^2	0.356	0.311	0.337

注：括号中为t值；***、**、*分别表示1%、5%、10%的显著性水平。

从表10-15的结果可以看出，股权集中度对不同地区的新三板挂牌企业的经营绩效都产生了消极影响，这与上文结论一致。相反，激励机制则对不同地区企业的经营绩效都有促进作用。创新投入和人力资本结构对东、中部地区企业的影响显著，对西部地区没有显著影响。这也反映出地域发展差异对创新投入和人才流动的影响非常明显，经济发展相对落后的地区在创新发展和人才储备方面均受制于客观发展条件。其中，中部地区创新投入对企业绩效产生了负面影响，这说明中部地区企业创新研发处于起步阶段，很多项目研发周期长、资本回收慢，导致企业短期内经营绩效下降。

10.4 结论及启示

10.4.1 主要结论

通过上述研究结果可以总结研究结论如下：

（1）对新三板企业实行EVA评价促使企业不仅关注短期利润，还利于把经营目标放在更长远的公司价值提升上。新三板挂牌有助于企业长远发展和创造价值，挂牌后企业EVA持续增长且增长速度大于挂牌前。虽然挂牌新三板需要的各项费用增加了成本，而且挂牌之后新股东的介入可能会改变企业原有的经营模式和方向。但整体上看，新三板拓宽了中小企业的融资途径，短期内解决了制约企业发展的资金问题，规范了企业的治理方式，有助于提高企业的经营绩效。

（2）技术密集型和资本密集型企业、规模较大的企业以及东部地区的企业创造价值能力相对较强。从变动趋势来看，大型企业的EVA均值呈现出波动的趋势，而中小微企业一直处于增长的上升趋势，可以看出新三板挂牌的中小企业具有很强的发展潜力，新三板建立的初衷正是帮助这些高成长性的企业发挥自身优势，进而不断壮大成长。

（3）激励机制和吸引人才会极大提升企业的价值创造能力，而股权集中度越强、研发投入越多，越会对企业的价值创造产生负面影响。在正向影响因素方面，高新技术企业的经营核心在于市场不可替代的研发水平和专利技术，因此需要大量的高学历高素质人才作为基础。同时，新三板企业采用薪酬激励的办法也能够极大限度地调动员工的工作积极性，从而提高企业的价值创造能力。然而在负向影响因素方面，由于新三板企业大多是个人、家庭控股的私营单位，股东人数较少，大股东控股比例较高，且控股股东与企业管理者基本一致，企业决策集中在一人之手，极有可能出现决策片面极端的情况，从而降低企业的整体绩效。此外，对于多是处于初创期的高新技术企业，研发投入较多，而营业收入较少，过大的研发支出比例导致企业的负债过重，且部分项目研发周期较长，资本回收较慢，因此导致企业短期内经营绩效下降。

（4）不同行业、不同规模及不同地区企业的 EVA 影响因素存在显著差异。完善激励机制和提高人力资本结构对于提升企业经营绩效是最为有效的。股权集中度过高，对不同规模、不同地区的新三板挂牌企业都产生了负面影响。

10.4.2 政策建议

新三板作为中国资本市场的"后起之秀"，在缓解企业融资问题、培养优质企业等方面发挥着重要的推动作用。然而就目前企业经营绩效表现来看，新三板市场仍然存在很多问题，需要政府监管者、企业管理人员以及市场投资者共同解决。基于此，提出建议如下：

（1）加强政府监管者在政策制定、体制完善等方面的能力。重点是规范市场治理，合理发挥资本市场有效配置资源的作用，提高企业的经营绩效。企业的发展离不开政策和体制的有序引导，政府应尊重市场规律，在起步、推广和市场应用等不同阶段出台不同的产业政策，同时要保持政策的稳定性和连续性。

（2）着力优化空间布局。目前新三板挂牌企业多集中在北京、上海等地区，中西部地区的企业数较少，且具有良莠不齐的发展现状，这与中西部地区经济不发达有关。国家应通过加大资金扶持，发挥财政资金牵引作用，并鼓励产学研结合，帮助中西部地区发展，激励中小企业快速发展，缩小东西发展之间的差距。

（3）企业管理人员应适当分散企业股权，提升科研成果转化率，提高企业综合绩效。股权过于集中，会导致一家独大的局面，企业决策往往过于片面极端，不利于监督作用的发挥；股权过于分散，使得股东的话语权减弱，股东与管理者之间的"委托—代理"问题加剧。因此应避免股权绝对集中与过度分散。

（4）为提高企业的经营绩效，需加大对人才的激励机制，尤其是规模较小的企业和中西部地区的企业更要完善激励机制吸引高端人才。人才是企业持续发展的不竭动力，企业经营绩效的提高归根结底是人才的溢出效应，处于初创期的新三板企业更需要人才。

第4部分 案例篇

第 11 章　CQ 科技工程有限公司推行 EVA 考核研究

本章主要以 CQ 科技工程有限公司为案例[①]，结合 CQ 公司实际情况，分析 EVA 考核在公司实际生产活动中的适用性。首先本章分析了 CQ 公司当前的发展情况，列举了公司的成就、目前发展过程的瓶颈以及推行 EVA 考核所面临的环境和内部的双向驱动，这有利于调动内部员工的积极性，推动公司长远发展。接着对 CQ 公司 2015~2019 年度数据进行具体分析，透过 EVA 看 CQ 公司的经营绩效、价值创造。最后对于进一步提升 CQ 公司价值创造能力提供三方面的建议，为公司 EVA 考核具体实施提出规划与展望。综合来看，近年来 CQ 公司盈利能力良好，经济增加值整体呈上升趋势。将 EVA 引入公司考核体系，能在一定程度上解决传统财务评价体系的不足，更加真实地反映企业的经营业绩，从而提升经营管理水平，促进企业可持续发展。

11.1　CQ 科技工程有限公司介绍

11.1.1　CQ 公司概况

西安 CQ 公司成立于 1973 年，注册于国家级西安经济开发区。该公司由 CQ 石油勘探局和依法成立的职工持股会共同经营，CQ 石油勘探局股份占 52%，职工持股会股份占 48%。2007 年 12 月 31 日公司职工持股会退出，保留了公司制体制，股权比例调整为 CQ 石油勘探局国有占 52%，CQ 石油勘探局集体资产投资中心职工持股会股份占 48%。

---

① 本章资料来源于对 CQ 集团的实地调研结果。

1. 主营业务

该公司主要经营的业务有化工和石化、石油天然气、市政（给水、排水、天然气、供热、道路）、电力、通信、机械、建筑、消防、自动控制、环保、压力管道与压力容器等工程的勘察、咨询、设计、技术及经济评估、工程咨询、工程监督和工程总承包以及该行业高科技产品研发与制造、安装及销售。

2. 员工及组织

目前，公司职工人数 620 多人，其中管理和专业技术人员占总数的90%，大专以上学历 527 人，占总人数的 85%。设有机关科室 7 处，下设石油工程设计部、天然气工程设计部、建筑工程设计部、工程勘察部（测试实验中心）、管道工程设计部、标准化（数字化）设计部、机械工程设计部、公用工程设计部、电仪信工程设计部、热工工程设计部、技术经济部、科技开发部、工程咨询中心、EPC（PMC）项目管理部、高新研制中心、信息档案中心、出版发行部、北京项目部、苏州分公司、鄂尔多斯项目部、小车队等 21 个基层单位。

11.1.2 CQ 公司主要成就及展望

1. 主要业绩及社会责任

在过去的 40 年中，公司完成了 6800 多个各类工程勘察和设计项目，并先后荣获了近 1000 个奖项，包括：设计、优秀勘察、咨询、质量控制成就和科技进步奖，其中在局级以上的科学技术进步奖共 231 项；368 项优秀设计类、勘察类以及软件类奖项；共计 34 项优秀节能奖；还包括 45 项优秀咨询和现代化成果奖，以及 116 项优质 QC 成果奖。同时还获得了 356 项国家授权专利、11 项发明、22 项计算机软件著作权、15 项专有技术、3 项商标、1000 余篇发表论文。以及 12 本部已出版专著。其中《天然气处理原理与工艺》作为高校教材，走进了石油系统高等院校，被中国石油石化行业协会评为"石油石化优秀教材二等奖"。

公司不仅运用技术知识回馈社会，以此实现了跨越式的发展，同时还树立了先进技术和诚实经营的良好企业形象。公司连续多年被西安市授予"勘察设计 5A 信用企业""优秀高新技术企业""重合同守信用先进单位""知识产权优势企业""节能减排新纪录双十佳企业"等称号，同时连续三年进入全国勘察、设计和研究百强行列，并且连续三年获得 CQ 石油勘探局评选的"勤政廉政先进集体"的荣誉称号。此外还获得了集团公司评选的"优秀工程建设企业""西气东输工程建设优秀班组""西部管道工程建设先进集体""优秀科技创新团队"等称号,并获得甘肃省"五一劳动奖状"。

2. 改革成就及展望

公司的业务核心是勘察设计,以此为核心带动了多项业务的发展,包括:工程建设、科技产品开发、工程咨询与工程监理、通信应用及网络技术的发展。目前,公司以油气田勘察设计作为主营业务的多元化经营能力已经形成,社会市场辐射陇、陕、晋、冀、江、浙、沪、皖及东南沿海等十多个省区,并延伸到国家重点工程和外国在华工程项目。

特别是在整体改制的这 10 年来,公司的工作基础虽是完成 CQ 油田地面工程勘察设计,但同时还参加了国家的重点工程,包括西部原油产品管道工程、西气东输工程,另外公司还充分发挥人才和技术密集型的优势,大力开发以撬装为主导的高科技系列产品,全面支持 CQ 油田的大规模建设和大型油田的管理,同时还积极参与了霍金斯、壳牌、道德尔在中国的勘测设计工作,以及在哈萨克斯坦的项目中的设计和制造业务,促进了公司在高端水平下的经营业绩跨越式发展。

11.1.3 CQ 公司发展瓶颈

在以中国的基本国情为出发点的情况下,原始的国有企业绩效评估体系得以设计,不论是在企业制度的建立与完善上、企业管理的水平提升上,还是在增强企业竞争力以及在满足企业所有利益相关者的信息需求上,该体系均发挥着重要的正向作用。但其建立在会计利润的基础上,很多情况下无法真实反映企业的实际情况,用以评价企业业绩会不可避免地存在一些缺陷,核心在于未能反映企业所创造的真正价值。忽略股权资本的成本概念将使管理者形成一种观念,即股东投资的资本是"免费午餐",这将导致盲目增加资本,扩大股份,而不是专注于提高投资资本的使用效率。在愈加重视公司价值提升和国有资产保值增值的当下,如何有效进行业绩考核成为新问题、新挑战。

近年来,CQ 公司面对工作量大幅攀升、收入阶梯式下降、发展步伐落后于同行业的新形势,公司以 CQ 油田持续实现年产 5000 万吨为己任,依靠强有力的文化惯性,紧紧围绕"四化"管理模式,解放思想,全面创新,全力支撑油田"大规模建设,大油田管理"。诚然,面对设计行业的高速发展和市场机制的极大诱惑,加上原体制退出、机制回归人头管理所形成的体制机制真空,原有的绩效考核模式暴露了激励不足的问题,特别是在原有股权激励模式取消后,人员偏好从事短期行为而不是长期行为来提升业绩,增加了协调成本。对公司管理人员和技术人员难以形成有效激励,公司资质和人力资本安全受到了极大威胁,出现了人才流失、专业发展缓慢、综合实力落后于同行的困难局面,这就迫切需要一个能够激发全体员工的工作积极性和创新热情的激励机制。引入经济增加值考核,以此为实现科学发展的重要抓手,完善公司的经营机制,转变发展方式,弥补激励机制短板,提升经营管理水平,促进企业科技创新、管理提升、文化升华和产品升级。

11.2 EVA 考核在 CQ 公司的推行

11.2.1 EVA 考核推行背景

2004~2006年和2007~2009年,国有资产监督管理委员会在中央企业试点进行了自愿性 EVA 考核。2006年12月,国有资产监督管理委员会印发《中央企业负责人经营业绩考核暂行办法》,这份文件显示,在年度经营业绩考核中,中央企业可以使用 EVA 指标。2009年11月5日、11月22~23日,为了推动此项工作,国有资产监督管理委员会还举办了大型企业座谈研讨会,同时还建立了培训班。与此同时,国有资产监督管理委员会还决定从2010年开始,中央企业全面实施 EVA 评估。方案将 EVA 评估的实施分为引入、强化和改进三个阶段。其中,引入阶段的实施时间为2010~2012年,在引入阶段,企业应明确绩效考核应以价值为导向,在中央企业运营绩效评估体系中实质性加入 EVA 考核,从而使新旧评估方法能获得平稳过渡。为了实施 EVA 考核,国资委调整了中央企业的绩效评估指标。该计划基本上是明确的。自2010年开始,EVA 将用于替代净资产收益率,并且在中央企业的年度运营绩效评估中也会使用 EVA。

2009年11月27日,中国石油天然气集团公司党组召开特别会议,讨论并部署相关工作。按照国资委的要求和绩效考核工作安排,集团公司将扎实做好 EVA 评估等工作,同时还将通过集团公司业绩评估工作会议和集团公司年度工作会议贯彻实施,并决定在各业务板块选择1~2个企业进行试点。

CQ 公司积极响应国家和集团公司的决定,贯彻文件、会议精神,抓住时机,迎接挑战。决定在对企业实行 EVA 考核的背景下,认真研究价值管理前沿问题,挖掘公司业绩提升潜力,确保国有资产保值增值。并在 EVA 业绩考核的前提下探讨人力资本参与企业剩余利润的分配问题,深化对人力资本的有效激励,以提高公司各业务层面员工的积极性,增强企业的可持续发展能力与竞争力，赢得公司在新时代下的新发展。

作为新的考核标准，EVA 考虑了资本和股东回报的机会成本，相较于总利润和净资产回报率，其所反映的信息量更真实、更全面，这有助于增强公司的创造价值的能力。基于 EVA 所建立的管理系统注意投资者财富的创造，由此可用对公司运营管理和决策的制定做出指导，从而使公司在资本配置、并购或销售、战略规划等方面的行动更加丰富，也更加符合股东的意愿。

此外，EVA 还考虑了与公司价值创造和利益平衡有关的所有因素，它不仅是衡量一个公司绩效的指标，而且是全面的财务管理结构。更有效的公司治理可以通过 EVA 得以实现，把员工转化为"内部企业家"，从而实现投资者与公司内部之间的良好沟通，有利于提高企业发展质量。

EVA 激励是新时代改革的契机，使得经营者不再只关注于企业的短期效益，而是开始将长期效益的提升纳入考量范围，这一举措可有助于企业免于急功近利的消极行为。另外通过将衡量公司绩效的 EVA 指标与管理人员的报酬联系起来，EVA 的应用可以建立有效的激励补偿制度，由此可以正确地指导管理人员工作的方向，并促使管理人员充分注意公司的长期经济效益和资本增值，此举将有助于企业的可持续发展。

11.2.2 推行 EVA 考核的必要性

基于以下三点，可以看出 EVA 改革不仅是新时代的契机，也基于现实因素存在一定的必要性，推行 EVA 存在环境和内部的双向驱动。

1. 国资委力推 EVA 考核，促进国有资产保值增值

社会主义市场经济的特点之一就是坚持公有制的主导地位，发挥国有经济在国民经济中的主导作用，这也是增强党的执政能力和体现中国社会主义基本经济体制的重要体现。党中央、国务院历来高度重视国有企业的改革与发展和国有资产管理体制的建设。国务院早在 1992 年就曾颁布条例，对企业的权利和责任、政府与企业的关系做了规范。在党的十五届四中全会上通过的《中共中央关于国有企业改革和发展的几个重大问题的决定》，不仅使国企改革和发展的指导思想得以明晰，同时该决定还包含许多和国企改革相关的措施。在党的十六大以及十届二中、三中全会、十六大上，国有资产监管体制改革的目标和原则得以确定，这为国有资产管理工作指明了方向。国务院于 2003 年 5 月 27 日发布了《企业国有资产监督管理暂行办法》，此暂行办法的颁布标志着国有资产管理体制改革已进入实质性实施阶段。由此，国有经济战略调整向前推进，国有资产经营效率不断提高，国有企业改革进一步深化，国有企业经济效益明显得到提高，

各项任务都取得了积极进展，这为中国的社会进步、经济增长都做出了重要的贡献。

虽然国有资产管理工作取得了一定的成绩，但是一些长期积累的问题与矛盾还没有解决，国有经济与国有企业仍然面临经营效率偏低、资产质量不高、布局不合理、资产流失、技术创新意识与创新能力不足等问题。面对这些问题和矛盾，需要采取综合型的对策和措施，创造性地从各个方面开展工作。其中，一方面可以对企业的经营业绩进行合理、科学的评估考核，同时还要以绩效考核作为考核导向，该方法也被认为是十分有用的。所谓绩效（performance），也称业绩、效绩，是企业在管理活动经常涉及的最为重要的概念之一，反映的是人们从事某一活动所取得的成绩或成果。在2004~2006年和2007~2009年这两个时期，国有资产监督管理委员会在中央企业进行了自愿性的EVA考核试点。2006年12月，国有资产监督管理委员会发布了《中央企业负责人经营业绩考核暂行办法》，该文件中表示，中央企业应该在进行年度业务绩效评估时使用EVA指标。2009年11月5日和11月22~23日，为推动这项工作，国有资产监督管理委员会举办了大型企业研讨会，并建立了相关培训班。该措施已于2009年12月28日第二次修订并通过，自2010年1月1日起生效。

2010年12月28日，为贯彻党的十七届五中全会、中央经济工作会议和国有企业负责人会议精神，国务院国有资产监督管理委员会召开央企管理人员绩效考核工作会议，总结了中央企业2010年的绩效考核工作，为研究新形势下进一步改进绩效考核批复了新措施，原国有资产监督管理委员会主任、党委书记王勇做了重要指示：作为一项国有资产监督管理体制改革的重要体制创新，建立央企管理者绩效考核制度必须坚持下去。2010年，中央国有企业坚持正确的考核方向，严格履行考核职责，并且不断创新，在运营绩效评估工作中取得了新进展，获得了显著的成效。实践证明，绩效考核作为国有资产监管的重要手段，有效地指导了企业履行维护和增加国有资产保值、增值责任，使企业的经济效益和管理水平得以提升，同时还有利于激励、约束企业的管理者。"十二五"期间，以"培养强大的中央企业，培养一批世界级的国际竞争力的企业"为主要目标，以"完善、深化、创新"为要求，对于经济增值考核和全员绩效考核，进行进一步深化；对于绩效考核体系，进行不断的完善；对于考核方法，继续加强改进和创新。在此基础上，全面提高央企的发展素质和发展质量，达到科学发展的目标，为新时期中央企业的改革发展及国有资产的监管工作做出新的、更大的贡献。

2011年和"十二五"期间，作为国有企业绩效考核的总体要求，应将邓小平理论和"三个代表"重要思想作为指导，全面贯彻落实科学发展观，将科学发展观作为主题，将加快转型发展方式作为主线，以增强价值创造为核心，坚持正确的考核指导方向，严格履行考核责任，进一步指导央企有效地结合转变方式与价值提升创造，将规模发展扩大与质量的提升相协调，兼顾企业的长、短期发展。在专注于主业发展的前提下，不断做大做强，同时要尽快培养世界级的优秀企业，不断推动企业的科学发展，使央企不断提升其整体服务水平。在"十二五"时期，对于央企的绩效评估考核来说，应该以"做大做强的同时培育一批世界级的优秀企业"为目标，对绩效评估有关政策进行不断完善，对绩效考核的主要方向不断明确，为央企之后的发展打下坚实基础，不断完善发展方式，努力提高发展质量，以实现科学发展的目标。

2019年初，国务院国有资产监督管理委员会修订发布《中央企业负责人绩效考核办法》。新规定中建立了高质量发展的绩效评价体系，从多个角度结合了央企管理人员的年度和任期，同时新规中凸显了分类评估的地位，且对国际、行业标准进行了清晰界定。修订《办法》的重点是强调对高质量发展的评价和指导，措施包括绩效效率、结构调整、技术创新、风险管理和控制、节能环保、国际运作、保证能力等指标，强调要不断引导科技创新的考核，促使企业将研发投入与利益联系起来，从而能自愿增加研发投入。国有资产监督管理委员会根据企业自身的考核要求，"少而精"地选取评估考核指标，且将这些指标纳入管理者的任期考核中。

自2003年《中央企业负责人绩效考核暂行办法》发布以来，该办法已进行了四次修订和完善。过往经验显示：建立健全央企管理者绩效评价考核体系，对于央企的经营效率、经营质量、后续发展能力、管理水平，以及维护和增加国有资产价值等方面，都起到了不同程度的提升作用。党的第十九次全国代表大会明确表示，中国经济已经从高速增长阶段转变为高质量发展阶段，并部署了要实施新发展理念、实现高质量发展，同时提出了培养一批世界级优秀公司的目标。对于新时期的企业发展来说，这些部署铺设了国有资产及国企改革的道路，同时也为修订后的评估方法提供了基础。

2. 推进EVA考核是中石油集团公司的重要任务

根据国有资产监督管理委员会的方案，EVA考核实施可分为以下三个阶段：即引进阶段，加强阶段和完善阶段。在此期间，2010～2012年为引进阶段，在此阶段中价值导向得到明确，EVA被实质性地纳入中央企业的经营绩效考核体系中，故实现旧评估方法向新评估方法平稳过渡。

为实施EVA考核，国有资产监督管理委员会对中央企业绩效评估指标进行了对应调整。该方案基本上确定，2010年开始，EVA被用于替代净资产收益率，并被纳入中央企业的年度经营绩效评估中。进行该调整之后，利润总额、流动资产周转率、油气当量产量和EVA这四个指标是国有资产监督管理委员会评估中石油天然气集团公司业绩情况的指标，以上指标里EVA约占40%。

2009年11月27日，中石油党组为研究部署召开特别会议。集团公司按照国有资产监督管理委员会对业绩考核工作的要求和部署，配合重点工作，扎实推进集团公司EVA考核和全体绩效考核，通过集团公司考核评估工作会议和集团公司年度工作会议将以上内容进行落实。

集团公司党组认为，EVA作为一种新的管理体系，体现了科学性以及可操作性兼备的全面成本管理理念。党组认为集团公司应分两步实施EVA考核工作：第一步，2010年，在集团公司的子公司和股份公司各区域公司中进行EVA指标模拟评估，在此过程中，每个业务部门选择1~2家公司进行评估试点项目。第二步，自2011年起，归纳试点经验，在集团公司内推广实施EVA考核。

EVA考核的引入使集团公司绩效考核评估产生了重要变化，这是公司改进管理机制、转变发展方式、改善不足之处、提高管理水平的良机。此外，也对集团公司实现科学发展起到重要的助推作用。故必以此为出发点，顺应潮流，通过不断完善公司的经营机制，把科学管理能力提高到新水平。CQ公司积极响应国家和集团关于实施EVA考核评估的号召，并在集团内部带头考虑实施EVA考核的可行性，这一举措对EVA在集团公司内全面实施具有一定前瞻性。

3. EVA考核是公司实现人员激励与业绩提升的关键

技术密集型企业创新的动力主要来自人力资本的积累，人力资本为稀缺资源，想要更好地发挥人力资本的作用，就必须注重对人力资本的激励。CQ公司当前在人力资本薪酬体系中暴露出一定的问题，其核心原因是市场经济新的环境导致了传统的激励机制很难实现其预期功能。

年薪制度的会计基础是企业的绩效。企业绩效的主要影响因素是企业员工自身的综合素质和付出程度、企业的运营效率、企业目前的发展阶段以及外部市场的竞争力。由于许多因素企业管理层无法控制，因此导致绩效与年薪之间的相关度严重减少。由于其中某些管理者处于相对优越的外部环境中，因此他们可以仅通过一些简单的管理来获得高绩效。反之，也存在由于缺乏这些优势，一些管理者即使付出了巨大的努力，但并未获得相应回馈的现象。这不仅挫伤了许多管理者的工作热情，而且营造了"搭便车"的氛围。

年薪制会对企业的长期激励产生负面影响，从长期角度看不利于企业的发展。管理者将要决定是否在企业运营过程中开展新项目以及确定具体内容。以上项目包括长期和短期项目。长期项目需要初始阶段就投入资金，例如公司并购、公司重组以及公司重大投资情况等。其中可能会产生如下情形，即这些项目在短期内无法获得回报，而是在未来几年甚至十年以上才获得回报。因为管理者仅关注短期公司绩效，因此舍弃了从长远角度出发对企业发展有积极作用的项目。这种将注意力集中在短期利益上，却忽视企业长期利益的行为存在较大风险。

公司现有的薪酬体制很难实现激励功能。清退职工股后，股权激励措施完全在公司失去效力，公司员工总体收入急剧减少，在市场经济条件下，收入是一项重要因素，部分员工，特别是专业技术骨干出现不安定的苗头。同等条件下，在企业的收入同社会市场上的收入有较大差距，这引起部分持有注册资格的骨干有辞职打算，直接影响企业的持续发展与竞争力。

EVA奖金银行计划是从其薪资奖励机制出发的基础计划。该计划仅针对EVA的增值提供奖赏，同时没有设置封顶值。也就是说，尽管某个体前一年可能存在低EVA值，但如果EVA值呈继续增长趋势，该个体也可以获得其对应奖赏，由此产生刺激作用。由于该计划没有设定上限与下限，故管理者可以获得长期激励，持续探索员工的潜在能力，从而达成管理者的付出与EVA的增加相辅相成的效果。并且在此过程中，管理者将产生与股东相似的决策想法。在EVA奖金银行计划中，管理者收到的部分奖金将存入对应银行，但该管理者本期内不能提取这些奖金。因为如果未来公司业绩下降，则会扣除银行内该部分奖金。因此管理者必须发挥才能，持续提高公司绩效，才可以不断获得奖金。该计划有效阻止了管理者通过刺激短期利益改善公司绩效的方法，而需要他们通过持续性的创新投入、增加长期投资项目而非出售有利可图的资产等手段得到奖金，由此管理者将更为关注公司的长期发展路径。依照此计划的实施，EVA和奖金将呈同比增长趋势。因此，只有通过不断提高EVA，管理者才可以获得相应的回馈。此外，奖金银行中没有提出的部分还会减少管理者和技术人才离职的风险，企业人力资源的安全性从而得以提升。

CQ公司有必要在实行EVA考核的背景下，探讨人力资本参与企业剩余利润的分配问题，加大对人力资本的激励力度，以提高现有职工的积极性，增加企业的可持续发展能力与竞争力。通过EVA的薪酬激励机制的基本设计方案，调动内部员工的积极性，推动公司长远发展计划的施行。

11.2.3 推行EVA的可行性

1. EVA在国外的经验

（1）EVA在国外国有资产管理中的应用。外国国有资产管理机构相当注重价值管理体系的建立，为提升资本回报率及资产管理效率，EVA早在20世纪90年代就已被用于考核评估国外国有企业。到目前为止，众多欧美发达国家在使用EVA进行考核评估方面已经积累了众多经验及方法，值得中国择优借鉴。世界银行数据显示，不同国家最顶尖的国有企业均极为重视如何提升资本利用率。国有企业注重实现政治和社会目标，但是当大型国有企业的所有权被行使时，国家股东应该更集中精力实现资本收益的增加。其中，衡量资本利用效率的最佳选择即为EVA，它着眼于使资本收益不断增加、提升主营业务水平、培养核心竞争力和防止资本扩张过度，为国有企业的全面商业化做准备。

瑞典政府是瑞典最大的国有企业所有者。截至2001年，共59家企业受瑞典政府管理，这些企业之中45家是国有独资公司，16家是国有控股公司，以上企业的职员总量约240000名，约占瑞典总劳动力的5%，政府在其国内公司总值中占据25%左右的份额。瑞典的国有资产管理公司决定鼓励各公司的董事会引入价值管理体系，EVA作为一个简单明了、注重高效率资本结构的业绩考核方案，与激励方案相结合之后，能够成为董事会的一个非常有力的管理工具，可以使公司内部有关各方利益一致。EVA考核和激励方案有效地鼓励瑞典公司所有雇员为该公司最重要的营运目标而努力。同时，EVA机制也是一种经营手段，使人们注重通过高效运营资本的方式提高公司价值。①

新加坡国有资产管理以大集团为特色。企业淡马锡一直致力于不断提升股东价值，这同时也是EVA的核心理念。淡马锡的经理在年度报告的首页上指出，其企业使命即随着时间的推移不断提升股东价值，并使这些股东成为一个活跃的投资者和一个成功企业的股票持有者。淡马锡公司主要的投资方向包括传媒通信、金融服务、交通物流、财产、能源、工程技术等很多方面。投资方式既包括淡马锡投资公司直接投资，也有收购基金管理公司和私募基金。它致力于将具有竞争力并且管理良好的企业逐渐私有化。2004年，淡马锡公司的总价值约900亿美元。根据市场价值，其一

---

① 资料来源：中国教学案例网，http://www.cctc.net.cn/。

年股东回报率约为48%，而30年的回报率均值在18%左右，这一数字体现了淡马锡在EVA指导下的投资成果。①

（2）EVA在国际知名公司的应用。EVA架构已被全球400多家企业使用，并作为优秀高效的综合管理体系受到了广泛的认可。许多使用EVA的企业在各维度明显领先于其他未使用EVA的企业。以下仅举两例：

索尼公司在1946年建立，现在已是一家享誉全球的著名企业，总资产超过610亿美元，净销售额超过130亿美元，企业职员超过16万人。索尼从1999财政年度开始引进EVA。EVA系统在索尼公司内部按照不同的业务模块逐步实施。同年，早期EVA系统曾在电子部门，即索尼的王牌部门中被实验性地推行。总公司给旗下所有分部都提出同样的目标：创造股东价值，每个分部都基于以上内容进行了响应。同时，把有关各部门单位负责人的薪酬与完成股东价值创造目标的情况挂钩。在之后的一年，EVA评估系统仍被应用于索尼的电子部门，与此同时，企业高管也被纳入评估企业业绩的指标中。自2001年以来，该系统已被音乐和电影等各行各业应用。更多的管理人员、投资决策和运营成果纳入了EVA核算系统框架下，并最终覆盖整个集团。EVA体系被索尼作为考核业绩的手段，从而进一步激发了其职员的资本成本意识，对进行企业合理投资、提高资本利用率，在不利的外界环境中确保股价稳定性都具有积极影响。②

世界500强之一的SPX公司使EVA体系成为整个公司文化的价值核心。据SPX反映，EVA体系最具参考价值的部分是其对于企业文化的影响，EVA体系认为创建价值是整个系统及各管理环节的核心。不过即使以上所谈及的EVA理念已被纳入所有企业的核心经营环节，但其对于企业转型的影响主要在于其对管理者薪资方面发挥着重要作用。关键不是管理人员有无具备产生出色绩效的能力，而是决策人员在创造价值方面能否对管理人员产生积极影响。③

（3）EVA在能源行业的应用。与其余行业比较来看，EVA较晚被纳入能源类企业的运营过程中，许多企业对其的使用始于20世纪90年代后期。但截至目前，大量企业都已在集团内成功应用EVA管理系统。表11-1中列出了部分应用EVA体系的能源性公司。

---

① 资料来源：中国教学案例网，http://www.cctc.net.cn/。
② 资料来源：索尼官网，https://www.sony.com.cn/。并由本书进一步收集整理。
③ 资料来源：中国教学案例网，http://www.cctc.net.cn/。

表 11-1　　　　　　　　部分应用 EVA 的能源公司

公司名称	国家	公司类型	项目
Snowy Hydro	澳大利亚	水力发电公司	业绩考核、管理体系、理念体系、激励制度(4Ms)
Emera（2001 年至今）	加拿大	公用事业	业绩考核、管理体系、理念体系、激励制度(4Ms)
PEMEX（2001 年至今）	墨西哥	国家石油公司	业绩考核、管理体系、理念体系、激励制度(4Ms)
Ecopetrol（2000~2001 年）	哥伦比亚	国家石油公司	业绩考核、管理体系、理念体系、激励制度(4Ms)
CLECO	美国	公共事业	业绩考核(M1)
Singapore Power（1999~2000 年）	新加坡	电力公司	业绩考核、管理体系、理念体系、激励制度(4Ms)
UPR（1999~2000 年）	美国	能源及电力公司	业绩考核、管理体系(M1,M2)
Nuevo Energy（1999 年）	美国	能源及电力公司	业绩考核、管理体系、理念体系、激励制度(4Ms)
Pan Canadian（1999~2000 年）	加拿大	能源及电力公司	业绩考核(M1)
Mid American Energy（1998~1999 年）	美国	公共事业	业绩考核、管理体系(M1,M2)
Union Electric（1997 年）	美国	公共事业	业绩考核(M1)
Montana Power（1997 年）	美国	公共事业	业绩考核、管理体系、理念体系、激励制度(4Ms)
Philips Petroleum（1996 年）	美国	大型石油联合公司	业绩考核(M1)
San Diego Gas & Electric（1995~1996 年）	美国	公共事业	业绩考核(M1)
Wisconsin Electric（1996 年）	美国	公共事业	业绩考核(M1)
Kansas City Power & Light（1995 年）	美国	公共事业	业绩考核(M1)
Eskom	南非	全国性电力公司	业绩考核(M1)
Electricity Corporation of New Zealand	新西兰	全国性电力公司	业绩考核(M1)
Area LLC（1995 年）	美国	能源及电力公司	业绩考核(M1)
Equitable Resources（1995 年）	美国	能源及电力公司	业绩考核(M1)
Petro-Canada（1994 年）	加拿大	大型石油联合公司	业绩考核(M1)

资料来源：CQ 公司提供和各公司官网信息，并由本书进一步总结整理。

资源性行业大多经历了从垄断到引入市场竞争的过程。因此，相比竞争性行业，资源性行业对 EVA 体系的应用起步较晚。尤其是石油行业——世界上最重要、最复杂、资本最密集的行业之一——对 EVA 的应用，远远落在了其他行业的后面。另外，石油等资源性行业会计指标的信息偏差也是 EVA 应用滞后的一个重要因素。石油行业的会计报表中所报告的已得收益没有真正反映该企业在其会计期间的实际盈利能力，作为关键因素之一的石油储量等指标没有反映在当期的损益表或报表附注中，然而这些指标是企业未来盈利能力评价，以及资本市场对该企业估值的重要参考因素。因此，按照一般行业的 EVA 应用框架所分析出的 EVA 值无法及时、准确、恰当地展示出资源性公司真正的经济利润。最终导致所有会计基础上的衡量（包括源于会计信息的 EVA 衡量）在目标设定、决策制定以及薪酬划分方面的标杆作用失效。基于此，思腾思特公司就专门应用于石油天然气等资源性行业的 EVA 计算方案展开研究。

2. EVA 在国内的经验

经济增加值作为一种业绩评价指标及管理工具已经有 20 多年的历史。许多国内学者从 21 世纪初便对经济附加值和国外先进经验的适用性展开研究。此外，中国许多规模较大的公司对使用 EVA 体系的欧美企业展开调研，并将 EVA 体系成功引入国内，督促公司内高级管理人员进行学习研究，如中化集团、中远集团、宝钢集团、华润集团等公司均进行了 EVA 体系的学习与引进。

在 EVA 体系成功引入国内后，一篇发表于《中国商业报》2001 年 6 月 7 日的新闻重点评价了国内一家电子公司的规模及营收。两个月后，《财经》杂志的 2001 年 8 月刊发表了一篇特别文章，借助 EVA 评价中国企业，对 2000 年国内上市公司的财富创造与破坏情况进行了排名，一时间引起了社会广泛讨论，上市公司和券商均对此投以高度重视。2002 年，在激烈市场竞争中，中国众多规模较大的公司均在内部展开使用 EVA 系统，比如中化国际、国家开发投资公司、上海轻工控股集团、复星工业、中国建设银行、宝钢集团、东风汽车、上海浦发、青岛啤酒等公司。

截至 2008 年，共计 93 户企业自愿参加国资委 EVA 考核。在此之前，国资委已率先在上海、深圳等城市开展试点考核评估。从 2007 年开始实验性引入 EVA 系统后，上海国资委在 EVA 的测量及评估核心因素方面积累了相关经验，并设置了独特的系统，以上操作均有助于在国内有效推广 EVA 系统评估。

面对全球化竞争和扩大国内居民消费的资金瓶颈，对国家投入成本保值的提法已不合时宜。在这一背景下，较好的做法是公司规定实现 EVA 最大化这一任务。设置该目标后，公司绩效将更为清晰。彼得·德鲁克（Peter Drucker）提出管理科学之核心在于"责任"，而 EVA 的评估便能够起到测试和提升这一责任感的作用。若企业管理者及下属员工不断提升责任感，公司将得以产生不断创造价值的可能性，管理创新将被提升成其独特优势，并达成利益相关人员 EVA 最大化这一结果。

11.3 CQ 公司 EVA 价值创造研究

11.3.1 CQ 公司 EVA 测算

1. EVA 计算公式

在计算 EVA 的过程中，需要将公司的资产负债表和利润表的钩稽关系进行综合考量。

公司每年创造的 EVA（经济增加值）等于该年税后净营业利润与资本成本的差额；计算 CC（资本成本）的时候，需要用到调整后的资本乘以加权平均资本成本率。

由于会计调整项不同，针对不同企业的 EVA 测度模型也不尽相同。由于 CQ 公司为国有控股企业，因此本章采用 2016 年末国资委《中央企业负责人经营业绩考核办法》文件中对央企 EVA 的计算方法构建 CQ 的经营绩效的测度计量模型，具体计算如下公式所列：

经济增加值 = 税后净营业利润 − 资本成本

= 税后净营业利润 − 资本占用 × 加权平均资本成本率

其中，

税后净营业利润 = 净利润 + （利息支出 + 研究开发费用调整项）× (1 − 25%)

资本成本 = 调整后资本 × 平均资本成本率

= （平均所有者权益 + 平均负债合计 − 平均无息流动负债 − 平均在建工程）× 平均资本成本率

= 平均所有者权益 + 平均负债计 − 应付票据 − 应付账款 − 预收款项 − 应交税费 − 应付利息 − 应付职工薪酬 − 应付股利 − 其他应付款 − 其他流动负债 − 平均在建工程

综上所述，中国服务业上市企业 EVA 经过会计调整后的测度模型可以表示为：

EVA＝净利润＋（利息支出＋研究开发费用）×（1－25%）－（平均所有者权益＋平均负债合计－应付票据－应付账款－预收款项－应交税费－应付利息－应付职工薪酬－应付股利－其他应付款－其他流动负债－平均在建工程）×5.5%

其中，税后净营业利润指的是公司所获得的税后利润（在不考虑资本结构的情况下），也指股东资本税后的投资收益，实际上等于税后净利润与利息支出之和。实际在数据可获得性很高的内部管理中，为了确认企业的真实业绩，则需要根据确定的原则对财报的部分科目进行调整，使得计算出来的值更加真实。

所谓资本占用，是指所有投资者含股东和债权人提供的权益资本和债权资本作为企业经营用途的所有资金的账面价值。权益资本，由少数股东权益普通股权益共同组成。债权资本由债权人短期债务以及长期债务组成，但需要注意不含无息流动负债，如应付票据和应付账款等；因此可以用公司的全部资产扣减商业信用负债来倒挤资本占用的金额。

为了简化计算，并且鉴于国资委对资本成本率（CC）的规定，本书的WACC（平均资本成本率）按统一的5.5%代入并计算。

2. 关于EVA会计调整

（1）会计调整的目的。

一是消除会计稳健主义的影响。GAAP准则设立的初衷是为了维护债权人的利益，它从企业清算的角度出发，记录企业的经营活动和过程。对于权益资本的所有者——股东而言，GAAP准则弊大于利，因为它并不曾考虑企业的持续经营和发展。一些稳健会计处理方式，如对无形资产的会计处理、资产减值准备的计提、存货计价方式等，都给企业绩效的衡量和股东决策带来了一定阻碍。因此，必须设法消除会计稳健主义对EVA的影响。

二是要防止发生盈余管理。权责发生制不同于收付实现制，他的操作应用在会计的收入确认、费用配比等方面主要依赖于大量的人为经验判断和估计，使得账目容易被乘虚而入。EVA的会计调整将坏账准备、担保交易、存货减值损失等有关的费用以货币为基础来确认，而非仅仅依赖主观判断，这样，就在一定程度上管控了高层操纵会计利润的可能。

三是要消除过去会计误差产生的影响。若某项资产账面价值与其经济价值相偏离，则会影响股东的增资减资决策。为此，思腾思特公司运用EVA时进行会计项目调整，以规避会计计量误差使投资者做出偏差的决策。

总之，EVA会计调整是提高企业经营业绩考评真实性以及可信度的有效手段，同时可以约束经营管理人员，避免出现只顾眼前利益、忽视长远发展的短期行为，促使其更好地关注股东的利益，在战略性投资、资产重组、研发支出方面做出正确高效的决策。

(2) EVA会计调整的原则。为了计算最优的经济增加值，在通常情况下，选取调整项目以及针对性调整时，应遵循如下原则：

第一，重要性原则。重要性原则，指的是要求调整对于经济增加值施加重要影响的项目。如果一个项目涉及的货币数额较大，不调整就会严重扭曲企业的真实经营状况。而对EVA进行会计调整就是为了提高公司业绩的真实性和可靠性，在此前提下，必须调整对EVA有重要影响的项目，来减弱对于真实经营的影响，凸显数据的有用性。

第二，可改善性原则。可改善性原则要求企业管理层能够对该调整项目实施一定程度的监督和控制，促使决策良好地推动公司业绩的提升。

第三，可获得性原则。该原则要求所调整数据可获得性强，渠道简单，同时便于操作。

第四，简单可操作性原则。简单可操作性原则要求所选取的项目可操作性强，对于要调整的项目要有较深刻的理解。绩效评价体系能否拥有长久的生命力，不仅取决于其理论上是否具有严密性，更在于其是否方便理解及操作。

第五，连续性原则。连续性原则要求关于EVA的调整方案要保持在时间上的连续性，管理层一旦制订了EVA的调整方案，不得轻易变动，更要避免对管理层凌驾于制度之上。

第六，行业基本一致原则。该原则基于可比性，要求同一行业中，需采取统一的调整标准，有助于横向比较，更好地对标竞争对手和同行标杆。

3. EVA计算会计调整项目介绍

通过阅读关于EVA核算的研究文献中，已确认可调整项超过160个，全部细节项目调整均利于改进经济增加值的评价体系，使其更能精准反映企业真实的经营状况。但是我们也需要注意成本收益原则，太多调整会使EVA计算复杂，理论上难以理解掌握，同时人为修订计算将付出巨大的成本，花费时间长，超过一定数量的调整项目会得不偿失，适得其反，阻碍EVA评价体系的推广。因此，对于大多数企业，只需要进行5~15项的会计的调整就可达到可接受的准确程度。

根据 EVA 会计调整的原则，将调整项目分成四部分：

（1）资本化长期费用。传统会计体系下，研发费用等现金成本，通常作为期间费用处理；而经济增加值核心下新的考核评价体系中，将这类费用一次性全部计入当期损益是不合理的，因为这些费用长期来看对公司是有好处的，尽管有失败的风险，但其作用不仅是在支出的会计期间，更多的是影响其未来几年甚至十几年的变化和走向。因此，按若干年摊销是更科学的。若按传统的会计方法处理，就会影响公司管理层对此类投入的积极性，公司为了控制成本费用，反而限制了长期发展。故在经济增加值考评体系下，这部分在长期看来应被视为投资的费用就要资本化，同时要按一定的收益年限摊销来核算。

（2）冲销计提到现金的标准。基于谨慎性原则的传统会计制度体系中，对一定年限的资产需计提坏账准备、存货跌价准备、固定资产减值准备等，但是，这其实只是非付现成本，是人为主观拟定的。显然，这种计提虽然具有一定的稳健性，但不能真实反映企业营业状况。因此，在计算经济增加值时，需要淡化单纯的会计冲销计提，强调真实的现金资本变动情况。

（3）营业外收支。以经济增加值为核心的绩效评价体系要求企业应重点关注其主营业务，而不是非主营业务。因此在核算 EVA 时，对于营业外支出和营业外收入等这类不影响企业长期价值变化的会计项目，都应予以剔除。同时需要注意，股东是营业外收支的最终承担者，因此应进行资本化处理，匹配企业未来的收益以及损失。

（4）非经常性项目。EVA 评价体系下，需对易引起经营利润大幅变化敏感项目中的非经常性项目，例如固定资产的变卖等，进行资本化处理。因为，这些项目并不经常性发生，不是企业日常的经营行为，不能反映公司真正的经营情况，反而会虚增收入和利润。最终难免会影响经营者或外部利益相关者的判断，干扰其投资行为。

11.3.2 CQ 公司价值创造能力分析

EVA 考核中主要采用经济增加值（EVA）经济利润测度指标来评价企业的经营绩效和价值创造能力。图 11-1 是对 CQ 公司 2015~2019 年度 EVA 的具体测度。

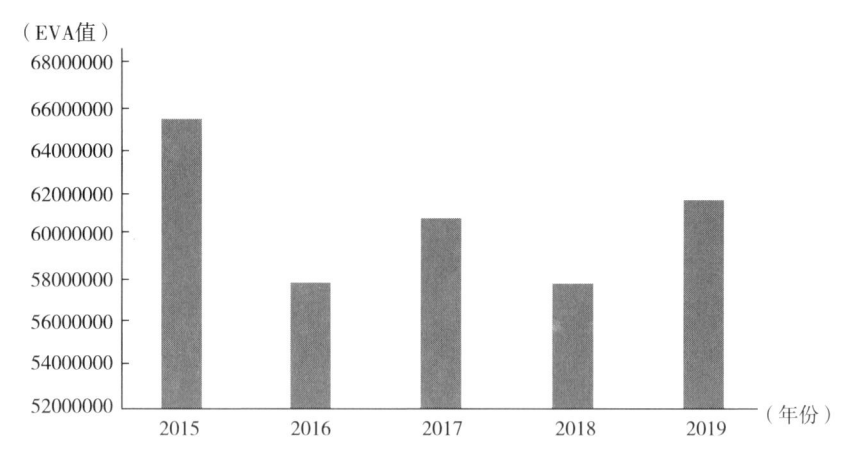

图 11-1　CQ 公司 2015~2019 年度 EVA 值

我们可以观察到，首先，EVA 连续 5 年为正数，这说明 CQ 公司的回报超过了投入资本所要求的回报率，它是一个能够进行价值创造的企业，CQ 公司在能够满足股东最低资本报酬率的情况下为公司股东创造财富。下面我们观察 EVA 值的趋势，CQ 公司的 EVA 波动性上升，表明获得价值有增长的趋势，会持续给股东带来利益；虽然某些年份是下降的态势，但总体上该值为正数，则 CQ 公司仍在创造价值。

近五年，公司的税后净经营利润以及公司投入资本同时呈上升趋势，公司利润提高，规模进一步扩大，发展态势良好（见图 11-2 和图 11-3）。

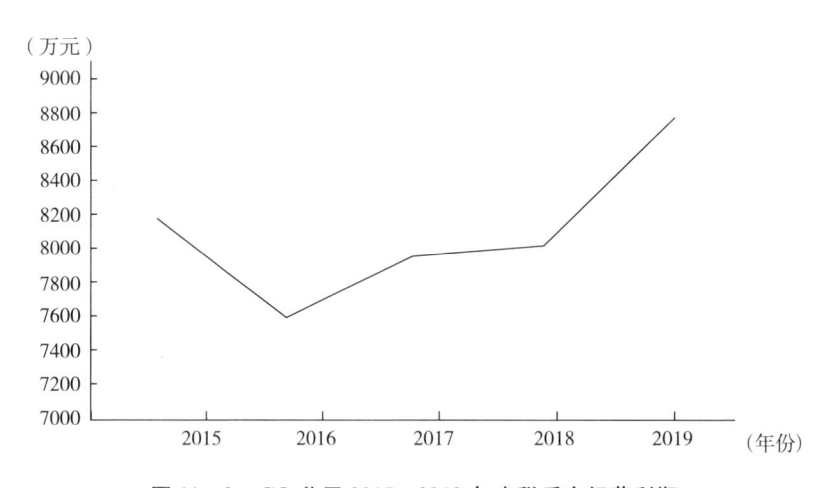

图 11-2　CQ 公司 2015~2019 年度税后净经营利润

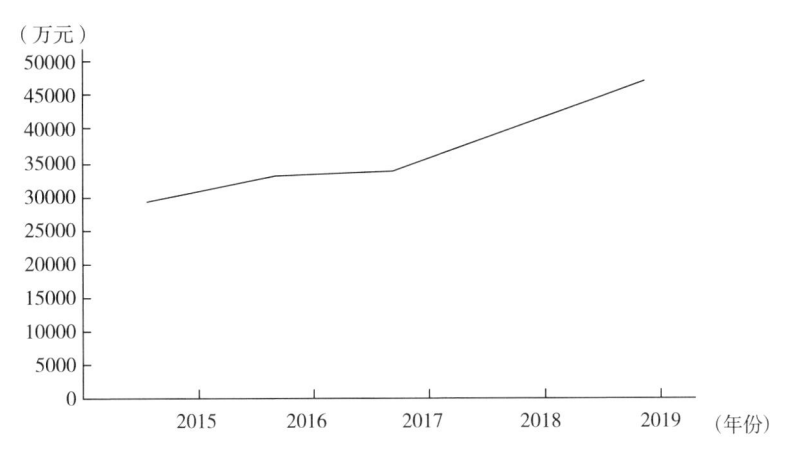

图 11-3　CQ 公司 2015～2019 年度资本成本

CQ 公司的资本成本不断上升，这是税后净经营利润增长但经济增加值呈现波动的原因。日后可以通过发行公司债、发行中期票据等成本较低的融资方法，降低公司的整体融资成本，进一步改善公司的融资结构。

将 5 年间的总资产报酬率（ROA）与净资产收益率（ROE）指标进行比较评价企业业绩（见图 11-4）。

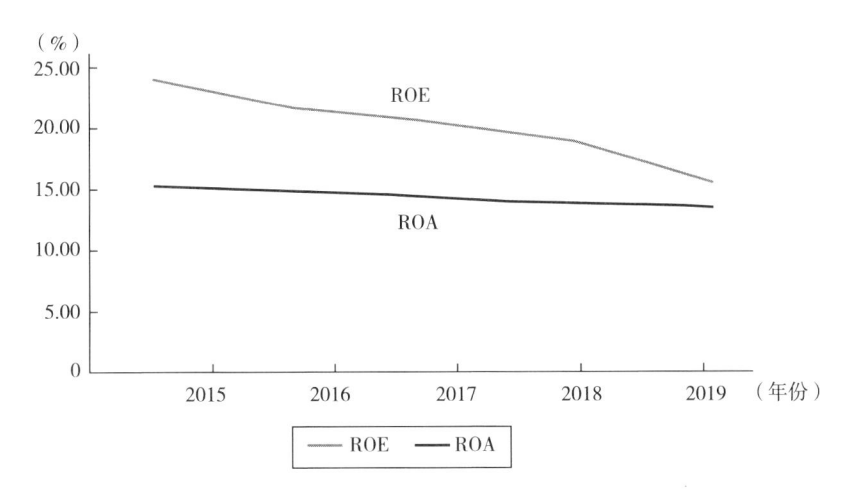

图 11-4　2015～2019 年总资产报酬率、净资产收益率指标比较

可以看到，作为公司业绩指标，总资产报酬率与净资产收益率具有一致趋势。ROE 包含了债务对公司业绩的影响，较之 ROA 更充分考虑了资本占用的成本。虽然具有计算简便等优点，但是由于其忽略权益资本等的资本成本的投入，导致账面资本成本小于实际投入成本，这会高估企业实

际收益，使企业绩效评价产生偏误。

2015~2019 年，CQ 公司的净利润及经济增加值整体同时呈现上升趋势，可以看出 CQ 公司盈利能力良好（见图 11-5）。

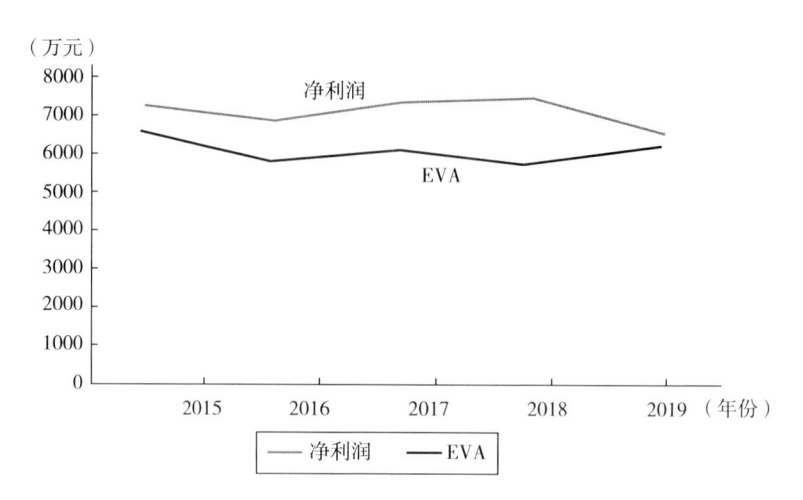

图 11-5　2015~2019 年的净利润及经济增加值比较

这主要是因为经济增加值的计算受税后经营利润的重要影响，而税后经营利润可以由净利润调整得出。所以对于 CQ 公司的业绩评价，EVA 和财务指标评价体系具有一定的趋同性。

2016 年、2018 年 CQ 公司的税后净经营利润呈上升态势，而经济增加值却有所下降。造成税后净经营利润与经济增加值反向变化的原因，主要是根据会计准则计算的净利润没有考虑到企业陡然上升的资本成本。2016 年，CQ 公司的资本成本由 2015 年的 2.91 亿元增长到 3.28 亿元，提高了 13 个百分点；2018 年，CQ 公司的资本成本由 2017 年的 3.38 亿元增长到 4.07 亿元，提高了 20 个百分点。但其并未考虑资本成本其实会虚高会计利润，因此净利润呈上升趋势，但 EVA 呈下降趋势。

由此可见，依据传统会计准则计算利润未考虑风险约束最低回报率，因此难以真实反映企业借贷的成本，导致高估利润，与真实盈利水产生偏差，造成决策失误。而 EVA 业绩评价考虑了股权的机会成本，剔除了会计失真影响，对企业业绩重新定义，因此更为真实地反映了企业经营的业绩，在一定程度上解决了传统财务评价体系的不足，避免了企业管理者通过操纵盈余进而影响红利支付的行为。

CQ 公司作为资产优良、技术密集、人力资本与研发优势明显的设计类企业，对于体现价值增值的 EVA 考核展现了良好的适配性。基于 EVA 的业绩考核、人员激励与管理模式在实践中涌现了大量的成功案例，但在国内这样的考核模式刚刚起步，中石油这样的大型集团公司在价值管理方面尚欠缺经验，如何能让 EVA 考核的效果深入人心，如何坚定集团公司上下贯彻执行 EVA 考核的信念，这就需要在先行实施 EVA 考核的业务模块或下属企业中体现出显著的效果。CQ 公司施行 EVA 考核的成果作为榜样和标杆，也足以激励其他企业或业务板块积极投身价值管理的实践，为集团公司价值提升做出贡献。

11.4 提升 CQ 公司价值创造能力的建议

11.4.1 贯彻 EVA 考核制度

1. 关注薄弱环节，提高自身的价值创造能力

公司的长期发展需要重点关注自身薄弱环节，以中国石油为例，其炼化和销售环节的盈利能力均较差，同时资产占比大。通过 EVA 考核便可有效提高下属行业的价值创造水平。比如加大炼化以及销售等环节的研发费用投入，同时整理炼化环节以及销售环节资产，提高其盈利能力。

CQ 公司应提升自身的创造价值能力。国家和行业政策环境不断发展的大背景下，资本市场对上市企业统一内外在价值提出了更高的要求。同业对比来看，市值管理方面，CQ 公司仍大有可为；价值创造和公司治理方面，公司可以加强与利益相关者沟通，同时及时做好市值的管理工作。尽管当下的资本市场尚不发达，股价波动大，但在外部以及利益相关者双重的监控和监督之下，以提升价值创造力为目的的市值管理手段，不能光依靠短期利好的消息面，更应该坚定产业优化的战略方向，努力打通产业链，开拓新能源产业，为提升价值创造能力不断创造良好的外部环境。

2. 专注主业，积极探索高利润行业

多元化是大型集团企业必然的发展方向。央企的生产经营过程中，有得天独厚的资金以及人才的优势，更应该据自身特定情况，积极进取，进入高利润行业以不断提高资金的使用效率。EVA 指标考核体系能够给 CQ 公司提供向此行业持续涉足的标尺，提高投资的效率，进一步提高价值创造的能力。

3. 调整短期经营行为，注重提升长期业绩

EVA 的本质是要让企业的生产经营更加看重自身价值和发展质量，不

应像过去一样只关注是否能够创造会计利润。所以，CQ 公司的战略规划调整方向，应更多地关注长期业绩的提升，克服短视行为，不能通过牺牲长期利益获得短期效果。目前社会已经进入了一个以知识经济为导向的环境，市场经济发展越发成熟的今天，土地、机器设备和建筑物等实物资本已经不再是企业获得利润的主要来源，相对地，产品和服务质量、员工忠诚度、企业研发水平以及市场推广度等方面能更多地体现竞争优势。CQ 公司应该从战略管理角度出发，在确保财务数字和非财务指标平衡一致、长期发展和短期利益和谐增长的前提下，将长期战略目标分解为可操作性的、阶段性的具体目标。

除此之外，CQ 公司应结合 EVA 考核体系和自身战略目标的战略执行情况。事实上从内部来看，企业采用的 EVA 考核指标和制定的战略目标是相互促进且一致的。企业应该把战略目标分解为 EVA 考核体系中一个又一个的小目标。所以没有必要为了保持每年 EVA 指标的快速增长而放弃长期的发展战略，最终造成无法高效执行管理战略。应该将两者结合起来，共同促进企业的可持续发展，从而达到企业的战略目标和 EVA 形成内在统一的目的。在 CQ 公司的行业链业务中，整个公司的一个重要环节是炼油与销售业务，但是它在炼油与销售业务板块方面的盈利能力不如其他板块，因此应该以 EVA 管理的原理为基础，重点改善这两个板块的效益。

4. 强化 EVA 考核体系评价，完善自身评价体系

EVA 作为一项财务指标，自然会缺乏预测未来的能力，因为单纯的数字只能反映目前现状问题。在继续使用 EVA 指标评价体系的基础上，CQ 公司应该将一些非财务指标纳入考核体系中，从而更加准确地预测公司的未来发展潜力。考虑到公司的价值创造能力和战略实施，CQ 公司可以观测分析勘探和生产技术的发展、产品的价格变动、在海外和国内开采生产的风险、油气资产的存量、人员与技术的改善和对老油田的二次开发等情况，从而解决财务指标存在的滞后性问题，再根据平衡计分卡的原则，可以做到及时调整优化企业自身顽疾。例如，中石油预测，到 2020 年，中国的天然气需求（气态产品）将达到 4000 亿立方米。因此，作为 EVA 评估指标的补充，CQ 公司可以将这种数据作为天然气及管道业务的市场需求指标。

公司可以将非财务市值管理手段和传统财务指标结合，持续地建立健全市值管理绩效评价体系，形成准确完整的评价体系，从而可以制定相应的绩效提升战略。因此，CQ 公司更需要以企业内部管理制度的自我完善为出发点，以抵御目前可预测的内外部威胁，并且预防未来可能会发生的

各类风险为方向,通过一些方式例如发现、掌控和解决内部管控存在的问题,从而推行更加高效率的内部经营管理策略,接下来就可以通过公司治理手段使两者有机结合起来,使企业内在价值尽量完整真实地被财务指标所反映。

除此之外,在投资考核方面,CQ 公司可以考虑将 EVA 作为主要指标。近几年公司的石油业务扩张非常迅速,营业收入增长迅猛。对于新油田开发以及大型炼化项目的投资而言,EVA 指标更具有参考性,因此 CQ 公司可以将 EVA 作为对新投资项目经济考核以及评价的组成部分。

5. 针对 EVA 考核体系进行个性化设计

通过将 EVA 考核体系设计得更加有针对性和个性化,可以更加准确地完善 EVA 考核实施方案,确保 EVA 考核的目的性和有效性。央企集团的下属企业在公司发展阶段、所属行业类型等方面千差万别,导致了央企所处行业、经济规模、功能定位等属性不可一概而论。所以,合理确定公司的待调整事项是计算 EVA 最重要的目标。CQ 公司在实施 EVA 考核的过程中应着眼于自身特点,做出适合其发展阶段和行业属性的调整方案,这样才能设计出更符合自身特点的考核事项。

CQ 公司可以考虑在绩效考核中加入行业特殊指标和石油文化元素,例如油气采收率和产品销售增长率储采平衡率等指标元素。这样可以让评价结果广泛分布在石油板块上中下游产业链的各个环节,并将评价结果应用于跨部门项目或各子公司具体业务的管理模式中,制订出针对性方案,从而确保公司各项业务的效益。

6. 强化企业自身治理能力

EVA 是在计算了企业所占用的资本的同时,对会计利润进行调整,它在优化事业部门投资效率的同时,还削弱了事业部门的代理成本并规范了盈余管理行为。通过引入 EVA 考核指标,CQ 公司就有能力形成一套完整的企业集团考核指标体系,从而削弱会计利润给公司带来的消极影响。与此同时,企业还可以通过运用外部市场机制,例如同行对比等方式,或者提高股东的期望来调整自身的 EVA 考核体系,从而更加有效地发挥 EVA 在公司治理方面的改善作用。

考虑到公司的风险水平,公司价值创造的两个主要影响因素就是公司盈利能力和公司治理水平。所以,为了给企业创造价值,石油相关行业的公司企业在经营管理的时候,一套更加有针对性和侧重性的管理方案尤为重要,尤其对于企业的管理者例如高级管理层就更应该学会这种方式。例如,可以通过严格的风险管控,确定可持续发展的公司规模,为企业带来较高收益的同时进一步完善公司治理结构等方式，促使 CQ 公司从价值创造的角度改进管理，使企业的自由现金流量足够充分且有活力，提高经营的利润水平，从而促进公司健康发展。

7. 抓住产业变革机会、调整和优化自身产业结构

在目前油价持续低迷，资源垄断逐步失去竞争优势的背景下，为应对行业竞争，维持品牌形象，提升市场价值，CQ 公司应当把握当前产业改革机遇，并在优化自身产业结构、充分利用自有资金、加强企业债务管理等方面重点施力。考虑到 CQ 公司在未来存在优化融资结构的诉求，一种较为有效的使用资本的方式就是进行股权激励，比如通过发行流动债权或者定向增发等方式，帮助企业实现以债务、股权等形式来筹集资金，降低财务杠杆，从而减少并缓解企业面临的风险。除此之外，增加员工的创造力并鼓励员工发挥主观能动性也是很重要的，这就可以通过股权激励等薪资分配方式来提升员工的自我满足感，使企业和员工形成命运共同体，强化员工向心力，增加企业凝聚力，最终达到将员工现实利益的获得与企业长远发展有机结合的目的。

11.4.2 推动管理创新

目前是"谁掌握了知识信息就能称王"的时代，企业的发展过程势必要接受更为严峻的挑战，因此企业在发展中如果不重视管理科技水平创新，那么将会举步维艰。企业只能通过调整战略方案，突出经营管理创新活动的地位，从而顺应时代发展的潮流。CQ 公司可以通过管理创新活动给企业带来活力，创造更多价值。

1. 提升管理创新思想，营造管理创新环境

观念的落后和陈旧已经成为企业管理创新中的最大障碍，现在的很多企业不具备现代化管理的思维模式。在管理过程中融入创新思维，可以为企业管理带来新思路，拓宽发展道路。企业文化、管理组织结构以及人力资源是企业高效率进行管理创新的三个主要因素。组织必须通过持续地将创造性思想转化为某种有用的结果（如有实际使用价值的产品、服务或作业方法），才能称之为一个富有创造力的组织。各方面充足的资源为企业创新确保了重要前提，有机式组织结构可以促进企业的创新管理，而且单位之间紧密的交流帮助了企业克服创新的潜在问题，这三个关键点都为组织结构层面的创新提供了大环境。

企业文化中很重要的一点是创新精神，它为管理创新营造的文化环境为企业的未来发展提供了更多可能性。企业必须长期主动地培育、培养和

维护良好的创新环境与创新氛围。人力资源是管理创新中另一个重要环节，长期开展员工培训和发展有利于组织保持创造力，从而使其不断地更新知识，稳固提升员工的工作保障，鼓励培养员工的创新能力，使他们充分发挥主观能动性，积极地将新思想予以深化研究，并将新方法予以实践推广。而这正是当前 CQ 公司所需要的，利用组织结构、企业文化以及人力资源三方面的创新管理，为企业注入活力，推动企业发展。

2. 增强战略意识，加强战略管理

企业应该尝试转变观念，把管理创新作为企业经营战略思想。当前企业所处的外部环境更为复杂，面对着全球化的挑战以及复杂的形势。中国企业不仅要接受经济全球化的挑战，还必须应对中国经济体制转型和自身发展突破的考验。这就要求企业解决两大发展战略问题：第一是强化管理方案。企业必须在内部建立严格有效的监督执行和激励机制，以便在企业的各种决策和管理活动中全面实施发展战略。第二是提升创新能力。企业自身发展和社会发展的一个主要聚焦点就是企业的发展战略。所以，企业需要在充分考虑实际情况的基础上，以满足企业需求为前提，制定出能够并有实力完成的发展战略。

3. 引进先进技术和模仿创新兼容并举

技术创新主要分为合作创新、模仿创新以及自主创新三个方面。提高企业技术水平的一个重要途径就是对先进技术进行吸收、引进和模仿，从而为企业的自主创新打下良好基础。当前网络的快速发展也为企业提供了更多沟通渠道，为企业管理提供了更加快捷有效的方式。第一，建立完善的技术研发机制，企业内部应该通过和科研机构或者高校达成长期合作模式，从而创新出自主的技术研发机构，以提升合作创新和技术创新能力。第二，过去的传统企业具有一种错误观念，它们太过关注引进模仿，反而会忽视自主创新，这样也许可以获得不错的眼前利益，但从长远来看是不利于长期发展的。现在的企业应树立一种新观念，那就是以自主创新为最高目标，更加重视自主技术创新。

4. 推进管理方案创新，建立健全现代企业体系

全球化为企业的发展提供了更多的可能，曾经受制于地理条件的企业拓宽了曾经被排斥在外的市场，开创了新的收入模式，并得以重新界定它们经营的业务本质。由此可见，建立合理的、健全的管理组织体系对企业来说至关重要。首先，CQ 公司可以通过网络化、信息化等手段来减少企业的管理层次并提升企业的组织效率。其次，CQ 公司还可以通过在企业内部建立公正直接的人才引进措施、奖罚分明的激励方案等完整的人力资

源管理制度，从而改变管理制度缺失的现状，使各种生产要素实现有效结合。最后，提高组织制度创新能力。企业组织应该根据自身特点，选择多种多样的制度规章，对内可以选择职能型、事业部、直线型等组织形式，对外也可以建立企业集团或者和其他企业合作制定生产制度，从而满足自身需求。

5. 提升企业内在条件，建设创新人才队伍

21世纪人才是第一位的战略资源，创新型人才更是企业阔步发展的主体。为培养和吸引更多的创新型人才，增强行业竞争力，企业必须改善自身内部条件，形成有效的培训机制，加强人力资源开发；建立特色的激励机制，挖掘优秀员工潜力。此外，根据党中央关于"产学研"相结合的政策，企业可以与高校、科研机构建立合作机制，实现创新型人才共培共享，进一步提升企业科研实力。

11.4.3 推动节能减排

目前中国经济正处于新常态阶段，正是调结构、促转型的关键时期，各种类型的转变发生在各个行业和领域。中央提出的"中国制造2025"，正是以促进中国经济发展为目的，采取了全面节能减排和推行绿色制造等措施，并从科学角度分析了中国目前制造业面对的现状，将绿色发展理念作为企业的发展目标，全面推动企业进行智能转型和绿色转型，持续不断地提升企业效益。CQ公司在发展过程中，也应该结合当前节能减排政策，从节能的角度降低企业生产成本，提高能源利用率，优化产业结构，提升价值创造水平。让绿色生产以及绿色制造成为企业发展过程中的重要任务和目标。

目前，中国石油的平均能耗水平和国外先进水平之间存在着巨大鸿沟。想要持续降低中国石油的能耗并不断提升能源利用效率，除了关口前移、控制源头等方式外，还应该将结构调整和系统优化放在主要位置，而对于存量板块，应尽量有针对性地降低能耗。

系统优化节能作为一项综合性的节能工程，它为了使节能效果最大化，使用了生产系统的优化运行、优化控制和优化设计等方式。第一，针对管道和油气田业务，应详细考虑油气生产的具体流程，从而实现油气的全部开采，并且可以做到在提高油气资源的转化和采出效率的前提下，提高能源利用效率，合理匹配系统能量。第二，对于炼油化工业务，可以从生产区域全线整体优化的角度出发，重点考察消耗部分，可以利用工艺流程和能量体系的优化分析和过程模拟等技术，高效利用余能余热的梯级效

能，优化整体能源水平，将炼油综合能耗和主要化工产品单耗与国际先进水平对标，强化"五大平衡"的推进。

转变经济的增长方式、提高经济的增长质量的一个重要途径就是进行结构调整。通过优化升级炼油化工产业和产品结构、转变整合油气田开发方式，企业可以在保证经济高增长的同时使能耗维持低增长或负增长。CQ公司可以通过改善能源消费结构、转变生产方式、升级生产工艺和技术装备、提升重大领域内的技术创新能力以及调整产业产品结构等措施，从而使节能降耗工作达到较高标准。

节能降耗作为一种综合性工作，要想推动其实现落地获得效果，只有通过完善并实施综合性的配套措施。在这之中，经济激励、市场推动和行政管理等手段自然是必不可少的。经济激励手段是企业自主降低能耗的根本。从企业追逐利润最大化的角度来看，如果用能的代价小而节能的代价大，那么企业便没有动力去自觉节能，而如果两者之间的差额不足以弥补企业节能的损失，那企业也不会去大幅度地落实节能工作，也就是说，企业在用能和节能两者之间的选择取决于能源使用成本的高低。在CQ公司已有的体系中，最为有效的经济激励手段有两种：一是构建有效促进节能的价格关系；二是调整原油、天然气等自产能源的成本核算。相对地，行政管理手段有一定的强制性。它通过将激励和约束机制作用于各级单位，使得节能目标责任逐级确认并进行考察。从激励角度来看，可以利用制订节能奖励方案，表彰和奖励先进个人和单位等方式实现，从而实现企业各部门高效节能。

节能降耗并不是一朝一夕的工作，这项任务应该在CQ公司的统筹安排下，将公司业务重新调整规划，以完善制度体系作为出发点，将流程建设、组织建设、制度建设作为重点内容，建立健全节能管理制度体系。从长期来看，公司应通过调整产业结构和产品结构、升级生产工艺和技术装备、转变生产方式、提升重大领域内的技术创新能力以及改善能源消费结构等措施，大力推进节能降耗工作。

11.5 CQ公司实行EVA考核的规划与展望

11.5.1 EVA考核的实施策略

CQ公司推行以经济增加值为基础的考核与管理体系，需要在以下几个方面形成坚实有效的策略：

1. 对中石油集团公司、CQ 油田的价值提升负责

"为股东创造价值"是企业经营的首要目标。在中国国有企业管理的实践中，上级单位被赋予了股东的神圣身份。成功实施 EVA 考核与管理的公司能够比其他类型的企业对股东价值做出更明确的承诺，这种承诺对于价值管理的成功实施十分重要，必须在公司上下贯彻一种核心思想，即为股东创造价值是企业存在的理由。在这一企业文化与价值观的指引下，激励和指引企业员工努力创造更高的股东价值，提出更加完善的公司战略与决策方案。

要在企业内部树立起股东财富最大化的观念。中国企业的经营绩效标准原则上是以财务报表里的净利润为根据进行评价的，但是这种指标并不能全面反映企业的经营业绩状况，相反，很容易引起企业的短期行为，不能真实地体现企业价值的变化。EVA 的计算可以通过调整财务报表中的相关指标，从而更充分、更全面地反映企业价值，真正使企业经营投资者投入资金的过程更加透明。

企业可以考虑进行转型，由过去的经营模式转变为价值管理。价值管理（value-based management，VBM）的概念表明，通过改善自身管理机制，企业致力于实现股东价值最大化和股东价值增值，具体包括各级管理人员的管理方法、管理理念、管理行为以及相关决策。EVA 已经衍变为严密、完善、面向价值增值的管理系统，而不再是过去简单的指标。将 EVA 指标作为核心融入企业的价值管理，可以更好地改善企业经营模式，整合企业管理资源，具体包括组织结构、企业战略与企业目标、投资管理、激励机制、预算控制、融资安排以及绩效评价等，以此实现企业价值的进一步提升。

与此同时，中石油集团公司、CQ 油田的全力支持在执行 EVA 考核的效果上有显著作用，以股东身份带来的信赖感，更能有效地激励 CQ 公司以更加有效的价值提升进行回报。

2. 公司的决策层管理者必须全力支持 EVA 的推进

应该在企业内部传递以 EVA 为核心的价值理念。与传统的价值理念相比，EVA 突出强调了企业的资本成本。这样使得企业经营过程中不再一味追求利益最大化，资本的成本也成为投资活动中重要的一环，管理者需要对成本和利润进行综合分析。这避免了以 CQ 油田为代表的一些上市公司进行盲目融资、扩大股本。所以，只有当企业内部的决策管理者了解了这种企业价值的核心思想，同时全力支持 EVA 的推进，企业才能真正充

分利用资源、创造价值。

因此，EVA项目必须得到高层管理者的全力贯彻和推进，并且EVA项目的执行要随时与公司党政"一把手"进行沟通和反馈。管理者不仅要明确公司价值创造的每一个任务，而且必须抓住每一次机会宣传EVA核算体系的优势——在年度工作会议上，在每月例行会议上，甚至是参与上级单位的会议上。从实践中不难看出，EVA实施成功的公司，其决策层都坚决支持推行EVA体系，并且全身心投入到推进过程中。

同样地，对公司决策有影响的管理者，比如财务、人力资源管理等，也应该对EVA有同样的承诺和热情。一个对EVA的核心原理有深刻理解的财务经理才是最具价值的。有效率的财务决策者能够通过加强公司和最优资产结构之间的关系来增加公司价值。他们与人力资源决策者一起为建立合适的薪酬激励系统工作，通过对营运的激励，以及技术和市场等方面的原因，使得这些部门创造更大的价值。

3. 实施前制订科学的方案和计划

成功的企业应该强调的一点是正式实施价值管理，系统地引用这一体系，并遵循严格的程序，而不是像那些没有成功的企业只是自发地、非正式地使用多种价值管理的变化方案。这些成功的企业有一个共同特点，就是他们经常制订价值驱动方案，以正式地引入价值管理，这样正式使用这些价值驱动方案的一些具体事件以及时间也可以被跟踪到；另外，高层决策者正式地将价值管理的四个M系统中的一部分方案或全部用于管理，并严格按照规定的时间表以及步骤实施。

在具体实施前，公司应该以EVA为核心制订规范的计划，将EVA合理地安排在公司的价值管理活动中。决策者应认识到，EVA作为不可缺少的重要组成，能够提升公司的薪酬管理、战略规划、资本配置等多方面内容。在EVA体系的实施和应用过程中，最重要的环节就是将EVA和价值管理的理念与公司的所有重要流程和体系进行融合。

另外，整体的实施计划需要充分考虑循序渐进的思想，将价值管理视为一种有效的手段，可以帮助企业进行战略规划，在EVA的基础上，改善公司战略。EVA可以为企业战略的规划起到统领性的作用，具体而言，是企业运营过程中切实有效的工具。在运作方案方面，主要强调通过运用价值驱动因素将一线管理者和价值创造联系起来。在全面应用方案方面，将价值管理看作一个深入公司整个系统的综合性的管理手段。

EVA可以用于企业战略的制定和评估。结合EVA指标，企业可以更好地规划其核心业务，并对企业现状进行管理，具体涵盖了对现有资源的梳理和发展目标的细化。企业未来发展所设定的经济增加值也应结合EVA以及公司整体战略，并规划切实可行的方案。设定经济增加值的目标，包括经济增加值的改善值、基准值两方面。而基准值又与企业当前发展现状、企业发展阶段紧密关联。一般基准值是企业下一年度经济增加值的实际值，上一年度实际值与目标值的算术平均值也可以作为基准值。

4. 对员工进行教育和培训

结合EVA的理念和思想，对企业员工进行培训，使他们形成以EVA为核心的价值理念。新的价值理念能更好地回答企业员工以下问题：我能为公司的管理体系做什么？我应该如何改进公司的EVA？如果公司的EVA改进了，对我有什么优势？

《哈佛商业评论》（Harvard Business Review）发表的研究报告显示，一家成功实施EVA的公司，需要在培训员工过程中花费大量时间和金钱。实施过程中，企业的所有员工都必须把价值管理作为最关键的部分。只有20%的价值管理与数字有关，其余的80%与人有关，这是由于人创造了价值。

正确地实行EVA需要公司自上而下的每个人都确信EVA是正确的。教育培训项目不应该只局限于上层的执行者，而应该渗透到每一个管理阶层，乃至最基层，并涵盖到每个员工。因此，必须对员工进行培训，以便他们掌握EVA的思想，学习EVA的运用。此外，也需对流程相邻的员工一起进行培训，可以让他们彼此交流经验，讨论他们为提高EVA值所采取的具体行动。事实表明，成功推行EVA的公司培训了几乎所有的管理人员，而且对全体员工的培训范围也比那些不成功的公司更为广泛。

5. EVA要与薪酬激励制度紧密联合

根据企业实现具体目标所必需的关键因素，从而确定了相关的EVA指标。企业应在各级管理中应用经济增加值的相关概念，推动员工重视价值创造。在指标的落实过程中，要明确各职能单位实现经济增加值的关键驱动因素，同时与职能单位的绩效考核紧密联系，制定并实行EVA薪酬与价值评估体系。

结合薪酬激励，能更有效地提高EVA。对企业而言，提高EVA可以使企业在竞争市场上占据有利位置；从计算角度，对EVA值的关注可以简化计算过程中的问题；从经营角度，企业对EVA值的重视会使得业绩较差的部门员工更加相信基于EVA的奖金分配体系的公正。

因为EVA可以用来衡量组织中的每一个要点，而价值管理的关键在于与绩效相结合的报酬手段。因此，将奖惩制度与股东价值增值目标结合，同时使尽可能多的员工在奖励范围内，是一个能够对公司产生强有力影响的策略，这可以实现对公司员工的激励。事实证明，将 EVA 与薪酬激励制度相挂钩不仅是十分重要的，而且必须在公司中推行得尽可能深远和彻底。

为使薪资激励方法取得最佳效果，企业不必在挣得奖金的当年就将全部的 EVA 奖金分配给管理人员或技术人员，而是建立奖金库。奖金库的设立可以避开短视行为，采用中期 EVA 考核的方法为管理人员、技术人员带来更直接的经济利益。当接受过考核的管理人员或技术人员以自愿方式离开企业时，将没收银行结余，这样也就降低了技术人员以及管理人员的辞职风险。设立奖金库的本质，是每个管理者的奖金都是被"累积"的，在一定的年份被支付。奖金库保证了公司绩效的持续性和稳定性。

6. 必须要全面实施价值管理

实践表明，在成功实施 EVA 的企业中，处于价值管理前沿的企业并不只是单一地停留在运用经济利润相关标准和激励机制的这一水平。这些企业的价值管理政策把资源配置、战略规划、人力资源系统、价值创造和经营流程作为最重要的企业发展目标与战略联系起来。这些企业成功的原因在于：

第一，从股东角度确定企业价值创造目标。通过具体价值目标，对决策层的具体做法和行为进行引导和拓展。

第二，从经济效益的角度对战略规划进行评价。在涉及各部门发展战略的评估时，要结合经济效益最大化的根本目的来考虑。

第三，在管理中运用价值创造理念。经济利润始终是企业关注的重点，当利润不能直接反映企业的绩效，价值创造理念对其影响就会体现出来。

第四，参考企业效益，对员工进行奖励。制定奖励规则，对创造更多效益的部门员工和经理给予奖励。

第五，以 EVA 为核心的价值理念培养员工。让员工明白自己的工作对企业价值创造的重要性，并阐述以 EVA 为核心的价值理念。

CQ 公司在实行 EVA 考核的过程中，要全力注重坚持其长久有效的贯彻执行，并在可能的情况下，将其作为公司的基本制度确立下来。

11.5.2 EVA 考核任重道远

全面推行 EVA 考核，无疑是促进企业观念转变、强化资本约束、立足价值创造、完善公司治理的重大突破。时代的转变对企业发展产生了重要影响，价值管理的地位日益突出，企业已经由一味追求利润，转变为追求价值创造，这对于企业的战略发展、管理理念、组织体系、奖励机制而言都是翻天覆地的变化。EVA考核的一大特点是，能从股东利益的角度评估企业绩效，衡量股东投入所获得的回报。EVA的出现可以避免过去的指标体系，过于依靠利润最大化所造成的风险和长期发展问题，推动企业可持续发展。目前，EVA考核被越来越多的国际企业引入。资本投入与实际利润的差额，也就是股东实际创造价值的渠道。税后净利润扣除股权和债务成本后的增加值即EVA指标。相比单一地追求利润，EVA更能反映企业的真实经营状况与创造价值的多少。

规则的变化将刺激企业的思维和创新积极性。实践证明，EVA考核可以提高资本回报率、指导精算，可以关注核心业务发展，克服企业发展过程中的短视行为，避免企业盲目扩张，在此基础上优化企业的管理模式，并有效地控制成本，从而着眼于EVA形成机制的探索。同时，EVA考核可以抑制国有企业偏离主体行为。

在现实环境中，新规则不可避免地会面临各种挑战。在新规则实施过程中，企业首先要利用多种方式进行学习和培训，把EVA的理念深入人心，引导企业制定出以EVA为核心的发展战略，并聘请专业机构，从价值角度评估企业战略的制定和实施情况，以确保EVA考核的可信度与质量。根据企业实施情况，及时修订和完善考核的指标值和方法，从以下方面衡量并评估对EVA指标的影响，具体包括对宏观政策的合理界定、资金占用规模和成本、相关不可预测因素。

其次对员工的激励也应以EVA为核心。企业可以在推行EVA的过程中形成价值驱动的激励机制，这可以极大地鼓励公司团队创造价值，调动员工积极性。在全公司上下渗透EVA的价值理念，建立股权激励模式，可以在员工与股东之间形成一种良好的"财富杠杆"。

最后要把考核结果看作是企业人才选拔任用的一个重要依据。墨子的格言"有能则举之，无能则下之"流传了几千年，但在实际情况下，人才的选拔依然是制约企业的发展与改革的重要因素。毫无疑问，考核的最终目标是让公司各个岗位的员工能够提升创造价值的积极性，正面应对全球化所带来的挑战，创造更多的价值。

"合抱之木，生于毫末；九层之台，起于累土；千里之行，始于足下。"从国外成功实施价值管理的公司经验中可以看到，EVA考核的实施需要较长的时间，而且实施开始阶段甚至还需要经历一个"阵痛"的过程。因此，在实施的过程中，CQ公司一定要保持充足的信心和坚定的决心，不能只是做表面功夫，要长期贯彻、坚决落实。EVA是一种管理理念和文化基调的根本转变，EVA的实施虽然不是对现有管理体系的彻底变革，而是一个结合的过程，但这样的过程不可能一蹴而就。公司上下需坚定信念、积极行动，依照国资委政策目标指引，遵循集团公司的统一部署，在CQ油田的有力领导下，让EVA业绩考核的施行为公司带来新的辉煌。

参考文献

[1] 安迪·尼利. 企业绩效评估 [M]. 北京: 中信出版社, 2004: 22-50.

[2] 宾国强, 舒元. 股权分割, 公司业绩与投资者保护 [J]. 管理世界, 2003 (5): 101-108.

[3] 中国财政年鉴. 企业绩效评价指标 [S]. 北京: 财政部, 国家经贸委, 中共中央企业工作委员会, 劳动和社会保障部, 国家计委, 2002 (5).

[4] 财政部统计评价司. 企业绩效评价工作指南 [M]. 北京: 经济科学出版社, 2002: 1-50.

[5] 曹建安, 张禾. 国内外企业绩效评价发展的几个新特点 [J]. 生产力研究, 2003 (1): 271-273.

[6] 曾春华. 基于终极控制人视角的公司并购绩效研究 [D]. 石河子: 石河子大学出版社, 2013.

[7] 钞小静, 任保平. 中国经济增长结构与经济增长质量的实证分析 [J]. 当代经济科学, 2011 (6): 50-56.

[8] 陈德萍, 曾智海. 资本结构与企业绩效的互动关系研究——基于创业板上市公司的实证检验 [J]. 会计研究, 2012 (8): 66-71, 97.

[9] 陈共荣, 曾峻. 企业绩效评价主体的演进及其对绩效评价的影响 [J]. 会计研究, 2005 (4): 65-68.

[10] 陈昊洁, 韩丽娜. 我国高端装备制造业产业安全问题研究 [J]. 经济纵横, 2017 (2).

[11] 陈琳, 王平心. 传统绩效评价体系与EVA的整合研究 [J]. 科技进步与对策, 2005 (6): 36-38.

[12] 陈世宗, 赖邦传, 陈晓红. 基于DEA的企业绩效评价方法 [J]. 系统工程, 2005 (6): 99-104.

[13] 陈素琴. 关于拓展杜邦分析体系的几点思考 [J]. 审计与经济

研究，2005（6）：49-53.

［14］陈小悦，徐晓东. 股权结构，企业绩效与投资者利益保护［J］. 经济研究，2001（11）：3-11.

［15］陈信元，黄俊. 政府干预、多元化经营与公司业绩［J］. 管理世界，2007，No.16001：92-97.

［16］陈云贤. 中国特色社会主义市场经济：有为政府＋有效市场［J］. 经济研究，2019，54（1）：4-19.

［17］程虹，李丹丹. 一个关于宏观经济增长质量的一般理论——基于微观产品质量的解释［J］. 武汉大学学报（哲学社会科学版），2014，67（3）：79-86.

［18］丁任重. 关于供给侧结构性改革的政治经济学分析［J］. 经济学家，2016（3）：13-15.

［19］杜胜利，张杰. 独立董事更迭影响因素的实证研究［J］. 中国软科学. 2005（7）：128-136.

［20］杜胜利. CFO管理前沿——价值管理系统框架模型［M］. 北京：中信出版社，2003.

［21］杜胜利. 企业经营业绩评价［M］. 北京：经济科学出版社，1999.

［22］范经华. 基于平衡计分卡的内部审计质量控制评价指标体系探讨［J］. 审计研究，2013（2）：82-89.

［23］方大春，马为彪. 中国省际高质量发展的测度及时空特征［J］. 区域经济评论，2019（2）：61-70.

［24］方先明，吴越洋. 中小企业在新三板市场融资效率研究［J］. 经济管理，2015（10）：42-51.

［25］冯根福，温军. 中国上市公司治理与企业技术创新关系的实证研究［J］. 中国工业经济，2008（7）：91-101.

［26］冯根福，王会芳. 上市公司绩效多角度综合评价及其实证分析［J］. 中国工业经济，2001（12）.

［27］冯俊，张运来，崔正. 服务概念的多层次理解［J］. 北京工商大学学报（社会科学版），2011（2）：110-117.

［28］谷祺，邓德强，路倩. 现金流权与控制权分离下的公司价值——基于我国家族上市公司的实证研究［J］. 会计研究，2006（4）：30-36，94.

［29］国有资产监督管理委员会. 企业价值创造之路：经济增加值业

绩考核操作实务［M］．北京：经济科学出版社，2005．

［30］韩东林，杜永飞，夏碧芸．基于因子分析的中国三大区域高技术服务业竞争力评价［J］．中国科技论坛，2013，1（10）：36－42．

［31］郝清民，赵国杰．世纪之交的中国企业绩效评价综述［J］．西北农林科技大学学报（社会科学版）2006，6（2）：20－25．

［32］何彪．企业战略管理［M］．武汉：华中科技大学出版社，2008：192－193．

［33］何韧．财务报表分析［M］．上海：上海财经大学出版社，2008．

［34］何玮．我国大中型工业企业研究与开发支出对产出的影响［J］．经济科学，2003（3）：5－11．

［35］洪银兴．深化改革推动新阶段的经济发展［J］．经济学家，2013（12）：7－9．

［36］胡芳肖，王育宝．国有股减持与上市公司经营绩效的关系实证研究［J］．南开管理评论，2004，7（1）：64－68．

［37］胡一帆，宋敏，郑红亮．所有制结构改革对中国企业绩效的影响［J］．中国社会科学，2006（4）：50－64．

［38］胡玉明．平衡计分卡是什么［M］．北京：中国财政经济出版社，2004．

［39］黄建康，施佳敏，黄玢玢．浙江省战略性新兴产业发展的金融支持研究——基于30家上市公司的动态面板实证分析［J］．华东经济管理，2015（12）．

［40］黄日倩．我国上市商业银行经营绩效的评价研究［D］．成都：西南财经大学，2013．

［41］霍国庆，李捷，王少永．我国战略性新兴产业战略效应的实证研究［J］．中国软科学，2017（1）．

［42］嵇尚洲．国有股权治理与经营绩效［J］．中央财经大学学报，2006（3）：72－76．

［43］金碚．关于"高质量发展"的经济学研究［J］．中国工业经济，2018（4）：5－18．

［44］卡马耶夫．经济增长的速度和质量［M］．武汉：湖北人民出版社，1983．

［45］康锋．透视平衡计分卡［J］．中国新时代，2004（9）：80－82．

［46］康锦江，孙国忠，康峻青．EVA——企业绩效评价的新方法［J］．东北大学学报（社会科学版），2001，3（4）．

[47] 李常洪, 郭嘉琦, 宋志红, 范建平. 创新投入、创新产出与企业绩效基于 CDM 模型的实证研究 [J]. 华东经济管理, 2013 (5).

[48] 李春生, 周德昕, 邹征. 平衡计分卡在智力服务业中运用的研究 [J]. 哈尔滨商业大学学报 (社会科学版), 2003 (3): 11–13.

[49] 李春涛, 宋敏. 中国制造业企业的创新活动 [J]. 经济研究, 2010 (5): 55–67.

[50] 李洪, 张德明, 曹秀英. EVA 绩效评价指标有效性的实证研究——基于 454 家沪市上市公司 2004 年度的数据 [J]. 中国软科学, 2006 (10): 150–157.

[51] 李金昌, 史龙梅, 徐蔼婷. 高质量发展评价指标体系探讨 [J]. 统计研究, 2019 (1): 4–14.

[52] 李梦欣, 任保平. 新时代中国高质量发展的综合评价及其路径选择 [J]. 财经科学, 2019 (5): 26–40.

[53] 李平, 崔喜君, 刘建. 中国自主创新中研发资本投入产出绩效分析 [J]. 中国社会科学, 2007 (3): 32–42.

[54] 李苹莉, 宁超. 关于经营者业绩评价的思考 [J]. 会计研究, 2000 (5): 22–27.

[55] 李奇, 基于经济增加值的企业价值管理体系研究 [J]. 财会研究, 2008 (11): 55–56.

[56] 李胜群. 企业激励机制中的绩效评价与反馈 [J]. 商业经济与管理, 2003 (12): 37–41.

[57] 李小平. EVA: 国有资产保值增值的新概念 [J]. 经济学家, 2005 (1): 68–73.

[58] 李晓华, 吕铁. 战略性新兴产业的特征与政策导向研究 [J]. 宏观经济研究, 2010 (9).

[59] 李雅静. 商务服务业上市公司经营绩效评价及影响因素分析——基于 DEA-Tobit 模型的实证研究 [J]. 市场周刊 (理论研究), 2017 (2): 32–34.

[60] 理查德·威康姆斯. 组织绩效管理 [M]. 北京: 清华大学出版社, 2002.

[61] 梁莱歆, 张焕凤. 高科技上市公司 R&D 投入绩效的实证研究 [J]. 中南大学学报 (社会科学版), 2005 (4): 222–224.

[62] 林安霁, 林洲钰. "新三板"市场的发展模式与对策研究 [J]. 经济体制改革, 2012 (5): 111–114.

[63] 林汉川,管鸿禧. 我国东中西部中小企业竞争力实证比较研究 [J]. 经济研究, 2004 (12): 45-54.

[64] 林健,陈希. 基于平衡计分卡的协同创新中心绩效评价研究 [J]. 国家教育行政学院学报, 2016 (1).

[65] 凌江怀,胡雯蓉. 企业规模、融资结构与经营绩效——基于战略性新兴产业和传统产业对比的研究 [J]. 财贸经济, 2012 (12).

[66] 刘辉. 利用主成分分析的物流企业绩效的评价 [J]. 统计与决策, 2005 (7): 142-143.

[67] 刘力,宋志毅. 衡量企业经营业绩的新方法——经济增加值 (REVA) 与修正的经济增加值 (REVA) 指标 [J]. 会计研究, 1999 (1): 30-36.

[68] 刘邵伟,万大艳. 高管薪酬与公司绩效:国有与非国有上市公司的实证比较研究 [J]. 中国软科学, 2013 (2): 90-101.

[69] 刘世锦,杨建龙. 我国所有制结构的变化、特点和发展趋势 [J]. 管理世界, 1998 (4): 29-36.

[70] 刘铁,王九云. 区域战略性新兴产业选择过度趋同问题分析 [J]. 中国软科学, 2012 (2).

[71] 刘小玄. 中国工业企业的所有制结构对效率差异的影响 [J]. 经济研究, 2000 (2): 17-25.

[72] 刘星,安灵. 大股东控制、政府控制层级与公司价值创造 [J]. 会计研究, 2010 (1): 69-78, 96.

[73] 刘亚莉. 自然垄断企业利益相关者导向的综合绩效评价研究 [J]. 管理评论, 2003, 15 (12): 31-36.

[74] 刘元春. 国有企业宏观效率论 [J]. 中国社会科学, 2001 (5).

[75] 刘运国,陈国菲. BSC 与 EVA 相结合的企业绩效评价研究——基于 GP 企业集团的案例分析 [J]. 会计研究, 2007 (9): 50-59.

[76] 卢闯,杜菲,佟岩,等. 导入 EVA 考核中央企业的公平性及其改进 [J]. 中国工业经济, 2010 (5): 97-105.

[77] 陆国庆. 战略性新兴产业创新的绩效研究——基于中小板上市公司的实证分析 [J]. 南京大学学报 (哲学·人文科学·社会科学版), 2011 (4).

[78] 逯东,李玉银,杨丹,杨记军. 政府控制权、股权制衡与公司价值——基于国有上市公司的经验证据 [J]. 财政研究, 2012,

No. 34701：70 – 74.

[79] 罗·萨缪尔森,诺德豪斯. 经济学[M]. 北京：华夏出版社, 1999.

[80] 罗伯特·迈克沃. 绩效管理[M]. 北京：中国标准出版社, 2000.

[81] 罗党论,唐清泉. 金字塔结构、所有制与中小股东利益保护——来自中国上市公司的经验数据[J]. 财经研究, 2008 (9)：132 – 143.

[82] 罗党论,应千伟. 政企关系、官员视察与企业绩效——来自中国制造业上市企业的经验证据[J]. 南开管理评论, 2012 (5)：74 – 83.

[83] 吕劲松. 关于中小企业融资难、融资贵问题的思考[J]. 金融研究, 2015 (11)：115 – 123.

[84] 马璐. 企业战略性绩效评价系统研究[M]. 北京：经济管理出版社, 2004.

[85] 马艳. 新中国经济绩效与制度演进——中国海派经济论坛第9次研讨会观点综述[J]. 财经研究, 2000 (1)：62 – 64.

[86] 马忠,刘宇. 企业多元化经营受政府干预、企业资源的影响[J]. 中国软科学, 2010, No. 22901：116 – 127, 174.

[87] 迈克尔·A 希特, 等. 战略管理[M]. 薛有志,张世云,译. 北京：机械工业出版社, 2008：163 – 182.

[88] 孟建民. 中国企业绩效评价[M]. 北京：中国财政经济出版社, 2002.

[89] 齐建民,杨蕾. 基于平衡计分卡的企业评估体系的构建[J]. 管理世界, 2008 (4)：50 – 52.

[90] 钱纳里. 发展的型式[M]. 北京：经济科学出版社, 1988：1950 – 1970.

[91] 乔华,张双全,公司价值与经济附加值的相关性：中国上市公司的经验研究[J]. 世界经济. 2001 (1)：42 – 45.

[92] 任保平,李禹墨. 新时代我国高质量发展评判体系的构建及其转型路径[J]. 陕西师范大学学报(哲学社会科学版), 2018 (3)：105 – 113.

[93] 任保平. 经济增长质量：理论阐释,基本命题与伦理原则[J]. 学术月刊, 2012 (2)：63 – 70.

[94] 师博,任保平. 中国省际经济高质量发展的测度与分析[J]. 经济问题, 2018 (4)：1 – 6.

［95］苏剑．以促进产品创新为着力点促进经济实现高质量发展［J］．清华金融评论，2019（4）：24-27.

［96］孙红梅．EVA 在中国应用的思考［J］．经济策论，2009（2）：42-43.

［97］孙永祥，黄祖辉．上市公司的股权结构与绩效［J］．经济研究，1999（12）：23-30，39.

［98］陶新宇，靳涛，杨伊婧．"东亚模式"的启迪与中国经济增长"结构之谜"的揭示［J］．经济研究，2017，52（11）：43-58.

［99］谭韵清，伍中信．我国上市公司股权集中度与公司绩效的理论与实证研究［J］．当代经济管理，2005（12）：59-66.

［100］唐松，孙铮．政治关联、高管薪酬与企业未来经营绩效［J］．管理世界，2014：93-105.

［101］万丛颖．控制权结构、政府层级与公司绩效——以中国战略性新兴产业为例［J］．经济管理，2014（5）：13-23.

［102］王柏轩，宋化民．高新技术企业绩效评价及实证研究［J］．科技进步与对策，1999（2）．

［103］王化成，刘俊勇．企业业绩评价模式研究——兼论中国企业业绩评价模式选择［J］．管理世界，2004（4）：82-91.

［104］王怀明．基于 AHP 的电力产业市场绩效评价［J］．统计与决策，2009（9）：44-45.

［105］王晶，高建设，宁宣熙．企业价值评估指标体系的构建及评价方法实证研究［J］．管理世界，2009（2）：180-181.

［106］王琼，耿成轩．金融生态环境、产权性质与战略性新兴产业融资效率［J］．经济经纬，2017（3）．

［107］王文成，王诗卉．中国国有企业社会责任与企业绩效相关性研究［J］．中国软科学，2014，No.28408：131-137.

［108］王文成．不同所有制形式对经济增长的影响［J］．中国软科学，2011（6）：179-185.

［109］王秀华．利益相关者企业价值管理研究［D］．青岛：中国海洋大学，2012.

［110］王迎军，柳茂平．战略管理［M］．天津：南开大学出版社，2003：219.

［111］王永昌，尹江燕．论经济高质量发展的基本内涵及趋向［J］．浙江学刊，2019（1）：91-95.

[112] 王志平，吴水丹，李雪．战略性新兴产业 DEA 效率对比研究——基于国有和民营上市公司面板数据［J］．江西师范大学学报，2017（6）．

[113] 魏刚．高级管理层激励与上市公司经营绩效［J］．经济研究，2000（3）：32-39，64-80.

[114] 魏敏，李书昊．新时代中国经济高质量发展水平的测度研究［J］．数量经济技术经济研究，2018（11）：3-20.

[115] 温素彬，黄浩岚．利益相关者价值取向的企业绩效评价——绩效三棱镜的应用案例［J］．会计研究，2009（4）：62-68.

[116] 吴文锋，吴冲锋，刘晓薇．中国民营上市公司高管的政府背景与公司价值［J］．经济研究，2013，No.48307：130-141.

[117] 吴延兵．中国工业 R&D 产出弹性测算［J］．经济学（季刊），2008，7（3）：869-890.

[118] 吴延兵．中国哪种所有制类型最具创新性［J］．世界经济，2012（6）：3-29.

[119] 吴宇，王珂珂．1990 年代以来日本的经济增长质量研究［J］．现代日本经济，2018（5）：52-68.

[120] 夏立军，方轶强．政府控制、治理环境与公司价值——来自中国证券市场的经验证据［J］．经济研究，2005（5）：40-51.

[121] 肖勤福．当代西方国家市场经济的所有制体系［J］．世界经济，1994（8）：9-15.

[122] 谢获宝，张骏飞．业务集中度与企业绩效关系的实证研究［J］．中国工业经济，2007（9）：87-95.

[123] 徐二明，张晗．中国上市公司国有股权对技术创新方式的影响［J］．经济管理，2008（10）：42-46.

[124] 徐莉萍，辛宇，陈工孟．股权集中度和股权制衡及其对公司经营绩效的影响［J］．经济研究，2006（1）：90-100.

[125] 徐媖梓，刘慧．杜邦分析法在财务管理应用中的局限及改进［J］．现代营销（信息版），2020（3）：116-117.

[126] 薛有志，马雯．实际控制权性质、多元化进入方式与多元化经营业绩［J］．经济管理，2008（9）：126-132.

[127] 杨典．公司治理与企业绩效——基于中国经验的社会学分析［J］．中国社会科学，2013（1）：72-94，206.

[128] 杨伟民．贯彻中央经济工作会议精神　推动高质量发展［J］．宏观经济管理，2018（2）：13-17.

[129] 杨学锋. 中国商业银行经营绩效评价体系研究 [D]. 武汉: 华中科技大学, 2006.

[130] 姚洋, 章奇. 中国工业企业技术效率分析 [J]. 经济研究, 2001 (10): 13-95.

[131] 姚洋. 非国有经济成分对我国工业企业技术效率的影响 [J]. 经济研究, 1998 (12): 29-35.

[132] 叶文辉, 楼东玮. 资源错配的经济影响效应研究 [J]. 经济学动态, 2014 (11): 47-57.

[133] 于洪彦, 银成钺. 市场导向、创新与企业表现的关系——基于中国服务业的实证研究 [J]. 南开管理评论, 2006, 9 (3): 10-15.

[134] 于津平, 许咏. 股权融资对企业经营绩效的影响——基于战略性新兴产业上市公司的研究 [J]. 东南大学学报（哲学社会科学版）, 2016 (6).

[135] 俞立平. 中国制造业创新绩效研究 [J]. 经济学家, 2007 (4): 114-120.

[136] 袁晓玲, 白天元, 李政大. EVA 考核与央企创新能力: 短期和长期视角 [J]. 当代经济科学, 2013 (11): 115-126.

[137] 袁晓玲, 李政大, 白天元. 基于市场环境调节的企业家精神与 EVA 绩效研究 [J]. 西安交通大学学报（社会科学版）, 2012 (5): 36-42.

[138] 袁晓玲, 等. EVA 考核与国有资本调整的制度冲突 [J]. 审计与经济研究, 2013 (1): 70-76.

[139] 袁晓玲, 等. 我国中央企业重组的多元化与 EVA 研究 [J]. 华东经济管理, 2012 (4): 31-35.

[140] 袁晓玲, 张占军, 邸勍. 新三板企业 EVA 经营绩效及影响因素的差异化研究 [J]. 西安交通大学学报（社会科学版）, 2020 (2): 88-103.

[141] 张徽燕, 李端凤, 姚秦. 中国情境下高绩效工作系统与企业绩效关系的元分析 [J]. 南开管理评论, 2012 (3): 139-149.

[142] 张军扩, 侯永志, 刘培林, 等. 高质量发展的目标要求和战略路径 [J]. 管理世界, 2019 (7): 1-7.

[143] 张蕊. 企业战略经营业绩评价指标体系研究 [M]. 北京: 中国财政经济出版社, 2002.

[144] 张涛, 文新三. 企业绩效评价研究 [M]. 北京: 经济科学出

版社，2002.

[145] 张维迎. 所有制、治理结构及委托—代理关系——兼评崔之元和周其仁的一些观点 [J]. 经济研究, 1996 (9): 3-15.

[146] 张文鼎. 中国体育产业上市公司经营绩效评价及其影响因素研究 [D]. 南昌: 南昌大学, 2019.

[147] 张先治, 李琦. 基于EVA的业绩评价对中央企业过度投资行为影响的实证分析 [J]. 当代财经, 2012 (5): 119-128.

[148] 张小宁. 公司价值判断——EVA分解及主成分分析 [J]. 中国工业经济. 2004 (8): 97-104.

[149] 张晓铃. 基于因子分析法的中小板上市公司经营绩效评价及其影响因素分析 [J]. 广西科技师范学院学报, 2010, 25 (3): 74-78.

[150] 张翼, 刘巍, 龚六堂. 中国上市公司多元化与公司业绩的实证研究 [J]. 金融研究, 2005 (9): 122-136.

[151] 周齐武, 邓峰, 马如雪. 经济附加值绩效评价在中国企业中应用的潜在价值 [J]. 南开管理评论, 2004, 7 (1): 88-94.

[152] 朱江. 我国上市公司的多元化战略和经营业绩 [J]. 经济研究, 1999 (6): 91-96.

[153] A D Neely, M Gregory, K Platts. Performance measurement system design: a literature review and research agenda [J]. *International Journal of Operations & Production Management*, 1995, 15 (4): 80-116.

[154] Agrawal A, Knoeber R C. firm performance and mechanisms to control agency problems between managers and shareholders [J]. *Journal of Financial and Quantitative Analysis*, 1996, 31 (3): 377-397.

[155] Ansoff, H I. The state of practice in planning systems [J]. *Sloan Management Review*, Winter, 1976.

[156] Anctil R M, Jordan J S, Mukherji A. Activity-Based Costing for Economic Value Added [J]. *Review of Accounting Studies*, 1998, 2 (3): 231-264.

[157] Arthur Charpentier, Benoît Le Maux. Natural catastrophe insurance: How should the government intervene? [J]. *Journal of Public Economics*, 2014: 115.

[158] Bakhtier Safarov. Challenges and development guidelines of the service industry in Uzbekistan [J]. *Perspectives of Innovations, Economics and Business*, 2011, 7 (1): 43-44.

[159] Bo Edvardsson, Anders Gustafsson, Inger Roos. Service portraits in service research: a critical review [J]. *International Journal of Service Industry Management*, 2005, Vol. 16 (1): 107 – 121.

[160] Bong H H, David M. The value-relevance R&D and advertising expenditures: evidence from Korea [J]. *The International Journal of Accounting*, 2004: 39 – 173.

[161] Bosworth, Rogers. Market value, R&D and intellectual property: an empirical analysis of large Australian firms [J]. *The Economic Record*, 2001 (12): 323 – 337.

[162] Campa J M and Kedia S. Explaining the diversification discount [J]. *The Journal of Finance*, 2002 (57): 1731 – 1762.

[163] Cheng – Ru Wu, Chin – Tsai Lin, Pei – Hsuan Tsai. Financial service of wealth management banking: balanced scorecard approach [J]. *Journal of Social Sciences*, 2008, 4 (4).

[164] David L McKee. Services, growth poles and advanced economies [J]. *Service Business*, 2008 (2): 99 – 107.

[165] Edvardsson B, Olsson J. Key concepts for new service development [J]. *The Service Industries Journal*, 1996 (16): 140 – 164.

[166] Edward V. Mcintyre. Accounting choices and EVA [J]. *Business Horizons*. 1999: 1 – 2

[167] Eugene B, Lieb, Joanne K, Gillease. Du pont uses a decision support system to select its audit portfolio [J]. *Interfaces*, 1996 (3).

[168] Fernadaz P. Wealth creation and managerial pay: MVA and EVA as determinants of executive compensation [J]. *Global Finance Journal*, 2001.

[169] Fleming Q W. *Cost schedule control systems criteria: the management guide to CSCSC* [M]. Chicago: Probus Publishing Co, 1992.

[170] Griffin A, Hauser J R. Integrating R&D and marketing: a review and analysis of the literature [J]. *Journal of Product Innovation Management*, 1996 (13): 191 – 215.

[171] H Tanriverdi & N Venkatraman. knowledge relatedness and The performance of multibusiness firms [J]. *Strategy Management Journal*, 2005 (26): 97 – 119.

[172] Hall B H, Oriani R. Does the market value R&D investment by European firms? Evidence from a panel of manufacturing firms in France, Ger-

many, and Italy [J]. *International Journal of Industrial Organization*, 2006 (24): 971-993.

[173] Griffith J M. The True Value of EVA [J]. *Journal of Applied Finance*, 2004, 14.

[174] Junmo Kim. Manufacturing or service? Market saturation and cycles of over-investment as a clue to future of service economies [J]. *Technological Forecasting & Social Change*, 2011, 78 (8): 1345-1355.

[175] Kim J J et al. Economic value added as a proxy for market value added and accounting earnings: empirical evidence from the business cycle [J]. *International of Accounting and Finance Research*, 2004, 12 (1): 40-48.

[176] Kum Fai Yuen, Xueqin Wang, Yiik Diew Wong, Qingji Zhou. Antecedents and outcomes of sustainable shipping practices: the integration of stakeholder and behavioural theories [J]. *Transportation Research Part E*, 2017.

[177] Gary M S. Implementation strategy and performance outcomes in related diversification [J]. *Strategic Management Journal*, 2010, 26 (7): 643-664.

[178] Megginson, W. L. & Netter, J. M. From state to market: a survey of empirical studies of privatization [J]. *Journal of Economic Literature*, 2001, 39 (2): 321-389.

[179] Mumfordamd D. Managing creative people: strategies and tactics for innovation [J]. *Human Resource Management Review*, 2000, 10 (3): 313-351.

[180] Myong, J. L., Jang, S. Market diversification and financial performance and stability: a study of hotel companies [J]. *Hospitality Management*, 2007 (26): 362-375.

[181] Paweł, Wnuczak. Social value added (SVA) as an adaptation of economic value added (EVA) to the specificity of cultural institutions [J]. *Journal of Management and Business Administration*. Central Europe, 2018, 32 (7): 139-151.

[182] Ping-Huang H, Chandras M, David. H. Gobell. The return on R&D versus capital expenditure in pharmaceutical and chemical industries [J]. *Transaction Engineering Management*, 2003, May: 141-150.

[183] R. Scott Marshall. Environmental practices in the wine industry: an em-

pirical application of the theory of reasoned action and stakeholder theory in the United States and New Zealand [J]. *Journal of World Business*, 2009 (8).

[184] RARROR. Quantity and quality of economic growth [R]. Working Papers Central Bank of Chile, 2002: 1 – 39.

[185] Robertson S L, Bonal X, Dale R. GATS and the education service industry: the politics of scale and global reterritorialization [J]. *Comparative Education Review*, 2002, 46 (4): 472 – 496.

[186] Rogerson W. Intertemporal cost allocation and managerial investment incentives: a theory explaining the use of economic value added as a performance measure [J]. *Journal of Political Economy*, 1997 (105): 770 – 795.

[187] S. Flapper, L. Fortuin, P. Stoop. Towards consistent performance management systems [J]. *International Journal of Operations & Production Management*, 1996, 16 (7): 27 – 37.

[188] S. Globerson. Issues in developing a performance criteria system for an organization [J]. *International Journal of Production Research*, 1985, 23 (4): 639 – 685.

[189] Schultz T W. Institution and the rising economic value of man [J]. *American Journal of Agricultural Economics*, Vol. 50, Dec. 1968, 1113 – 1122.

[190] Shawn Tully. The real key to creative wealth [J]. *Fortune*, 1993 (2): 38 – 50.

[191] Stern J M, Stewart G B, Chew D H. The EVA financial management system [J]. *Journal of Applied Corporate Finance*. 1993 (2): 32 – 46.

[192] Terry L Besser. New economy businesses in rural, urban, and metropolitan locations [J]. *Rural Sociology*, 2003, 68 (4): 531 – 553.

[193] Thomasv, Dailamim, Dhareshwara. *The quality of growth* [M]. New York: Oxford University Press, 2000.

[194] Tom Burns, G. M. Stalker. *The management of innovation* [M]. London: Tavistock, 1961.

[195] Tred Luthenis. *Where long-range planning pays off-findings of a survey of formal and informal planners* [M]. Leeds: Business Horizons, 1970, 13 (4): 81 – 87.

[196] Tsai K. H. R&D productivity and firm size: a nonlinear examination [J]. *Technnovation*, 2005 (25): 795 – 803.

[197] Tsaik K. H., WANG J. C. Does R&D performance decline with

firm size? —a re-examination in terms of elasticity [J]. *Research Policy*, 2005 (34): 966-976.

[198] Yuan-Chieh Chang, Jonathan D. Linton, Min-Nan Chen. Service regime: an empirical analysis of innovation patterns in service firms [J]. *Technological Forecasting & Social Change*, 2012, 79 (9): 1569-1582.